朝鲜战争

尘封六十年的内幕

丁伟◎著

中国友谊出版公司

图书在版编目（CIP）数据

朝鲜战争 ： 尘封六十年的内幕 / 丁伟著． — 北京 ：
中国友谊出版公司，2017.8（2019.1 重印）
ISBN 978-7-5057-4099-0

Ⅰ．①朝… Ⅱ．①丁… Ⅲ．①朝鲜战争（1950-1953）
—史料 Ⅳ．①K312.52

中国版本图书馆 CIP 数据核字（2017）第 164739 号

书名 朝鲜战争：尘封六十年的内幕
作者 丁 伟
出版 中国友谊出版公司
发行 中国友谊出版公司
经销 新华书店
印刷 三河市文通印刷包装有限公司
规格 787×1092 毫米 16 开
23.75 印张 297 千字
版次 2017 年 9 月第 1 版
印次 2019 年 1 月第 4 次印刷
书号 ISBN 978-7-5057-4099-0
定价 45.00 元
地址 北京市朝阳区西坝河南里 17 号楼
邮编 100028
电话 （010）64668676

如发现图书质量问题，可联系调换。质量投诉电话：010-82069336

目 录

Contents

第七章　“汉城面临第二次危机”

第八章　和谈序曲

第九章　全面较量

第十章　全线出击

第十一章　无法挽回面子的“摊牌”

第十二章　最后一击

第十三章　为和平而来，又为和平而去

第一章

战争的全面爆发

1 复杂的局势

“这是远东的希腊”

刚脱离日寇铁蹄的朝鲜人民，迎来的是一个由大国肮脏交易形成的分裂国家。

华盛顿，1945年8月的一个夜晚，漆黑的夜空，散布着暗淡的几粒星点，闷热的空气中不时飘来阵阵凉风。

五角大楼的作战会议厅灯火通明，精致的坐地钟钟摆嘀嗒嘀嗒地响着，时针指向深夜11时。

美国国务院、陆军部、海军部三部协调委员会正在召开紧急会议。主要议题是研究在朝鲜的日本军队的投降问题。国务院的代表出于政治方面的考虑，希望美国接受日本投降的区域尽可能往北推移，制止苏联控制朝鲜全境。

"将投降区域往北推移是有一定限度的。"陆军参谋处参谋迪安·腊斯克上校慢条斯理地说。

大家的视线立即投向这位精明强干的年轻人。腊斯克加快了语速:"因为目前美国军方手头缺乏可供立即投入使用的兵力,加上时间和空间的因素,抢在苏军进入该地区之前向北部更远的地方推进会有困难。假如苏军拒绝在朝鲜北部停止前进,美国实际上将无法阻止他们。"

的确,苏军在中国东北地区势如破竹,横扫日本关东军,向朝鲜疾速前进,而美国地面部队还远在600英里外的冲绳岛。

那么,将日本军队在朝鲜的投降区域划到什么位置,既能满足国务院的政治要求,又能符合美军的军事现状,而且还要考虑到苏联方面能否接受?

这是一个十分头痛的问题。会议在激烈的争论中持续到凌晨1时,但还没有拿出一个十全十美的方案。要员们连连打着哈欠,开始收拾桌上的文件,准备明天继续讨论。

助理国防部长约翰·麦克洛伊仍劲头十足,叫住了正要离开会议厅的腊斯克和另一位年轻的参谋博尼斯蒂尔上校。

两位年轻人又回到了座位。人们都离开了会议厅,热烈的气氛也随之消失。

"让你们留下是想要你们尽快拿出一个切实可行的方案,"麦克洛伊直截了当地道明了军方的想法,"如果我们提出的受降建议大大地超过我们的军事实力,那么苏联就很难接受,速度是问题的关键。"

"我们现在就去办公室,考虑这个方案。"腊斯克像一名即将参加决斗的角斗士,鼓足了劲。

不知疲倦的年轻人离开了会议厅,走进一间办公室,将一张朝鲜地图铺在桌上。

"美国在这条线以南接受日本投降比较合适,"博尼斯蒂尔双眼紧紧盯住地图上的北纬38度线,并用右手指向它,"它可把朝鲜半岛大体上分成两半。最重要的是，朝鲜的首都汉城被包括在美国部队的受降区。”

腊斯克顺着博尼斯蒂尔手指盯着这条纬度线，沉默了一会儿，说：“行！就这样，我们立即写出方案。”

第二天，腊斯克和博尼斯蒂尔的方案很快在三部协调委员会上通过。并得到哈里·杜鲁门总统的批准。

关键的问题是苏联能否接受这条由美国人划定的线。

8月15日，日本接受《波茨坦公告》宣布投降。道格拉斯·麦克阿瑟——西南太平洋地区盟军总司令，立即发出盟军总司令关于受降的总字第1号命令，其中确定以北纬38度线为界，命令朝鲜地域的日军在三八线以北者向苏军投降，在三八线以南者向美军投降。

使美国感到惊异的是斯大林在第二天的答复中没有异议。于是，一条没有任何政治、军事含义的纬度线竟变成了南北朝鲜的分界线。一条分裂朝鲜的三八线就这样定下来了。

8月15日，苏军进入朝鲜北部，在金日成领导的朝鲜人民革命军的配合下，于22日占领平壤，23日南下至三八线以南的开城，逼近汉城。总字第1号命令发布后，苏军撤出开城，北撤到三八线以北地区。

从9月8日开始，美军第24军军长霍奇少将率第6、第7、第40步兵师在朝鲜南部的仁川、釜山登陆，占领朝鲜三八线以南地区。

战争的硝烟在这片饱经战火的热土渐渐离去，朝鲜半岛沉浸在祖国解放的喜悦之中，朝鲜大地上洋溢着喜庆热闹的气氛。但是，朝鲜人民欢庆的却是一个在大国肮脏交易下形成的分裂的国家。

三八线本来是美、苏两国为接受侵朝日军投降而临时划分的界线，但从此，朝鲜便以此线为界，形成了南北分裂对立的状态。这时，朝鲜共有3000万人口，三八线以北占40%，土地面积占57%，三八线以南人口占60%，土地面积占43%。

朝鲜问题早在第二次世界大战期间就已经确定下来。1943年12

月，中、美、英三国为解决日本侵占别国领土所发表的《开罗宣言》中，就提出了关于战后朝鲜的安排问题，宣布“我三大国轸念朝鲜人民所受之奴隶待遇，决定在相当时期，使朝鲜自由独立。”

1945年2月，苏、美、英三国首脑在雅尔塔举行的会议上，美、苏首脑单独会谈时，提出了朝鲜的“托管”问题。美国总统罗斯福提议：在日本投降后，“朝鲜要由一个苏联代表、一个美国代表和一个中国代表实行托管”，“托管期也许要20年到30年”，“没有必要邀请英国参加朝鲜的托管”。斯大林表示，“托管期愈短愈好”，“应该邀请英国参加”。

7月17日至8月2日，苏、美、英三国首脑在波茨坦举行会议。在会议的公告中，重申了《开罗宣言》关于朝鲜问题的决定。

但是，美国和苏联为了各自的利益却将朝鲜以三八线为界，分裂为南北两个部分。在三八线以北，苏军总司令崔可夫将军宣布：“朝鲜已成为自由民主国家”，“苏联将在朝鲜一切反日民主政党广泛合作的基础上，帮助朝鲜人民建立自己的民主政府”。

1948年8月17日，以朝鲜共产党为首的朝鲜各方面民主爱国人士在汉城成立朝鲜建国准备委员会。之后，在朝鲜北方各地纷纷成立了人民政权机关——人民委员会。9月6日，以朝鲜建国准备委员会为主体，来自朝鲜各地的人民委员会的代表1100余人，在平壤举行全国人民代表大会，选出中央人民委员会，建立了人民民主政权，定国号为“朝鲜民主主义人民共和国”。金日成任内阁首相。

在三八线以南，美国占领军司令霍奇将军宣布：美军在朝鲜的政策为“维持现状”。美军进入南朝鲜后，立即解散该地区已经建立起来的人民委员会，复活日本帝国主义的殖民统治机构。1945年9月19日，美国占领军在原日本总督的基础上成立南朝鲜军政府，把日本殖民统治的原有体制和行政机构原封不动地保留了下来。

1946年6月，美国总统特使埃德温·保莱在巡视朝鲜之后，于22

日在给杜鲁门的报告中说：“尽管朝鲜是一个小国，从我们的整个军事力量来看，我们在这里担负的责任并不大，但是，这个地方却是一个进行思想斗争的战场，而我们在亚洲的整个胜利就决定于这场斗争。就在这个地方将测验出来，究竟民主竞争制度是不是适宜于用来代替失败了的封建主义，或者其他某种制度——共产主义。”

1948年7月20日，在美国的操纵下，南朝鲜进行总统选举，李承晚、李始荣当选为正、副总统。8月15日正式成立了“大韩民国”。

这时，李承晚已是73岁高龄的灰发老人。李承晚号雩南，黄海道平山人。曾就读于美国华盛顿大学、哈佛大学和普林斯顿大学。1919年任大韩民国临时政府首届总统。后返美并在美国设大韩民国临时政府欧美委员会。

李承晚毕生致力于寻找一种能够使之成为朝鲜救世主的强权。他试图让美国来拯救朝鲜。但是，当时的美国总统威尔逊不仅拒绝承认他是朝鲜临时总统，而且还指示把他的所有电文全部送到国务院。美国国务院甚至在李承晚要求去巴黎参加和平大会时，拒绝给他签证。

美国占领朝鲜后，李承晚要求美国国务院同意他返回朝鲜，被国务院拒绝了，后在麦克阿瑟的调解下才得以回到汉城。回国途中，他在东京停留，对麦克阿瑟进行了礼节性的拜访，对麦克阿瑟的感激之情溢于言表。回国后，李承晚在美国支持下历任独立促成会中央协议会总裁、“大韩民国”代表、民主议院议长、民族统一总部总裁。

李承晚朝思暮想的是，在有生之年成为一位统一的朝鲜国家的总统。他已是风烛残年的老人，时间的流逝使他迫不及待。

应李承晚的邀请，美国远东司令部司令官麦克阿瑟从东京飞赴汉城，参加总统就职仪式。

在庆典仪式上，李承晚发表就职演说后，麦克阿瑟充满激情地说：

“在这个正义事业向前迈进的时刻，我们的胜利却由于现代历史上一场巨大的胜利而黯然了——一条人为的屏障分割了你们的国家，这条屏障必须而且即将被拆除。”

在一片欢呼声中，李承晚含着眼泪紧紧地拥抱着麦克阿瑟。

“大韩民国”政府成立后，李承晚集团于1948年8月下旬至12月上旬，同美国先后签订了《韩美暂行军事协定》《韩美移交财政和财产协定》和韩美经济援助协定。这些协定规定：允许美国顾问完全控制南朝鲜军队、警察及一切重要地区的建筑；李承晚政府承担美国占领军的一切费用，美国有权在南朝鲜取得和处置任何财产；美国控制南朝鲜的对外贸易，鼓励美国私人资本在南朝鲜投资，掌握南朝鲜的经济命脉。

就这样，朝鲜形成了两个意识形态根本对立的政府。两个政府都试图按照各自的信仰统一朝鲜。扩军备战成了头等大事。

朝鲜战争爆发前，南朝鲜军队总数已达11.4万人，陆军共8个正规师。南朝鲜军的武器装备主要从美国引进。步兵师炮兵主要为105毫米榴弹炮、82毫米迫击炮、60毫米迫击炮、57毫米反坦克炮、60毫米火箭筒。

北朝鲜人民军空军拥有飞机200架，兵力达2000余人，航空师主要装备有：伊尔-10、雅克-9、PC-2等型飞机。人民军海军拥有一支鱼雷快艇部队。朝鲜人民军陆军发展到两个军10个师5个旅另5个团约10万人。人民军的武器装备主要是从苏联引进的。坦克旅的主战坦克为T-34型坦克。步兵师师属炮兵主要为122毫米榴弹炮、76毫米榴弹炮、76毫米自行火炮和45毫米反坦克炮。

1950年初，李承晚在记者招待会上宣称：“我们在新的一年中将万众一心，收复失土……我们必须通过自己的努力来把南北朝鲜重新统一起来。”

陆军参谋总长蔡秉德在新年贺辞中宣布：“今年国防军的任务是用实际行动收复尚未收复的土地，统一国土。”

6月19日，美国国务卿助理杜勒斯访问南朝鲜。对李承晚来说，这是一位能帮助他统一朝鲜的贵客。因为杜勒斯可以说是“大韩民国”的教父。他于1948年作为美国驻联大代表曾对朝鲜问题，提议联大形成一个新决议，即在朝鲜的自由区域内建立一个代议制政府，以帮助建立一个独立的朝鲜。之后，杜勒斯又提议成立“过渡时期委员会”，这个委员会投票决定在南朝鲜实施单独选举并据此建立民国，“大韩民国”由此而来。

李承晚毕恭毕敬地请杜勒斯走进南朝鲜国会会议大厅，并发表了简短的演讲，大加赞美杜勒斯对“大韩民国”的有力支持。

在一片热烈的掌声中，杜勒斯走上讲台。

“今天，能访问贵国并得到贵国政府的热情款待，我感到非常荣幸……”一番客套话之后，杜勒斯转换了话题，“你们处于自由世界的最前线。你们的形势既充满危险又激动人心。你们面临着一种新的危险，这个危险来自共产主义的苏联，它那冷酷的怀抱笼住了三八线以北的朝鲜人民……同时它还用恐怖主义，欺骗宣传，渗透和颠覆性煽动来削弱和诋毁新的大韩民国。”

这位“大韩民国”的教父保证：“你们并不是孤立的，只要你们继续担负起自己为实现人类自由而应负的责任。”

南北朝鲜之间的摩擦不断发生，朝鲜的上空阴云密布。

二 战火开始燃起

“唯独实力是俄国独裁统治者唯一懂得的语言。我们必须以实力为基础给予迎头痛击并击败他们。”

1950年6月25日，星期天。

黎明前最黑暗的时刻，滚滚乌云笼罩着三八线地区上空。凌晨4

时，三八线附近，一片闪动着的红光，带来一阵阵天崩地裂般的轰响。顷刻间，三八线地区陷入了烟雾火海之中。

朝鲜南、北双方围绕国家统一问题而进行的斗争，终于酿成全面内战。

当日上午，南、北朝鲜发布了两个截然不同的战争消息。

平壤，朝鲜民主主义人民共和国内务部发表公报，宣布："南朝鲜的伪国防军于25日拂晓在三八线全线向北朝鲜发动了意外的进攻。……目前共和国警备部队正抵抗敌人，展开了激烈的防御战。"

汉城，南朝鲜陆军参谋总长蔡秉德紧急召见各国记者，宣布："与以往的三八线冲突不同，北朝鲜军开始了全面进攻。"

朝鲜的严重事态引起了全世界的关注。

"亚洲的火药桶爆炸了！"

"第三次世界大战的导火索嘶嘶作响！"

西方国家的各大报刊纷纷报道朝鲜内战爆发的消息。美国学者R.H.波茨是这样描述当时的情景的：

"在一连串沉闷的爆炸声中，这只火药桶爆炸了……在纽约，在东京，在伦敦，在华盛顿，人们本能地仰头望天：俄国人的原子弹飞来了吗？又一场大屠杀，就这样开始了吗？难道共产党选定遥远的朝鲜作为第三次世界大战的发源地……"

一个小国爆发的一场内战却引起国际上如此的关注，这绝非天方夜谭。

1950年6月24日，星期六，华盛顿时间22时，密苏里州堪萨斯城以南的独立城在夜幕中显得格外宁静。

杜鲁门出生于密苏里州南部的拉玛乡下，后来居住在独立城。回家乡度周末是一件非常愉快的事。在一栋豪华别墅的书房里，杜鲁门正兴致盎然地与家人闲聊。突然，一阵急促的电话铃声打断了他们的谈话。

“总统先生，”话筒里传出国务卿艾奇逊的声音，“我刚得到极其重要的消息。北朝鲜人已经入侵南朝鲜了……我们打算要求联合国安理会举行一次特别会议，宣布南朝鲜遭到侵略。”

杜鲁门立即同意艾奇逊的建议，并要他及时报告朝鲜事态。

放下电话，杜鲁门冲动地对爱女玛格丽特说：“这可能是第三次世界大战的序幕。这场进攻是由俄国人怂恿的，必须以牙还牙。我得出的结论是，唯独实力是俄国独裁统治者唯一懂得的语言。我们必须以实力为基础给予迎头痛击并击败他们。”

第二天是星期天，下午2时，纽约成功湖联合国大厦正在召开安理会，讨论美国的提案。安理会确认，北朝鲜的部队“对大韩民国的武装进攻”，“构成了对和平的威胁”，请求“联合国朝鲜委员会”尽快提出关于局势的建议，号召“各会员国对联合国执行本决议给予一切帮助”。

当时，由于中国的席位仍被蒋介石集团的代表所占据。苏联代表曾提出将蒋介石代表驱逐联合国的提案，但遭到否决。因此，苏联代表从1950年1月开始就拒绝继续出席会议。

当日下午，杜鲁门登上了“独立”号总统专机，从堪萨斯机场飞向华盛顿。

望着窗外的阵阵浮云，杜鲁门的大脑飞快地思索着，如果听任南朝鲜沦丧，那么共产党的领袖们就会越发狂妄地向更靠近美国海岸的国家进行侵略。如果容忍共产党人以武力侵入大韩民国，而不遭到自由世界的反对，那么就没有哪一个小国会有勇气来抵抗来自较为强大的共产主义邻邦的威胁和侵略。如果不对这种侵略行动加以制止，那就会爆发第三次世界大战，正如由于类似的事件而引起了第二次世界大战一样。

想到这里，杜鲁门吩咐飞机上的无线电报务员发给艾奇逊一封电报，叫艾奇逊和军政要员到布莱尔大厦参加晚餐会。

性格狭隘、独断和自信的杜鲁门，按照“冷战”的思维分析着朝鲜战争的起因和后果。杜鲁门在第一次世界大战中当过炮兵连长。1935年当选为参议员。1945年当选为副总统。当年由于罗斯福总统去世，他继承罗斯福成为美国第33任总统。

杜鲁门执政不久，便迎来了第二次世界大战的胜利结束。经过第二次世界大战，德、意、日三个法西斯国家战败，英、法等老牌帝国主义国家受到严重创伤，而美国凭借远离主战场的地理优势，不仅是“未遭到大规模战争破坏的唯一大国”，而且大发横财，经济实力和军事实力急剧增强，一跃而成为资本主义世界的霸主。这时，苏联经过第二次世界大战的战火磨炼已发展为拥有世界上最强大的陆军和仅次于美国的海、空军，成为世界上第二军事强国。

大战一结束，美国凭借世界头号强国的实力地位称霸世界，苏联则力图巩固并扩大其战争胜利成果。美、苏两国矛盾日益加剧，逐渐形成了两极体制。

杜鲁门认为，苏联是其实现霸权的唯一障碍，必须组织力量对苏联加以“遏制”。正在杜鲁门政府酝酿对苏强硬政策之时，1946年2月，美国驻苏代办乔治·凯南向国务院发回一份长达8000字的电报，提出一整套“遏制”苏联的理论和政策。

凯南认为，苏联对外部资本主义世界有一种传统和本能的不安全感，资本主义与社会主义是水火不相容的，美苏之间无法建立“合作”关系，必须把苏联看成是政治上的“敌手”，而不是“伙伴”。凯南指出，苏联的政策目标是力求分裂与削弱资本主义国家的力量和影响，并在一切合乎时机和会有好结果的地方扩大苏联的势力范围。凯南提出对策说：“苏联对理智的逻辑无动于衷，但对武力的逻辑却十分敏感。”因此，美国若拥有足够的武力并准备使用它，那就用不着真正动武，便可遏制苏联，迫使它退却。他声称必须用“削除非共产主义世界中所存在的大片软弱地区的方法，来遏制苏联”。凯南的电报为美国遏制苏联，发动“冷战”的政策提供了理论根据。

1946年3月5日，杜鲁门陪同英国首相丘吉尔到密苏里州的富尔敦。丘吉尔发表了“富尔敦演说”，他说：“从波罗的海边的斯德丁（什切青）到亚得里亚海边的的里雅斯特，一道横贯欧洲大陆的铁幕已经降落下来。”在“铁幕”后面的中欧和东欧国家，“无一不处于苏联的势力范围之内……受莫斯科日益增强的高压控制”。丘吉尔猛烈攻击苏联奉行扩张政策，威胁欧洲和世界和平，鼓吹英语民族“联合起来”，英、美“建立特殊关系”，共同对付苏联。这篇演说揭开了“冷战”的序幕。

1947年3月12日，杜鲁门在国会特别联席会议上发表《关于援助希腊和土耳其的演说》中正式提出了“杜鲁门主义”。杜鲁门宣称美国有领导“自由世界”，援助一些国家“复兴”的使命。他宣布美国要包揽全球事务，要将世界一切反共力量集结起来，反对共产主义。他宣布干涉世界上任何地方的共产主义，包括可能被怀疑为共产主义性质的国内革命。据此，美国政府确立在全世界“遏制”共产主义的“遏制战略”，并由此正式将“遏制战略”在全球实施。

1949年以后，世界形势发生了巨大的变化。中华人民共和国成立，杜鲁门扶蒋反共政策宣告破产；1949年8月29日苏联成功地进行了第一次原子弹试验，宣告美国核垄断地位的破产；1950年2月中苏签订了《中苏友好同盟互助条约》。这一切对杜鲁门来说确实紧迫。1949年底，杜鲁门集中了一批专家炮制了一个绝密报告，经他审查批准，于1950年4月12日成为国家安全委员会的第68号文件《美国国家安全的目标和计划》。这个文件标志着杜鲁门的世界战略的全面形成。

第68号文件强调，美国应当具有进行全面战争和有限战争的能力，目的在于造成一种军事均势。这种均势将不把军事实力用于战斗，而是借用军事实力去遏止战斗，然而又能使美国的政策目标得以实现。文件建议：“（1）以尽可能快的速度扩充自由世界的政治、经济和军事力量。（2）在加强力量的同时，作为一种策略可以进行谈判。这样既可赢得舆论的支持，又可减少发生战争的危险。（3）大量增加税收以支持军费开支。（4）在美国的指导下建立一个强大的联盟体系。（5）从内部破坏苏联集团的制度。”

现在朝鲜战争爆发了，杜鲁门认为朝鲜战争是共产主义在全世界扩张与蔓延的其中一步，是共产主义全球威胁的一部分。

专机于当晚飞抵华盛顿，杜鲁门乘车驶往布莱尔大厦——总统临时官邸。布莱尔大厦是一座供贵宾下榻的豪华饭店，位于白宫以西的街区。

在一间宽敞的餐厅里，杜鲁门与军政要员们围坐在一张椭圆形红木餐桌旁举行高级会议。参加会议的军方代表有国防部长约翰逊、陆军部长弗兰克·佩斯、海军部长弗朗西斯·马修斯、空军部长托马斯·芬勒特、参谋长联席会议主席奥马尔·布莱德雷、陆军参谋长柯林斯、空军参谋长范登堡和海军作战部长福莱斯尔·谢尔曼，国务院方面有国务卿迪安·艾奇逊、副国务卿詹姆斯·韦布、助理国务卿迪安·腊斯克和约翰·希克森。

杜鲁门清了清嗓门，激动地说：“朝鲜出现了危机……对于如何处理好这次危机，我还没有想好，愿意听听大家对局势的见解。”

艾奇逊接过话题，十分忧虑地说：“北朝鲜的入侵造成了巨大的混乱，形势令人十分担忧……”

接着，艾奇逊报告了朝鲜情况，并宣读了国务院在昨天晚上收到的美国驻大韩民国大使穆乔发回的第一个报告：

“根据报告，北朝鲜的军队今天清晨已向大韩民国领域的好几个据点进犯。开始行动的时间大约在上午4时。瓮津遭受北朝鲜炮火的轰击。6时左右，北朝鲜的步兵开始在瓮津、开城和春川等地区越过三八线；据称水陆两栖部队已在东海岸江陵登陆。开城据说已在上午9点陷落，北朝鲜大约有10辆坦克参加这次战斗。……从进攻的性质和发动这次进攻的方式看来，这似乎是对大韩民国的一场全面攻击。”

艾奇逊还汇报了当天与国务院和国防部官员讨论的情况，并提出了三项建议：

“一、授权麦克阿瑟向朝鲜人运送军援计划以外的武器和其他装备。二、动用空军掩护美国妇女和儿童撤退，对企图阻挠撤退的一切北朝鲜飞机和坦克还击。三、命令第7舰队从菲律宾向北移动，以阻止中国共产党进攻台湾，同时劝阻国民党不要采取任何针对大陆的行动。”

这位号称“冷战斗士”的国务卿特别强调：“台湾的前途将由联合国决定。”

杜鲁门赞赏地点点头，补充说：“或者由对日和约来决定。”

“我基本同意国务卿的建议。”参谋长联席会议主席布莱德雷发言说：“喷气式战斗机在朝鲜上空飞行可以产生鼓舞士气的巨大效果。”

会议还讨论了派美国地面部队入朝支援南朝鲜的可能性。杜鲁门在征求军政要员的意见后批准了一系列命令，其中包括命令驻远东的空、海军支援南朝鲜作战。

6月26日，星期一，杜鲁门接见了大韩民国驻美国大使。南朝鲜大使向杜鲁门递交了李承晚从汉城发来的一封电报。

杜鲁门接过电报，匆匆地看着电文，电文写道：“从6月25日清晨起，北朝鲜的共产党军队便开始向南部进行武装侵略。阁下和美国国会当已知道，我国人民预见到会有像今天这样的事件，为了成为东方的民主堡垒，为世界和平做出贡献，建立了强大的国防力量。我们再一次感谢您在使我们获得解放和建立我们的民国时所给予的必不可少的援助。在我们面临这一民族危机并进行英勇战斗的时候，我们谨向您发出呼吁，请求您更多地给予我们支持，同时给予我们有效和及时的援助，以便制止这种破坏世界和平的行动。”

“请大使先生转告贵国总统，美国政府正在考虑派军队支援大韩民国作战。”杜鲁门放下电报，把桌上的大型地球仪转了一下，指着朝鲜说：“这是远东的希腊。”

当日晚，杜鲁门在布莱尔大厦再次召开会议。

艾奇逊建议：应加强军事行动，命令海、空军部队向三八线以南的南朝鲜军队提供最大程度的支援，明确命令第7舰队阻止共产党对台湾的进攻。艾奇逊的建议得到了与会者的同意。

杜鲁门兴奋地补充说：“五年来我一直努力防止出现朝鲜危机，现在这种情况既然出现，我们必须竭尽全力支援朝鲜。”

第二天中午，杜鲁门发表声明：宣布已命令海、空军部队“掩护和支持”南朝鲜军，已命令第7舰队“阻止对福摩萨（台湾）的任何攻击”。台湾“未来地位”的决定，必须等待太平洋安全的恢复，对日本的和平解决或联合国的审议。

同日，在纽约成功湖的联合国总部，安理会通过了美国提出的“建议联合国成员国向大韩民国提供制止武装进攻并恢复这一地区的国际和平和安全所必需的援助”的“紧急制裁案”。美国的侵朝战争从此披上了联合国的外衣。

三 美军赴朝参战

麦克阿瑟保证：“请放心，美军会有办法顶住北朝鲜的进攻。”

在日本首都东京繁华的街区，美国驻东京大使馆格外醒目。这里也是远东军司令官麦克阿瑟的私人官邸。麦克阿瑟接到海、空军支援南朝鲜作战的命令是在东京时间6月27日。他立即向远东海、空军发布作战训令。

麦克阿瑟在训令中责成远东空军，攻击和摧毁集结在三八线以南的一切北朝鲜军密集的部队、坦克、大炮、补给部队和其他军事目标；阻止对三八线以南的北朝鲜军队的增援；继续执行掩护朝鲜撤退人员和往朝鲜输送补给品的任务。

下达训令后，麦克阿瑟扬扬得意地说："远东空军部队在以后的36小时里要动用一切可供支配的手段，狠揍北朝鲜人。"

这位在第二次世界大战中叱咤风云的名将终于盼到大显身手的机会了。尽管已届70岁高龄，麦克阿瑟仍然身体强壮，精力充沛，这得益于他养成了长期锻炼的习惯。

麦克阿瑟出身于行伍世家，其父阿瑟·麦克阿瑟曾参加1898年的美菲战争，后为菲律宾军事总督。麦克阿瑟从小习武，小学毕业后便进入西得克萨斯军校中学，后考入著名的西点军校，他的毕业成绩是西点军校25年来最高的。麦克阿瑟从西点军校毕业后，参加过第一次世界大战。一战结束后任西点军校校长，后任美国陆军参谋长。太平洋战争爆发后，他任西南太平洋地区盟国武装部队总司令，曾指挥西南太平洋地区武装力量，运用"跳蛙战术"逐个攻占了太平洋许多重要的岛屿。麦克阿瑟因此蜚声军界，被称为组织登陆作战的现代帅才。1945年9月代表盟国接受日本投降。后以"盟军最高司令官"的名义，执行美国单独占领日本的任务。

麦克阿瑟具有军事冒险的天性。他的主要兴趣是要把共产党赶出中国，并把蒋介石重新安置在这片土地上。像他之前的日本军国主义者一样，他倾向于把朝鲜当作通往中国的捷径。

约翰·H.恰奇准将的司令部驻朝鲜前进指挥和联络组乘机于当晚在汉城以南的水原着陆，并在水原城内一所学校的校舍里建立了指挥所。恰奇打算在江面很宽的汉江建立一条强大的防线，阻止北朝鲜军队前进。水原离汉江战线不远，而且还是朝鲜中部剩下的最后一个机场。

美国远东空军做出了迅速的反应。当日晚，第5航空队奉命出动两个中队的B-26轰炸机、4个中队的F-80战斗机和两个中队的F-82战斗机，首次对从三八线到前线地区内的人民军坦克、炮兵和行进纵队、地面运输工具等进行轰炸。

6月28日上午，尽管日本九州天气很坏，但第5航空队还是起飞执行任务。拂晓时，中尉布赖斯·波埃驾驶一架RF-80A侦察机从日本板付机场起飞，到朝鲜侦察朝鲜人民军的先头部队。波埃顺利地完成了任务。这次飞行是朝鲜战争中第一次侦察飞行。

接着，第3轰炸机大队的一支由12架B-26组成的攻击部队，于7点30分从日本芦屋机场起飞。B-26轰炸了三八线附近汶山的一处繁忙的火车停车场，尔后向南低空掠过铁路和附近的公路进行游击，扫射并以火箭弹攻击临时出现的目标。

当天，第3航空队又出动12架B-26，对汉江以北的公路和铁路交通进行轰炸，以支援守在汉江南岸的南朝鲜军。

与此同时，朝鲜人民军空军也在采取攻击作战行动。6月28日13点30分左右，4架“雅克”式飞机扫射水原机场，击伤了迫降在那里的美军1架F-82飞机和1架B-26飞机。

18点30分，另有6架“雅克”式飞机在水原上空出现，击毁了停在水原机场的美军2架C-54运输机。

6月29日上午8时，美军第19轰炸机大队的9架B-29在整个金浦机场投掷了大量的炸弹。在轰炸金浦机场的同时，其他2架B-29轰炸了汉城火车站。

美军第5航空队于当日又接到轰炸汉城的汉江桥和集结在汉江北岸的朝鲜人民军部队的命令，立即出动B-29轰炸汉江桥。汉江上有三座平行的铁路桥，B-29炸毁了人民军正在中央一座桥上铺设的桥面。

接着，第5航空队又出动了22架F-82战斗机直接支援南朝鲜地面部队作战，并向朝鲜人民军阵地投掷凝固汽油弹。第5航空队还于当日下午出动18架B-26轰炸机越过三八线，轰炸了平壤军用机场，击毁了停在机场的25架飞机。

麦克阿瑟于当日中午乘坐B-34型座机“巴丹”号抵达水原机场。麦克阿瑟戴着一副墨镜，身着皮夹克，戴一顶镶金边的帽子，胸前挂着一架望远镜，神气活现地走下舷梯，抱住前来迎接的李承晚。

李承晚望着这位将军，喃喃地说：“我们的处境十分险恶。”

麦克阿瑟拍拍李总统的肩膀，说：“请放心，美军会有办法顶住北朝鲜的进攻。”

麦克阿瑟与高级军事顾问开了一个简短的会议后，乘车顺着通往汉城的公路向北驶去。他们穿过大批混乱而无组织的部队，视察了汉江沿岸南朝鲜防御工事，然后返回水原机场。

在离开水原机场时，麦克阿瑟对前进指挥和联络组的人员说：“南朝鲜军队一定要守住汉江沿岸阵地，直到他能够把美国地面部队调来这个地区为止。”

麦克阿瑟回到东京之后，就向参谋长联席会议写了一份报告，报告他视察的结果。他说，南朝鲜陆军实有战斗兵力已不到2.5万人，而且部队很混乱，没有认真地打过仗，缺乏领导。南朝鲜陆军在建立时是一支轻装的军队，没有纵深防御计划，在这次退却时损失了大部分补给品和比较重型的装备。现在南朝鲜军至多只能希望凭借天然屏障作战和推迟北朝鲜军的挺进速度，他们是否能守得住汉江防线还“大成问题”。

麦克阿瑟建议：只有调美国地面战斗部队到朝鲜的战斗地域去，才能保证守住汉江防线，并在以后收复失地。如果准许他这样做，他立即就想调一个团的美国战斗部队去增援极其重要的水源地——汉城地区。然后他可能要从驻日本的军队中抽调一些部队组成两个师，以便早日进行反攻。

麦克阿瑟强调：“如果不做出这个已被突破的地区充分利用陆海空军协同力量的规定，那么说得好一点，要完成我们的使命就要在生命、金钱和威信方面付出不必要的重大代价；说得坏一点，甚至可能失败。”

为了加强汉江防线，阻止朝鲜人民军渡过汉江。6月30日，美远东空军几乎又将其全部力量用于攻击汉江大桥和集结在江北岸的人民军。

上午，15架B-29每隔一段时间用杀伤炸弹轰炸汉江沿岸朝鲜人民军一次。第3轰炸机大队出动18架次B-26扫射、轰炸和用火箭弹攻击汉城和汉城周围的人民军运输车辆和部队。第13中队的一个小队在侦察汉城各座铁路桥梁的情况时，发现人民军的坦克、卡车和其他车辆拥挤着等待通过中央铁路桥。这个小队猛烈地轰炸了桥上的坦克和车辆。

美军第5航空队继续支援南朝鲜军队。6月30日下午，前进指挥和联络组接到报告说，汉江沿岸南朝鲜军的防御正在崩溃中。朝鲜人民军虽然还未能通过汉江上的桥梁，但是他们在汉城东南面用船将坦克和军队渡过汉江。

下午5点，前进指挥和联络组接到命令，必须撤出水原机场，因为人民军已渡过汉江防线，向南挺进。南朝鲜军的汉江防线开始崩溃。

这时，杜鲁门已批准下达了两道命令。第一道命令授权麦克阿瑟将军在朝鲜使用他所有的陆军部队，只是要首先保证日本的安全。第二道命令规定对北朝鲜进行海上封锁。杜鲁门授予了麦克阿瑟所要求的权力：“充分利用陆海空军的协同力量。”

麦克阿瑟接到命令后，立即通过第8集团军司令沃尔顿·沃克，下令将威廉·F.迪安少将的第24步兵师由日本九州空运和海运到朝鲜南部的釜山。

美军第24师在太平洋战争中，曾由新几内亚转战到莱特和吕宋岛，因在莱特岛登陆时，同第1骑兵师一起在塔克洛班——帕罗登陆而出名。战后该师驻日本九州，司令部设在小仓。

第24师先遣部队于7月1日首先到达朝鲜。7月10日，第24师和南朝鲜军在大田正面布置防御阵地。

大田市是朝鲜重要的交通中心，位于锦江平原东南端，为会藏山脉的鸡足山、鹰峰山、高胤山、宝文山等所环抱。7月14日，朝鲜人民军4个师在重炮和坦克的支援下渡过锦江，攻击美军第24师的前进部队，并从几个方向向大田推进。

南朝鲜军在人民军的凌厉攻势下，全线崩溃。美军为挽回南朝鲜军的败局，决定投入尽可能多的美军参加战斗。可是把军队从日本运到朝鲜并不是容易解决的问题。美海军的两栖运输能力有限，釜山的港口已经拥挤不堪，而且从釜山到前线的道路被南行的汽车和难民所阻塞。

7月18日，美军要守住朝鲜半岛的前景显得十分黯淡，第24师没有希望阻止人民军4个师在它正面上的协同攻击。

由于从釜山到大田的道路上充满着南行的车辆和难民，部队难以通行。美军增援朝鲜的方法只得依赖海上运输，而且必须要运输得及时。

当朝鲜人民军越过三八线向南挺进时，美远东海军两栖第1联队的舰船正从日本的横须贺出发，运载美军第25师第35团驶向相模湾的茅崎海滩进行登陆演习。

美军第8集团军的两栖作战计划，是在当年5月份就开始实施的。虽然，美陆军部队在两栖作战训练中还没有达到训练有素的程度，但两栖作战的一般要领已基本掌握。

7月初，美两栖第1联队司令多义尔和几名参谋人员奉命赶到东京，在东京远东司令部和美远东海军司令特纳·乔埃及麦克阿瑟的幕僚研究关于派美军第1骑兵师发动攻势的两栖作战计划。会议结束后，麦克阿瑟命令草拟将该师在朝鲜西海岸仁川或群山登陆的计划。计划工作一直进行到7月9日。美军原计划派第1骑兵师在仁川登陆，攻击并摧毁朝鲜人民军。但这一计划因南朝鲜军的狼狈溃退而无法实施。

因在朝鲜的美军和南朝鲜地面部队迅速败退，美军不得不在朝鲜东海岸另外寻找一个登陆点以防守釜山。多义尔建议以浦项为登陆点，这一建议于7月10日被麦克阿瑟所接受。

浦项是人口为1.5万的村镇，在釜山以北的迎日湾边。7月10日浦项仍然在朝鲜人民进军前线的安全距离上。该城有一个机场，浦项港有相当好的锚位和一条较长的沙滩便于两栖登陆。尤其重要的是浦项还有一条单轨铁路西接大邱，从此西行可到达大田，这条铁路能把美军第1骑兵师迅速地输送到前线。

7月11日，为了搜集重要的有关浦项登陆的资料，美海军派了一个侦察组飞抵浦项。侦察组由两栖第1联队的3名参谋和骑兵第1师的参谋人员组成。他们搜集到有关浦项港的海滩、水深、卸载设备和该港的总吞吐量的条件的情报。

美海军为在浦项登陆进行了大量的准备工作，由于两栖攻击舰船缺乏，将美军军事海运局的武装运输舰“奥格勒索普”号和“梯坦尼亚”号急驶到日本横须贺，其他需要的装备，如小艇、拖链和车辆的吊索等都迅速装备。美海军除了将攻击、运输舰做好战斗准备外，还调来了横须贺的6艘公用登陆舰。

7月15日，美军攻击舰队在多义尔指挥下从日本横须贺出航，向浦项驶去。攻击部队由登陆部队、战术航空联队、运输联队、驳运联队、航炮支援联队、护卫联队、近空支援联队、纵深空中支援联队、侦察联队、指挥联队、滩头联队、管理支队、后续航运联队和巡逻飞机联队组成，共出动舰船56艘。

多义尔在“麦金雷山”号旗舰坐镇指挥，他对这次行动的凶吉难以预料。尽管目前朝鲜人民军和美军及南朝鲜军还在浦项以北进行作战，但舰队到达浦项时，如果守卫在浦项的南朝鲜军第3师不能坚守到攻击联队前来增援，浦项失守，攻击联队将在登陆时遭到朝鲜人民军的顽强抵抗。而且朝鲜人民军在浦项港区布置的水雷也是对攻击部队的重大威胁。

这时，从美军第3布雷队得到消息，该队已于7月15~17日将浦项港口清扫完毕，水雷已经排除。这一消息使多义尔一扫满脸的愁云，立即振作起来。

美攻击舰队遇到一场暴风袭击之后，于7月18日上午5时到达浦项港。这时，战线还在浦项以北。多义尔总算如释重负。

5时58分，多义尔拉起“登陆部队登陆”的旗号，同时执行“没有遭到抵抗”的登陆计划。舰船抛锚在内港运输区，并开始在内港码头卸下人员和装备。参加这次登陆的海军中校诺尔后来写道：“真是万幸，因为我们原定要用以登陆的海滩并不十分适于登陆之用。”

美军部队和车辆迅速的登陆。第8集团军司令官沃克在滩头迎接第一批登陆部队。

至当天夜间，有约1万名美国士兵、2万余部车辆和近3000吨的物资装卸完毕。这支部队给处境十分危险的美军第24师带来了一线希望。

朝鲜人民军渡过汉江后，大举向南挺进，7月20日占领大田，23日占领光州，24日又占领了朝鲜西南部主要港口木浦。直逼晋州、马山和釜山。

美军第8集团军计划在釜山外围构筑一道环形防御工事以保卫该城。“釜山环形防线”主要位于洛东江天险西段，并从釜山成扇形展开，形状规则，从北到南近100英里，从东到西约50英里。从8月1日到4日，美军和南朝鲜军撤至这一线后面，并准备背水一战，而远东空军则需要投入全部力量给予一切支援。

8月份的前半个月，当第8集团军撤退到洛东江一线，向朝鲜人民军反攻时，得到空军、海军和海军陆战队飞机的支援。地面战斗最激烈的地方是战线的西南端，晋州以东，美军第25师特遣部队在空中支援下向朝鲜人民军第6师发起反攻。第5航空队每天出动近200架次飞机。8月11日，美军占领晋州以东的战略高地，暂时保住了釜山西部的通道。

为了阻止朝鲜人民军的南进，美远东空军从8月2日开始进行了全面空中封锁交通线的作战。8月4日，派第19大队对汉城调车场进行攻击，次日又遣第22和第92大队遂行了同样的任务。

8月7日，美空军第22、第92和第98大队猛烈地轰炸平壤的调车场和附近的一个军火仓库。8月8日，第307大队又轰炸了平壤的调车场。

8月10日，第22、第92和第98大队攻击元山的炼油厂和铁路调车场。从8月12日起远东空军对主要桥梁进行了轰炸。

8月19日中午，第19大队的9架B-29飞机进入汉城上空，向汉城铁路桥投掷了54吨多的炸弹。第77特混舰队的海军飞行员也对这座铁路桥进行了轰炸。下午，37架F-4U和AD飞机从2艘航空母舰上起飞，再次对铁路桥进行了轰炸。

次日，第19大队又轰炸了汉城的西部铁路桥，将这座桥的桥身炸垮。

据统计，8月份，美远东空军对140座桥梁进行了轰炸，这140座桥梁已基本不能使用，汉城附近的93座公路桥梁已被炸毁。

朝鲜人民军渡过汉江后，攻势非常迅猛。美第8集团军几乎将全部兵力沿着环形防御区进行分散配置。美远东空军对第8集团军提供了有力的支援。8月间，远东空军共出动7397架次飞机进行空中支援，平均每天达238架次。

为了打破晋州前线的僵持局面，朝鲜人民军统帅部决定对美军第1骑兵师和南朝鲜军第1师所防守的大邱附近的联合防线的弯曲处发动主要攻势。

8月10日，第8集团军获悉朝鲜人民军在这两个师的当面集结兵力的情报。人民军的活动正集中在倭馆附近，主要公路和铁路在这里跨过洛东江。人民军在倭馆附近，修筑了一些水下桥梁，建立了一些小的桥头堡，并且企图出动坦克参加作战。

8月15日，朝鲜人民军出动三个师的兵力对洛东江防线进行试探性的攻击，并以另外两个纵深配置的师，利用对方弱点乘虚而入。

美军第5航空队有力地支援了第1骑兵师，战斗轰炸机不断地对人民军的桥头堡进行攻击，战斗机在倭馆附近用火箭弹摧毁人民军试探性攻击的两辆坦克，并扫射击毙朝鲜人民军300余人。同时，轰炸企图把重型装备运过江的人民军部队。在大邱以北，其他战斗轰炸机支援南朝鲜军第1师，击溃了人民军由坦克做前导的进攻。战斗轰炸机在近距离指挥下，不断地攻击突破南朝鲜军防线的人民军坦克。

8月16日中午，美远东空军按照麦克阿瑟的指示，采取“地毯轰炸”方式，集中98架B-29轰炸机到达了倭馆地区上空。在不到30分钟的时间，这98架B-29轰炸机轰炸了指定目标，投掷了3084枚500磅和150枚1000磅的普通炸弹。这也是美军从诺曼底登陆以来用空中威力直接支援地面部队规模最大的一次。轰炸效果相当于3万发重炮炮弹。

8月18日，朝鲜人民军从军威方向发动了强大攻势，一举突破了南朝鲜军第1师和第6师的防线。第8集团军沃克认为，人民军沿着军威—大邱一线的进攻是对“联合国军”的主要威胁。他要求远东空军将其全部力量用来支援大邱以北的地面部队。

F-51型飞机从日本的南方起飞进行攻击，在大邱降落进行加油、挂弹后再次起飞攻击对方目标。南朝鲜军由于获得了强有力的空中支援，守住了防线。沃克得到了所需要的时间，从晋州前线把美军第25师和南朝鲜军第27团调往北方来增援南朝鲜的陆军师。

8月19日，美军和南朝鲜军通过顽强的防御和迅速的反击，终于保住了大邱。“联合国军”又在下场洞东南的高地上重新建立了防御线。

从8月中旬到8月底，朝鲜人民军没有再次发动大规模进攻，战场处于相持阶段。8月31日，朝鲜人民军在釜山环形防御区的西南端出动了5个师的兵力进攻美军第25师和第2师。

9月1日，第5航空队的战斗轰炸机当日出动了167架次，沿着第2师和第25师所防守的60余公里长的战线进行直接支援。在南江以南天然屏障不多的战线上作战的第25师，得到了第5航空队108架次的直接支援，挡住了朝鲜人民军的猛烈进攻。

在记者招待会上，第25师师长威廉·B.基安少将公开赞扬第5航空队。他对记者说："第5航空队所提供的空中密切支援像以前多次一样，又拯救了这个师。"

朝鲜人民军继续对环形防御区的周围发起进攻。美军第25师在西南战线顶住了人民军的进攻，并发动了反击。但在美军第2师防守阵地上，朝鲜人民军已经强渡洛东江，企图夺取灵山镇。

第5航空队总共出动201架次的飞机进行支援。第307轰炸机大队也派出25架B-29轰炸机投掷了863枚500磅的炸弹，对金泉和晋州的人民军补给线进行了"地毯式轰炸"。同时，第77特混舰队也出动了127架次飞机对第2师和第25师进行空中支援。

9月3日，由于天气晴朗，美远东空军发动更为猛烈的空中攻势。第5航空队出动249架次的飞机进行空中支援，89架次的飞机进行空中封锁交通线，同时，35架B-29轰炸机轰炸了9个城镇的朝鲜人民军部队和集结地。9月3日上午，第5航空队的大部分战斗轰炸机支援了第2师和海军陆战队的暂编第1旅。陆战队暂编第1旅是为了阻击人民军向灵山进攻的。

朝鲜人民军在西部战线已经在许多地方渡过了洛东江，并在灵山第8集团军的防御线上通过进攻形成了一个突出部。9月4日，美海军陆战队的F-4U型战斗机和第5航空队的战斗轰炸机不顾天气恶劣出动了43架次在第2师的防御地带进行空中支援，击毁了正向灵山进攻的人民军11辆坦克。

虽然，朝鲜人民军在西南战线上遭到挫折，但加紧了对第8集团军环形防御区北面侧翼的进攻。人民军两个师从倭馆退到离大邱不到11公里的地方。在杞溪战线上，人民军另外两个师几乎把南朝鲜军击退到永川镇和庆州镇。在东海岸，朝鲜人民军的一个师重整旗鼓再次攻占了浦项港。

从9月4日起，第5航空队的绝大部分兵力都支援大邱以东的南朝鲜军的几个师，当日出动了160架次，第二天出动了51架次（当天天气恶劣，严重妨碍了飞行），9月6日出动了183架次。由于强有力的空中支援，南朝鲜军的几个师顶住了人民军的攻势。同时，美军第24师也从休整地迅速向北挺进以保卫度州和永川。

美军第1骑兵师和南朝鲜军第1师在沿着大邱的逐渐缩小的弧形战线上作战的期间，是得到空中支援的次要对象。派遣到这个地区遂行密切支援任务的飞机架次虽不多，但在小心地控制之下，达到了最好的效果。在阻挠人民军向倭馆和多富洞的进攻中，第5航空队的战斗机和B–26型轰炸机也起了一些作用。

9月7日，英军第27步兵旅在紧接着第1骑兵师以南战线的一个防御区内接防，因此，美军缩短了他们的战线并增加了大邱的防御力量。

在朝鲜人民军的进攻下，美军第8集团军被迫放弃了一些地方，但此时，朝鲜人民军由于战线太长，补给困难，攻势也减弱了。

9月11日，美军远东空军利用天气好这一有利条件，一天竟出动了683架次的飞机攻击朝鲜人民军。美军第2师师长劳伦斯·B.凯泽少将认为，这一天的陆空联合作战肯定歼灭了1500名敌军以及毁灭了大量武器装备。

到9月12日，朝鲜人民军已经没有能力组织大规模的进攻，第8集团军已经守住了釜山防御区的防线。

第8集团军司令沃克在回顾该集团军防御作战的“伟大成就”时，不得不对第5航空队为第8集团军所提供的空中支援大加赞扬。

沃克说：“我愿意说，没有一个司令官曾经得到过比第5航空队为第8集团军所做的空中支援更好的支援了。自从这次战役开始以来，我和帕特里奇将军配合得很紧密。我们两军的司令部也一直设在一起，而且我们所提出的空中支援的要求只要第5航空队能够办到的，就从未遭到过他们的拒绝，我愿意以愉快的心情把我心中的话毫不掩饰地讲出来，如果我们没有得到第5航空队的空中支援，我们是不能在朝鲜立足的。”

美军守住了釜山防御区的防线，就为麦克阿瑟在仁川实施登陆作战创造了有利条件。

4 仁川登陆战

5000：1的一场赌博。

9月12日夜，在朝鲜辽阔的西海海面上，一支舰队静悄悄驶往仁川方向。

这天夜晚，天气十分恶劣，低垂的天幕，压着重重恐怖的乌云，来势凶猛，像是一群群黑色的疯狂的巨龙，要把大海吞噬。风在咆哮，海水在咆哮，海上巨浪如山。麦克阿瑟坐在“麦金利”号旗舰上，旗舰猛烈地前后摇摆着。

风暴猛刮了一整天，但到14日海面平静下来了。入夜，麦克阿瑟感到焦急不安，他在舱室内来回踱着步子，难道自己犯了可怕的判断错误？难道这次登陆行动泄密了吗？假如在仁川的是坚固的防御，登陆就可能一败涂地，成为“一场军事大灾难”。麦克阿瑟又回忆起这次登陆计划的前前后后……

美军和南朝鲜军在朝鲜人民军的打击下，退至洛东江以东1万平方公里的狭小地域。美军和南朝鲜军一面负隅顽抗，一面利用釜山港继续增援兵力，准备反扑。

为挽回败局，并进一步扩大侵朝战争，麦克阿瑟命令美军远东司令部，从8月初就开始策划在朝鲜人民军后方仁川进行登陆作战。

8月23日下午，在东京第一大厦（美远东战区总司令部办公楼）六楼会议厅，美国高级军官正在召开会议。参加会议的有美国陆军参谋长柯林斯、海军作战部长谢尔曼、远东海军司令官乔埃、第7舰队司令阿瑟·斯特鲁布尔和将要指挥两栖登陆部队的多义尔。

海军方面不主张在仁川登陆。因为潮汐和地形使仁川登陆极为冒险。

谢尔曼审查了海军所提出的意见，风趣地说："如果把一切可能的地理上的和海军方面的不利条件都列出来的话，那么仁川是样样具备的。"

柯林斯从陆军方面考虑，也反对在仁川登陆。他说："陆军方面感到仁川离开目前的战区后方太远，对敌方不能产生必要的直接影响。由于可得到的资源有限，要想胜利地完成这次大规模的战略行动，势必将当时在沃克将军的十分吃紧的防线上坚守着一个防区的海军陆战队第1旅撤退下来，其结果必将进一步危及那个阵地。"

柯林斯提出以西海岸的群山港为目标实施登陆。谢尔曼表示赞同柯林斯的建议。

麦克阿瑟毫不示弱，充满信心地说："海军提出的关于潮汐、水文、地形以及自然方面的不利条件的反对意见确实是实质性的、中肯的。但这些不是不能克服的。我对海军是完全信任的，而且实际上，我对海军的信任似乎更甚于海军信任它自己……"

接着，麦克阿瑟反戈一击："除了我所建议的突然一击外，唯一可供选择的办法那就是让我们正在釜山付出的眼前毫无解救希望的惨痛牺牲继续下去。你们甘愿让我们的部队像牛群在屠宰场里那样待在那个血腥的环形防线里吗？谁愿意为这样的悲剧负责呢？当然，我决不愿意……数百万人在等待结果。我意识到仁川是5000：1的一场赌博，但我喜欢这样下注。仁川之战必将取得胜利。它将挽救10万生命。"

麦克阿瑟拿着烟斗，用了整整一小时滔滔不绝地为他的计划辩护。最后，他说："如果我的判断不准确，所遇到的是我无法对付的防御，我将亲自赶到那里，在我们的部队遭受惨重的失败前就把他们立即撤出来。那时唯一的损失将是我作为职业军人的声誉。"

麦克阿瑟的发言深深打动了众将领。谢尔曼站起来说道："谢谢你。真是伟大事业中的一个最强音。"

6天后，参谋长联席会议致电麦克阿瑟："审查了由柯林斯将军和谢尔曼海军上将带回的情报以后，我们同意由两栖部队在朝鲜西海岸仁川准备并实施一次转向行动。"

麦克阿瑟的登陆计划终于获得了批准。接下来是登陆作战的准备与实施阶段，他命令美空军进行了侦察、佯动作战和轰炸突击。

在8月底9月初的几个星期，美远东海军航空兵的舰载机和远东空军侦察机对仁川—汉城地区进行了空中照相，侦察目标区内朝鲜人民军兵力部署、海防阵地构成及火力配系，掌握了人民军的活动规律。

在登陆前几天，海军需要知道仁川港高潮和低潮时防坡堤距水面的高度。为此，第8战术侦察机中队进行了4次准时的照相，并且在两天内，将所需的照片交给了海军。

为了迷惑朝鲜人民军，使其无法判断美军的真正企图和确切的登陆地点，美空军广泛地在朝鲜东西海岸实施了一系列佯动。

远东空军轰炸机指挥部从9月9日开始猛炸汉城以北的铁路线。为了完成专门的铁路封锁活动，轰炸机指挥部一方面每天以两个B-29大队，每个大队出动8架飞机，对人口稀少而修复困难的铁路线地区进行多处切断；另一方面每天以一个B-29大队全力出击，对调车场实施轰炸。遂行前一种任务的两个B-29大队轰炸了从汉城到元山再到平壤又回汉城的三角地带内的路轨、桥梁和隧道。

仁川登陆的计划如此周密，不会发生什么意外！麦克阿瑟终于筋疲力尽，去睡觉了。

9月15日凌晨，“麦金利”号旗舰驶近仁川，麦克阿瑟坐在舰桥海军上将的椅子上，指挥这次登陆作战。

大型军舰开始炮击防卫狭窄的仁川水道的月尾岛要塞，天空中黑压压地布满了海军和空军的飞机。顷刻间，一团团混浊的灰色浓烟滚滚升起，天空中闪现出一道道火光，沿岸一阵阵爆炸声响彻云霄。月尾岛和仁川没有进行任何还击。

到目前为止，一切顺利。麦克阿瑟得意地笑了，他预感到仁川登陆已经稳操胜券了。

这时，第90特混舰队作为突击舰队，其航空火力支援大队每隔90分钟出动8架F-4U式歼击轰炸机，对仁川的两个登陆滩头阵地实施连续的火力压制。

与此同时，第77特混舰队以同样的时间间隔派出8架或更多的强击机和F-4U式歼击轰炸机，实施孤立战场活动，对仁川周围的交通线进行不间断的突击，以阻止朝鲜人民军对仁川的增援。

陆战队于上午7时成群地拥上岸滩，登上月尾岛并用特制的梯子爬上仁川的海堤。

当麦克阿瑟看到月尾岛山顶上飘动着的一面美国国旗，意识到他已经接近一场伟大的战略反攻的胜利了。他站了起来，草拟了一封电报，写道：“海军陆战队今天上午表现出色是前所未有的。”

16日，美军第187空降团在金浦地区降落，以协同陆战队第5团攻占金浦机场。到17日下午，海军陆战队已攻占金浦机场并沿汉江西岸展开。

在建立登陆场期间，第77特混舰队的3艘快速航空母舰的海军战斗机提供了掩护。虽然有这样强大的海军机群在场，17日拂晓，仍有两架雅克式飞机袭击了重型巡洋舰“罗彻斯特”号。这两架飞机投掷了轻型炸弹，命中了目标，但巡洋舰没有遭到大的损失。两架飞机中的一架飞走，另外一架在对英军巡洋舰“牙买加”号进行扫射时被该舰击落。

当美军第10军开始在陆上作战时，海军陆战队第1航空队按照它的密切支援程序进行了支援。海军陆战队第1师9个营中的每一个营都配有一名前进航空兵控制员，而第5航空队也向第7步兵师提供了同样数目的空军控制组。

这些海军陆战队和空军的地面控制员能与配置在第10军指挥所附近的战术空军引导中心进行直接的通信联系，随时要求航空火力支援。

第10军在仁川登陆过程中，远东空军作战物资空运指挥部派了大量的飞机空运补给品和装备。因为水运货物在仁川卸船非常困难，因此，艰巨的运输任务都要求运输机执行。

9月19日14时26分，阿尔伯特·W.布朗菲耳德少校驾驶第一架C-5型运输机在金浦着陆。接着，又有8架C-54和23架C-119型运输机在该机场着陆，运到了地面部队所需要的补给品、照明设备以及暂编第1战斗支援队的280名人员。战斗支援队包括几个空军卸货小队，这些小队的工作是快速卸货，以缩短飞机的往返时间。

9月20日，远东空军作战物资空运指挥部开始对金浦实施昼夜不停的空运，每天运输的物资近226吨。在返航时，C-54还进行了伤病员的后送工作，即将伤病员由登陆场运送到在日本的医院。当第10军的部队由港口向内陆深入时，他们所缺少的汽油和弹药便源源不断地从金浦获得。

9月21日，9架C-119直接向前线部队紧急空投了弹药和口粮。24日，8架C-54在新占领的水原机场着陆，运送了65吨弹药和口粮。

海军中将乔埃十分赞赏作战物资空运指挥部，他说该部“为驻在金浦的海军陆战队所提供的空运，一直是知道这件事的人所大为称赞的主题”。

第10军军长爱德华·阿尔蒙德则表扬他们说：“在作战最紧急的

时节所空运到的大量物资和战斗补充人员，大大地帮助了我们的部队取得良好的战果。”

美军在仁川登陆，遭到了在仁川地区防御的朝鲜人民军的强烈抵抗。人民军在美军大规模的陆、海、空军立体攻势下，被迫撤离仁川地区。

9月16日，仁川登陆的美军兵分两路，一路直逼汉城，一路南下水原以切断人民军主力的退路。

与此同时，在洛东江以东防线的美军和南朝鲜军开始向人民军实施反攻。朝鲜战局发生了严重逆转，人民军在两面作战的不利形势下转入战略退却。

朝鲜人民军在战略退却过程中加强了汉城地区的防御，阻止在仁川登陆的美军向原州、大田方面进攻，并牵制美军在洛东江战线的攻击，把一部分兵力迅速转移到锦江以北的有利地段进行防御，以保证汉城战线和洛东江战线的联系。人民军在给敌以重大杀伤后，放弃了汉城。

麦克阿瑟终于赌胜了。他赢得了仁川登陆的胜利，更重要的是赢得了美国决策层的信任。从此，他可以在朝鲜放手大干了。

杜鲁门得知麦克阿瑟在仁川登陆成功，更是心花怒放。他大声地口授致麦克阿瑟的电文，表示祝贺：

“我代表全国人民对于在你领导之下在朝鲜获得的胜利致以最热烈的祝贺。无论是在以空间换取时间，积蓄力量，待机出动，或是在解放汉城战役中用兵如神方面，在军事史上只有少数的战役可以和它相比。我对我们的陆、海、空军出色的合作感到特别的满意。我希望你向各军的指挥官沃尔顿·沃克中将、查尔斯·乔埃海军中将和乔治·斯特拉特迈耶中将转达我的谢意和祝贺。由你和他们建立起来的协同作战，树立了一个光辉的榜样。我和所有自由国家的人民遥向在联合国的旗帜下，为自由而战的，来自美国和其他国家的你的英勇的部队陆、海、空和海军陆战队的士兵们致以谢意。我向你们全体致敬，并代表我们在国内的人们祝贺你们全体，你们成功地完成了崇高的使命。”

9月29日上午，一架直升机徐徐降落在金浦机场，麦克阿瑟身穿一件熨得笔挺的野战服，偕夫人珍妮缓步走下舷梯。五辆排列整齐的雪佛莱汽车在阳光下闪闪发光，正迎候着这位春风得意的将军。

麦克阿瑟进入头一辆轿车。其他客人和随行记者纷纷进入其他轿车。车队急速向汉城方向驶去。

汉城位于朝鲜中部汉江下游汉江平原的中心，距黄海30公里。公元前18年，百济温祚王在此筑城，称慰礼城。公元474年，高句丽王朝在此设置北汉山郡。新罗真兴王16年，改称汉山州，景德王时称汉州。1394年李朝将首都自开城迁此，始称汉城。

车队很快来到汉江边，通过一座浮桥，飞快地穿过汉城街道，停在大韩民国国会大厦门前。

麦克阿瑟走下轿车，同等候车旁的李承晚和南朝鲜政府高级官员以及美军高级官员一一握手，然后与李承晚挽手走进国会大厦主厅。

主厅的屋顶是巨大的天窗。在平台上方呈曲线形延伸的楼厅上，美军的礼仪兵戴着闪亮的头盔威严地站立着。主厅内挤满了大批的美国陆海军军官、联合国官员、穆乔大使等外交官以及南朝鲜官员和军官。

当麦克阿瑟和李承晚步入大厅时，所有的人都肃立着。麦克阿瑟从容地走上演讲台。

“蒙仁慈的上帝的恩赐，我们的军队已经解放了朝鲜的这座古都，它已经从共产主义的专制统治下获得自由……”麦克阿瑟将身体转向李承晚，微笑地说：“总统先生，我和我的军官从现在起将收回我们的军事责任，把履行国内职责的权力留给您和您的政府。”

李承晚走过来紧紧抓住麦克阿瑟的手，大声说道：“我们崇敬您！我们像热爱救星一样热爱您！我如何才能对您表达出我以及朝鲜人民对您永远的感激之情！”

在一阵鼓掌和呼喊声中，李承晚的泪水从满是皱纹的脸庞不停地往下流淌。

此时，是麦克阿瑟在朝鲜战争中最为辉煌的时刻，他已经成为使大韩民国转危为安的英雄。来自四面八方的赞誉已使麦克阿瑟忘乎所以，失去了理智。麦克阿瑟后来的继任者马修·李奇微清醒地认识到：

“仁川登陆的胜利带来的一个更加微妙的后果，是人们对麦克阿瑟将军的一贯正确性几乎发展到了迷信的地步。就连他的上级也好像怀疑自己对麦克阿瑟的任何决定提出疑问是否应该了。结果，麦克阿瑟失去了得到坦率而有见识的批评的机会，而每一个指挥官本来是应该获得这种机会的，尤其是当他力图从700英里之外‘指挥战争’时。”

此时，朝鲜人民军遭到巨大损失，损失了几乎所有坦克和许多火炮。部队缺少弹药和燃料，几乎没有补充，通信联络几乎中断。朝鲜人民军的形势异常严峻，主力被隔断在三八线以南，面临被围歼的严重危险，朝鲜民主主义人民共和国危在旦夕。

第二章

中国介入这场战争

1 金日成的求援

在国家生死存亡的关键时刻，金日成将求援的目光首先投向莫斯科。

1950年9月末的平壤，秋风萧瑟，万木凋零。

平壤位于朝鲜中部，三面环山，南面是平壤平原。清澈碧绿的大同江穿城而过，把平壤分成东西两部分。在平壤市内，大同江边，有一座美丽的山峰——牡丹峰。美丽的平壤城山拥水绕，自古以来就有“第一江山”的美称。平壤已有1500多年的历史。早在公元427年，它就是朝鲜高句丽王朝的首都。

朝鲜民主主义人民共和国内阁首相办公楼位于平壤市内的一座庭院中。这是一座旧式土木结构的三层建筑，朴实而典雅。在一间整洁的办公室内，一位身材魁梧的中年人，伫立在一幅巨大的军事地图旁，凝视着地图上敌我双方的图标。

这位中年人身着列宁装，穿平底便鞋。他就是朝鲜劳动党中央委员会委员长、内阁首相、朝鲜人民军最高司令官金日成。金日成原名金成柱，由于长期革命斗争显示出来的才干，战友们叫他“瀚别尔”（朝鲜语一颗星的意思）或者叫“金一星”，时间长了，就成为他现在的名字金日成了。

1912年4月15日，金日成出生于平壤万景台一个佃农家庭。当时，朝鲜已沦为日本殖民地。1925年他随其父金亨稷赴中国东北，就读于吉林毓文中学。金日成在读书期间就积极参加反日革命斗争。1929年秋至1930年春被捕囚于吉林监狱。“九一八”事变后，金日成创建朝鲜人民革命军，与中国人民一起进行抗日武装斗争。1935年5月创建朝鲜广泛的抗日民族统一战线——祖国光复会，并被推举为会长。日本投降后，金日成回朝鲜创建劳动党。1947年2月，北朝鲜人民委员会成立，金日成任委员长。1948年9月任朝鲜民主主义人民共和国内阁首相。

朝鲜内战爆发后，金日成任人民军最高司令官，指挥人民军从多方面对汉城实施迂回包围，分割三八线、横城、原川、利川和水原一带之敌，在汉城地区聚歼南朝鲜军，解放了汉城和汉江以北各城镇。接着，又挥师南下，迅速突破锦江和小白山脉一线，在大田地区和小白山脉围歼敌主力，解放南方大片土地。1950年8月中旬，人民军强渡洛东江，到达半岛南部的倭馆、永川、浦项一线，将美军和南朝鲜军驱赶到面积仅为1万平方公里的一块狭长地区。为了阻止人民军的进击，敌人在这里调集了美、英军队5个师又一个独立团及南朝鲜军8个师，并调集数百架飞机对人民军狂轰滥炸。双方展开空前惨烈的阵地攻防战。

麦克阿瑟为了挽回败局，调集重兵在仁川登陆，切断了人民军前线部队同后方的联系。美军各种型号的近千架飞机，在未遭人民军方面任何抵抗的情况下，完全夺取了制空权，对人民军前线和后方实行

24小时不间断的空袭。

在前线，美军机械化部队在数百架飞机的掩护下，无阻碍地进行机动作战，造成人民军人员和物资的巨大损失。同时，敌机肆无忌惮地轰炸铁路、公路，摧毁电报电话线路、通信设施和其他目标，破坏人民军给养供应，瓦解人民军的作战意志，使人民军无法适时展开反击作战。

美军在切断了人民军各部队之间的所有联系之后，已使登陆仁川的和突破人民军南部防线的这两支部队会合，从而使汉城的失陷已不可避免。在这种情况下，在朝鲜南部作战的人民军各部队已被敌人从北面加以分割，散处于南部的人民军目前无法补充弹药、给养和干粮。此外，一些部队已失去联系，有些已被包围。

朝鲜民主主义人民共和国已经到了生死危亡的关键时刻，金日成心急如焚。

一位秘书模样的年轻人静悄悄地走到金日成身旁，轻轻地说：

“委员长，开会的时间到了！”

金日成将视线从地图上移开，缓步走出办公室，向会议室方向走去。

在一间宽敞的会议室，劳动党中央政治局委员们正在召开紧急会议，会场气氛严肃得令人透不过气来。金日成主持会议并首先发言：“军事形势是严峻的，由于汉城陷落后已无法阻止联合国部队越过三八线；如果美军越过三八线，剩余的人民军部队也无法进行有效的抵抗，战争最后将在很短时间内结束，朝鲜将成为美国的殖民地。”

最后，政治局领导人一致同意请求苏联和中国提供直接的军事援助。

第二天，9月29日，苏联驻朝鲜大使什特科夫应金日成的邀请来到了金日成官邸。副首相兼外务相朴宪永也在座。

“大使先生，您是否知道前线的情况？”金日成问道。

“最新情况还不知道。”什特科夫回答道。

“由于敌人攻占了沙里院并攻到第2方面军的后方，给前线造成严峻的局面。以前以为可以指望有组织地撤回部队，但是由于纪律涣散，不服从命令，敌人已经突破平泽和礼山，并切断了第1方面军和第2方面军的联系。汉城不明。再三呼叫，都没有接到崔庸健的任何报告，尽管与他联系的电台仍然开着。”金日成说到这里，心情迫切地问什特科夫，“要改善前线状况应采取什么措施？”

“我很难就此问题有什么建议，因为我不了解朝鲜人民军的情况和所处的位置。但是，我认为司令官采取紧急措施组织三八线的防御是适宜的。在那里迅速部署部队并占据修筑好的防线是十分必要的。”什特科夫淡淡地回答道。

“敌人会越过三八线以北吗？”金日成有些焦虑地问道。

“暂时不清楚，但是一定要采取紧急措施组织三八线防线。”什特科夫说。

“我们原打算依靠自己的力量统一国家，我们想组建15个师继续战斗。”金日成担心地说，“但是我搞不清楚，敌人会不会越过三八线，如果敌人越过三八线，那么我们就不可能组织新部队，也就不可能有效地抗击敌人。”

金日成还向什特科夫通报了政治局讨论关于请求苏联和中国支援的情况。

第二天，什特科夫致电苏联外交部长葛罗米柯：

> 金日成和朴宪永有些焦急不安。对于目前的形势感到有某种慌张和缺乏信心。
>
> 近日来，形势日益复杂。敌人已完全切断第1方面军的6个师和两个旅，并攻进原州，切断了第2方面军的7个师。汉城已经陷落，能开赴三八线有效抵抗敌军的部队已经没有了。

在北方新组建的部队向前线运动得十分缓慢，由于桥梁、车站被毁，铁路已经瘫痪，汽车运输很不充分。

新组建部队武器不足。守卫镇南浦、海州、元山、咸兴的新组建的部队只有教练用的枪械。

政治形势也在复杂化。

敌人向北朝鲜境内投伞兵侦察苏联援助何种物资并组织破坏活动。反对势力在北朝鲜已开始抬头。

什特科夫还将金日成和朴宪永联名写给斯大林的求援信用电报发给葛罗米柯。

金日成和朴宪永在求援信中写道：

亲爱的斯大林：

我们有充分的决心克服面临的困难，不使朝鲜沦为美帝国主义的殖民地和军事基地。为了人民的独立、民主和幸福，我们将斗争到流尽最后一滴血。因此，我们果断地采取坚决的措施：组建和训练一些新的师；把在南朝鲜动员来的10万多军队部署在更有利的作战地区；武装全民，做好持久作战准备。

虽然如此，如果敌人不给我们时间来实现我们预定的措施，而且还利用我们极端严重的局面来加速对北朝鲜的进攻战役，那么我们将无法依靠自己的力量阻挡敌人。因而，亲爱的约瑟夫·维萨里昂诺奇，我们不能不请求您给予特别的援助。换句话说，当敌军跨过三八线以北的时刻，我们非常需要苏联方面的直接军事援助。

如果由于某些原因不能做到这一点，那么请帮助我们在中国和其他人民民主国家建立国际志愿部队，对我们的斗争给予军事援助。我们请求您对我们的上述建议给予指示。

鉴于北朝鲜的混乱局势，什特科夫请示葛罗米柯，可否将部分苏联专家和在朝苏联机构的部分苏联工作人员撤回苏联。

10月1日夜，金日成召见中国驻朝鲜大使倪志亮和一等参赞柴军武（后改名柴成文），向中国提出紧急出兵援助的请求。接着，金日成又与朴宪永联名写信给毛泽东主席，并专派朴一禹到北京面交毛泽东。求援信说：

敬爱的毛泽东同志：

您对于为自己祖国的独立解放而斗争的朝鲜人民深切的关心，百方援助，我们谨代表朝鲜劳动党，衷心地感谢！

现在反对美帝国主义侵略者的我们朝鲜人民解放战争的今日战况是，在美国侵略军登陆仁川以前，我们的战况不能说不利于我们，敌人在连战连败的情况下，被我挤入于朝鲜南端狭小的地区里，我们有可能争取最后决战的胜利，美帝军事威信极度的降低了。于是美帝国主义为挽回其威信，为实现其将朝鲜殖民地化与军事基地化之目的，即调动了驻太平洋方面陆海空军的差不多全部兵力，遂于九月十六日以优势兵力，在仁川登陆后继续占领了汉城。

目前战况是极端严重了，我们人民军虽然对于上陆的敌人，进行了极顽强的抵抗，但对于前线的人民军已经造成了很不利的情况。

战争以来，敌人利用约千架的各种飞机，每天不分昼夜地任意地轰炸我们的前方与后方，在我们对敌空军毫无抵抗力的情况下，敌人则充分发挥其空军威力了。各战线上敌人在其空军掩护下，活动大量机械化部队，我们受到的兵力与物资方面的损失是非常严重的，后方的交通运输、通信及其他设施被大量破坏，同时我们的机动力，则更加减弱了。

敌人登陆部队与南部战线的部队已经连接一起，切断了我们的南北部队，结果使我们在南部战线的人民军，处于被敌切断分割的不利情况，得不到武器弹药，失掉联系，甚至有一部分部队，已被敌人分散包围着。如果汉城完全被敌占领，则我们估计敌人可能继续向三八线以北地区进攻。如果不能急速改善我们的各种不利条件，则敌人的企图是很可能会实现的。要保障我们的运输、供给以及部队的机动力，则必须具备必要的空军，但是我们又没有准备好的飞机师。

敬爱的毛泽东同志！我们一定要决心克服一切的困难，不让敌人把朝鲜殖民地化与军事基地化！

我们一定要决心不惜流尽最后一滴血，为争取朝鲜人民的独立解放民主而斗争到底！

我们正在集中全力，编制新的师团，集结在南部的十余万部队于作战上有利的地区，动员全体人民，准备长期作战。

在目前，敌人趁着我们严重的危机，不予我们时间，如果继续进攻三八线以北地区，则只靠我们自己的力量是难以克服此危机的。因此，我们不得不请求您给予我们以特别的援助，即在敌人进攻三八线以北地区的情况下，急盼中国人民解放军直接出动援助我军作战。

二 焦虑的斯大林

斯大林说：“他们将来到这里，但我们现在不应该同他们作战。我们不准备作战。”

苏联斯大林休养所坐落在风光秀丽的黑海之滨的一片墨绿色的

松柏林中，几幢俄罗斯风格的别墅，红瓦白墙，拱门长廊，精巧而别致。

休养所的主人已无心欣赏周围的一切美景，叼在嘴里的木制大烟斗冒出一缕缕青烟，紧锁的眉头下，一双炯炯有神的眼睛盯着案头那封来自朝鲜的求援信。

斯大林出生于格鲁吉亚哥里城一个鞋匠家庭。30多年的斗争生涯造就了他坚强果断、万难不屈的气质。苏德战争初期，苏联遭受惨重损失，陷于十分危急的境地。斯大林力挽狂澜，组织领导全民进行反法西斯战争，从政治、经济、军事、外交等方面动员一切力量，保障反侵略战争顺利进行。他依靠最高统帅部大本营及其指挥机关总参谋部及时做出战略决策，制订战略计划，组织战略协同，组建和使用战略预备队，总结失利教训，先后取得莫斯科会战、斯大林格勒会战、库尔斯克会战等一系列战略决战的重大胜利。同时，他积极开展外交活动，推动了世界反法西斯联盟的建立和巩固，最终战胜了纳粹德国企图毁灭人类的战争，对人类做出了伟大的贡献。

第二次世界大战结束后，经过战争考验的苏联已经强大起来。斯大林在战后国际事务的重大问题上，坚持不向美国让步。他在1946年2月发表演说，指出战争是“现代垄断资本主义基础上发展的必然产物”，只要资本主义存在，战争就是不可避免的。西方攻击这篇讲话，说它是“第三次世界大战的宣言”。

朝鲜战争爆发后，斯大林一直密切关注着这场战争。斯大林一直认为美国不会对朝鲜进行干涉，但令他始料不及的是，美国人最终还是干涉了。美国人的干涉令斯大林十分担心，他不愿卷入苏联与美国的公开对抗。斯大林在帮助北朝鲜加强军事力量时采取了非常谨慎的态度。他主张把苏联的作用限制在武器和后勤供应方面。

当金日成要求苏联顾问直接归属于前线的作战部队，什特科夫向金日成保证将说服莫斯科批准这一要求时，斯大林向什特科夫发出了警告：

苏联驻平壤大使：

显然，您犯了一个错误，因为您没有问过我们就允诺给朝鲜人派顾问。您必须记住您是苏联的代表，而不是朝鲜的代表。我们根据所要求的人数而派出的顾问是去前线的司令部（而不是去作战部队），他们将穿着文职的服装，作为《真理报》的新闻记者。您个人将对苏联政府负责，不能让他们成为俘虏。

冯西（斯大林的笔名）

斯大林认为苏联顾问在朝鲜前线出现是冒险的，一旦苏联顾问被捉住做了俘虏，西方就会断定苏联卷入朝鲜战争。他不想给人提供任何理由来谴责苏联卷入了这场战争。赫鲁晓夫后来在回忆录中写道："斯大林传唤当时的国防人民委员布尔加宁，并命令撤回我们在北朝鲜军队中的所有顾问，当时我在场。这使我感到忧虑。我想他这样做是担心有我们的军官被俘而为美国指责我们参与战争提供口实。或许这种不给人以指责我们的根据是一种谨慎做法，但另一方面，这样做削弱了北朝鲜军队，因为他们缺乏懂得军事战术的合格干部。我们顾问的撤退削弱了北朝鲜的战斗力和战斗准备。"

到8月中旬，朝鲜人民军将美军和南朝鲜军压缩到洛东江以东的狭小地区。斯大林确信外国军队很快就会被赶出朝鲜半岛，他向金日成致电表示祝贺：

苏共中央祝贺金日成同志及其战友在伟大的朝鲜人民斗争中，在金日成同志领导下取得辉煌胜利。苏共中央毫不怀疑，外国干涉者将很快地被赶出朝鲜。

但朝鲜的形势很快发生了逆转。美军在仁川登陆后，朝鲜形势急剧恶化。在朝鲜民主主义人民共和国生死存亡的关键时刻，金日成将求援的目光首先投向莫斯科。

斯大林站了起来，焦虑不安地来回踱着步子……

难道就这样让朝鲜民主主义人民共和国从地图上消失？难道这样观望社会主义阵营被美国削弱？这样下去将会引起一连串的消极反应，苏联的国际地位也将受到损害。但是，如果苏联卷入朝鲜战争，将有可能与美国发生大规模冲突，那样将会引发第三次世界大战，刚刚从战火废墟中重建起来的苏联还能赢得这场战争的胜利吗？这时的斯大林已完全失去了第二次世界大战中的那种顶天立地的风采。他不愿冒险与美国发生直接的冲突，他想到了新生的中华人民共和国。

斯大林立即致电苏联驻中国大使，尽快转告毛泽东或周恩来，建议中国派部队援助朝鲜。斯大林在电报中说：

> 我正在莫斯科很远的地方休假，与朝鲜的事件多少有些隔绝。但是，据今天由莫斯科传给我的消息，我看，朝鲜同志们的情况变得令人绝望。
>
> 莫斯科在9月16日就已警告过朝鲜同志，美国人在仁川登陆具有重大意义，其目的在于切断北朝鲜第1和第2方面军与北朝鲜后方的联系。莫斯科曾警告，迅速从南方至少撤出4个师，在汉城以北和以东建立防线，然后逐步将大部分的南方部队撤到北方，并以此保住三八线。但第1和第2方面军司令部未能执行金日成关于将部队撤往北方的命令，从而使美国人得以切断部队和包围了他们。在汉城地区，朝鲜同志没有任何可以抵抗的部队，可以认为通往三八线的道路是不设防的。
>
> 我考虑，根据眼下的形势，你们如果认为能用部队给朝鲜人

以帮助，那么至少应将五六个师迅速推进至三八线，以便朝鲜同志能在你们部队的掩护下，在三八线以北组织后备力量。中国师可以以志愿者身份出现。当然，由中国的指挥员统率。

10月5日，斯大林与苏共中央政治局成员讨论关于苏联在朝鲜的国家安全利益的性质以及如何在当地保护这一利益。所有的政治局成员都同意，应该不惜任何代价避免苏、美在朝鲜发生直接冲突，即使苏联被迫放弃北朝鲜。赫鲁晓夫后来在回忆录中写道：

当威胁出现时，斯大林越来越倾向于北朝鲜将被消灭和美国人将到达我们边界的想法。我清楚地记得交换对北朝鲜问题的看法时，斯大林说：他们将来到这里，但我们现在不应该同他们作战。我们不准备作战。

3 中国积极备战

“俱往矣，数风流人物，还看今朝。”

1950年10月1日，首都北京。这一天是中华人民共和国成立一周年纪念日。北京秋高气爽，晴朗的天空中淡淡的白云如丝如絮，微风中不时飘来悠扬的乐曲声。人们穿着节日的盛装，欢聚在天安门广场，广场上彩旗飘扬，像一片欢乐的海洋。

在这举国欢庆的时候，毛泽东主席接到金日成、朴宪永向中国提出出兵援助朝鲜的请求，同时也接到了斯大林发来的建议中国派部队援助朝鲜的电报。当日传来消息，南朝鲜军已经越过三八线。

夕阳在中南海碧波涟涟的湖面上留下一道金黄的光环，景色宜人。毛泽东伫立岸边，秋风吹拂着他的头发，吹拂着身旁的古柏，向远方吹去……

正当中国人民全力以赴地为巩固人民政权、恢复经济而努力的时候，一片浓密的乌云突然在中国东北边境上空出现。

朝鲜内战爆发后，美国总统杜鲁门发表声明，在扩大朝鲜战争的同时，竟毫无理由地粗暴干涉中国的内政，武装入侵台湾。

台湾自古以来就是中国的领土。1895年甲午战争后，清政府被迫将台湾割让给日本。1943年12月1日，中、美、英三国首脑在《开罗宣言》中宣布："使日本所窃取于中国之领土，例如满洲、台湾、澎湖列岛等，归还中国。"

1945年7月26日，中、美、英三国在《波茨坦公告》中重申"开罗宣言之条件必将实施"。10月25日，日本第10方面军司令官兼台湾总督安藤利吉向中国投降。

在中国内战失败后，国民党集团逃往台湾。1950年1月5日，美国总统杜鲁门发表声明，再次确认《开罗宣言》《波茨坦公告》中关于台湾归还中国的条款，申明："过去四年来，美国及其盟国亦承认中国对该岛行使主权，美国对台湾或中国其他领土从无掠夺的野心。现在美国无意在台湾获取特别权利或军事基地。美国亦不拟使用武装部队干预其现在的局势。美国政府不拟遵循任何足以把美国卷入中国内争中的途径。"

但是，朝鲜内战爆发后，杜鲁门却在1950年6月27日发表声明，声称由于朝鲜战争的爆发，"共产党部队的占领台湾，将直接威胁太平洋地区的安全"，"因此，我已命令第7舰队阻止对台湾的任何进攻"，"台湾未来地位的决定必须等待太平洋安全的恢复，对日和约的签订或经由联合国的考虑。"

自6月27日起，美国第7舰队十余艘军舰先后占领台湾基隆、高雄两港口，并在台湾海峡进行"侦察巡逻"和作战演习。美国空军第13

航空队的飞机进占台北空军基地。台湾即成了美海、空军军事基地，美军事势力遍布全岛并牢牢控制了国民党当局各个军事部门。

对于美国粗暴干涉中国内政，毛泽东做出了最强烈的反应。6月28日，他在中央人民政府委员会第八次会议上发表讲话，表明了中国人民的坚定立场。他指出：

“全世界各国的事务应由各国人民自己来管，亚洲的事务应由亚洲人民自己来管，而不应由美国来管。美国对亚洲的侵略，只能引起亚洲人民广泛的和坚决的反抗。”中国人民“既不受帝国主义的利诱，也不怕帝国主义的威胁”。他号召“全国和全世界的人民团结起来，进行充分的准备，打败美国帝国主义的任何挑衅”。

同日，中华人民共和国政务院总理兼外交部长周恩来代表中国政府发表严正声明，谴责美国政府的行为是“对于中国领土的武装侵略，对于联合国宪章的彻底破坏”。声明宣布：“不管美帝国主义者采取任何阻挠行动，台湾属于中国的事实，永远不能改变；这不仅是历史的事实，且已为《开罗宣言》《波茨坦公告》及日本投降的现状所肯定。”

周恩来又于7月6日致电联合国秘书长赖伊，代表中国政府向安理会发表严正声明：台湾是中国不可分割的一部分。“不管美国政府采取任何军事阻挠，中国人民抱定决心，必将要解放台湾。”从此，中国人民为维护自己领土和主权的完整，在台湾问题上同美国开始了长期的激烈的斗争。

7月初，朝鲜人民军极为顺利地向南推进。但是，中共中央、毛泽东主席始终保持了极为冷静的头脑。充分估计到，由于美国军队大规模入侵，朝鲜局势有恶化的可能。

在毛泽东的提议下，由中共中央军委副主席、政务院总理周恩来主持，于7月7日和7月10日，两次召开讨论保卫国防会议。参加会议的有朱德总司令、聂荣臻代总参谋长、第四野战军兼中南军区司令员林彪、总政治部主任罗荣桓、总后方勤务部部长杨立三、总政治部副主任萧华、军委铁道部部长滕代远、军委作战部部长李涛、海军司令员萧劲光、空军司令员刘亚楼、摩托装甲兵司令员许光达、炮兵副司令员苏进等。根据两次国防会议的讨论，中央军委于7月13日做出了《关于保卫东北边防的决定》。

中央军委决定，抽调第13兵团及所辖的第38、第39、第40军和第42军及炮兵第1、第2、第8师等部队，共计25.5万余人，组成东北边防军，担任保卫中国东北地区的安全和支援朝鲜人民反侵略战争的任务；任命粟裕为东北边防军司令员兼政治委员，萧劲光为副司令员，萧华为副政治委员，李聚奎为边防军后勤司令员。

在研究第13兵团领导的人选时，林彪、罗荣桓和刘亚楼都认为该兵团司令员黄永胜，各方面素质均不如第15兵团司令员邓华。据此，中央军委决定以第15兵团部为基础组成第13兵团部，任命邓华为第13兵团司令员、赖传珠为政治委员、解沛然（解方）为参谋长，杜平为政治部主任。原第13兵团司令员黄永胜、参谋长曾国华，调广东军区分别任副司令员和参谋长。

当时，粟裕身患重病，在青岛疗养不能到职。萧劲光任海军司令员，因海军司令部刚刚组建，工作离不开。萧华任总政治部副主任，主持日常工作，也离不开。7月23日，中央军委决定东北边防军归东北军区司令员兼政治委员高岗指挥，并统一供应，李聚奎改任东北军区后勤部部长。

为加强第13兵团的领导，中央军委于7月19日任命韩先楚为第13兵团副司令员，8月上半月任命洪学智为第13兵团副司令员。因赖传珠身体有病，9月25日，军委批准其离职休养一段时期，由邓华兼任第13兵团政治委员。

8月下旬，聂荣臻代理总参谋长获悉美军正调兵遣将，预感到朝鲜战局可能很快逆转，一旦中国被迫卷入，光靠东北边防军的兵力是远远不够的。于是，经毛泽东批准，中央军委又决定，调在华东地区准备用于解放台湾的第9兵团（辖第20、第26、第27军）和在西北地区刚刚结束剿匪作战的第19兵团（辖第63、第64、第65军）分别集结津浦、陇海两铁路线，以作为东北边防军的二线部队。

当朝鲜人民军打到洛东江地区，战争双方形成胶着状态的时候，毛泽东指出，美国扩大战争规模和朝鲜战争转入长期化的可能性已日益增大，中国人民不得不有所准备。

8月27日，侵朝美军飞机侵入中国领空进行侦察、轰炸和扫射。此后，美国飞机和军舰不断侵入中国领空和领海，企图以此试探中国的反应。这是公然的挑衅。美军对中国挑衅的当日和8月30日，周恩来两度致电联合国安理会主席马立克及联合国秘书长赖伊，要求制裁美国飞机侵入中国领空的行径。9月10日，周恩来致电联合国新轮任主席杰伯及联合国秘书长赖伊，要求允许中国派代表参加安理会充分讨论美国军用飞机侵入中国领空的议案。

美军在仁川登陆后，大举向三八线逼近。针对美国政府蓄意扩大朝鲜战争的阴谋，中国政府一再提出严重警告。9月22日，中华人民共和国外交部发言人发表声明，表示中国人民将永远站在朝鲜人民一边。

9月27日，中国人民解放军代理总参谋长聂荣臻对求见的印度驻华大使说："一旦战争起来了，我们除了起而抵抗之外，是别无他途可循的。"

9月30日，周恩来总理在中国人民政治协商会议全国委员会庆祝中华人民共和国建国一周年的报告中，指出：

> 中国人民密切关心着朝鲜被美国侵略后的形势。朝鲜人民和人民军是坚决而勇敢的。他们在金日成首相领导下抵抗美国侵略者，已经取得了惊人的成就，并且受到了世界人民的同情和声援。今后

朝鲜人民在坚持长期抗战的方针下，必能克服许多困难，取得最后胜利。

周恩来警告美国："中国人民是热爱和平的。……很明显，中国人民在解放自己的全部国土以后，需要在和平而不受威胁的环境下来恢复和发展自己的工业生产和文化教育工作。但是美国侵略者如果以为这是中国人民软弱的表示，那就要重犯与国民党反动派同样严重的错误了。中国人民热爱和平，但是为了保卫和平，从不也永不害怕反抗侵略战争，也不能听任帝国主义者对自己的邻人肆行侵略而置之不理。"

朝鲜是中国的友好邻邦，中国人民不能眼看着美国侵略者对其肆意践踏而置之不理；唇亡则齿寒，户破则堂亡。如果整个朝鲜被美国占去了，中国大陆就直接面临着美国侵略的威胁，中国东北的工业基地将遭到严重威胁，中国将失去安心进行经济建设的保证。

美国是世界上头号强国，但如果美国一定要打，要把战争强加于中国人民头上，那么只好奉陪到底。你打你的，我打我的，你打你的原子弹，我打我的手榴弹，抓住你的弱点，最后打败你。

"俱往矣，数风流人物，还看今朝。"在当时敢同美国较量，确实需要相当的胆略。毛泽东高瞻远瞩，以革命领袖的勇往直前的胆略与气魄，战略上的高超决策艺术，决心派兵支援朝鲜。

次日凌晨，毛泽东起草了一封给斯大林的电报：

一、我们决定用志愿军名义派一部分军队至朝鲜境内和美国及其走狗李承晚的军队作战，援助朝鲜同志。我们认为这样做是必要的。因为如果让整个朝鲜被美国人占去了，朝鲜革命力量受到根本的失败，则美国侵略者将更为猖獗，于整个东方都是不利的。

二、我们认为既然决定出动中国军队到朝鲜和美国作战，第一，就要能解决问题，即要准备在朝鲜境内歼灭和驱逐美国及其他国家的侵略军；第二，既然中国军队在朝鲜境内和美国军队打起来（虽然我们用的志愿军名义），就要准备美国宣布和中国进入战争状态，就要准备美国至少可能使用其空军轰炸中国许多大城市及工业基地，使用其海军攻击沿海地带。

三、这两个问题中，首先的问题是中国的军队能否在朝鲜境内歼灭美国军队，有效地解决朝鲜问题。只要我军能在朝鲜境内歼灭美国军队，主要的是歼灭其第8军（美国的一个有战斗力的老军），则第二个问题（美国和中国宣战）的严重性虽然依然存在，但是，那时的形势就变为于革命阵线和中国有利的了。这就是说，朝鲜问题即以战胜美军的结果而在事实上结束了（在形式上可能还未结束，美国可能在一个相当长的时期内不承认朝鲜的胜利），那么，即使美国已和中国公开作战，这个战争也就可能规模不会很大，时间不会很长了。我们认为最不利的情况是中国在朝鲜境内不能大量歼灭美国军队，两军相持成为僵局，而美国又已和中国公开进入战争状态，使中国现在已经开始的经济建设计划归于破坏，并引起民族资产阶级及其他一部分人民对我们不满（他们很怕战争）。

电报还请求苏联给予武器装备援助。

由于在当日下午召开的中央书记处会议讨论出兵援朝问题时，多数人不赞成出兵，这封电报没有发出。根据会议情况毛泽东又起草了一封电报，于10月3日发给斯大林，电报称：“1950年10月1日来电收悉。我们原先曾打算，当敌人向三八线以北进攻时，调动几个师的志愿军到北朝鲜帮助朝鲜同志。但是，经过慎重考虑我们现在认为，这一举动会造成极为严重的后果。第一，靠几个师很难解决朝鲜问题（我军装备极差，同美军作战无胜利把握），敌人会迫使我们退却。第二，最大的可能是，这将引起美国和中国的公开对抗，问题就变得极其严重了。中共中央的许多同志认为，对此必须谨慎行事。”最后毛泽东表示：“我们将召开党中央会议，中央各部门负责同志都将出席。对此问题尚未做出最后的决定。这是我们的初步电报，我们想同您商量一下。如果您同意，我们准备立刻让周恩来和林彪同志飞到您的休养地，同您讨论这件事，并报告中国和朝鲜的形势。”

中国政府在酝酿出兵援朝的同时，再次警告美国当局，希望求得避免朝鲜局势的进一步恶化。

10月3日凌晨，周恩来紧急召见印度驻华大使潘尼迦，请他通过印度政府告诉美国当局：“美国军队正企图越过三八线，扩大战争。美国军队果真如此做的话，我们不能坐视不顾，我们要管。”

周恩来说：“关于朝鲜事件，我们曾经交换过意见。我们主张和平解决，使朝鲜事件地方化。我们至今仍主张如此。我在10月1日的报告中也声明了我国政府的态度，我们要和平，我们要在和平中建设。过去一年中，我们在这方面已经做了极大的努力。美国政府是靠不住的。”

潘尼迦说：“麦克阿瑟对美国政府的压力很大。昨日有消息报告，南朝鲜军队已经越过三八线九英里。”

周恩来说：“我们也得到了同样的消息，据说是在东海岸。另一个消息说，沃克将军指挥的部队已经越过三八线，但是并未说明是南朝鲜军还是美军。”

潘尼迦说：“我当即刻报告尼赫鲁总理。除了以上阁下所述，是否还有其他需要我报告的？是否有任何建议？”

周恩来说：“其他一切，容我们研究尼赫鲁总理来函之后，于下次会面时再告。”

潘尼迦问道：“阁下所称朝鲜事件应该地方化，是否指朝鲜战事应该限于三八线以南？或是指朝鲜战事应该即刻停止？”

周恩来坚定地回答：“朝鲜战事应该即刻停止，外国军队应该撤退，这对于东方的和平是有利的。朝鲜事件地方化的意见，就是不使美军的侵略行为扩大成为世界性的事件。”

潘尼迦问道：“朝鲜事件地方化目前包含两个问题：第一，美军即将越过三八线，因此，朝鲜事件，可能是指所有已经越过三八线的美军必须即刻撤回。第二，朝鲜事件必须和平解决，有关各国，如中国、苏联必须参与讨论此事。为了使我向尼赫鲁总理做报告时较为明确，任何可能被中国所接纳的建议究竟应包括哪种含义？”

周恩来回答道：“这是两个问题。第一，美军企图越过三八线，以扩大战争，我们要管，这是美国政府造成的严重情况。第二，我们主张朝鲜事件应该和平解决，不但朝鲜战事必须即刻停止，侵略军队必须撤退，而且有关国家必须在联合国内会商和平解决的办法。”

4 彭德怀担任总司令

“斯大林采取了回避的态度，他对美国越来越害怕，确确实实地害怕。中国人挽救了局势。”

10月4日下午3时，一架专机降落在北京西郊机场。一位威风凛凛的将军步下舷梯，走向一辆恭候多时的黑色汽车。

这位将军那粗重的眉头透出威严、沉着、自信。他就是著名的军事家彭德怀。彭德怀于1898年生于湖南省湘潭县彭家围子。1928年7月领导平江起义，率部上井冈山与毛泽东、朱德会师。土地革命战争时期任红5军军长、红3军团军团长、陕甘支队司令员、抗日先锋军司令员、红军前敌总指挥；曾率部攻克长沙，参加过中央革命根据地的五次反“围剿”、长征、东征和西征。抗日战争时期任八路军副总指挥，第18集团军副总司令、中央军委副主席兼总参谋长；指挥过百团大战和反攻作战。解放战争时期任西北野战军司令员兼政委、西北军政委员会主席、中国人民解放军副总司令，指挥过延安保卫战及进军西北的各次重大战役。

现在彭德怀担任中共中央西北局第一书记，西北军政委员会主席，满脑子装的都是大西北经济建设的蓝图。

黑色汽车直接开进中南海，停靠在颐年堂门前。彭德怀走下汽车，疾步进入颐年堂，参加中央政治局讨论出兵援朝的会议。

会议开得十分热烈，大家对出兵的利与弊做了深刻的分析。会议结束后，彭德怀回到北京饭店，躺在床上，久久不能入睡，同志们的发言，句句在他的脑海里回荡。

“你们说得都有道理，但是别人处于国家危急的时刻，我们站在旁边看，不论怎么说，心里也难过。”他反复琢磨着毛泽东在会上的讲话，体会到这是一个国际主义和爱国主义相结合的指示。

彭德怀想到这里，认为出兵援朝是正确的，是必要的，是英明的决策，而且是迫不及待的。

第二天下午，邓小平受毛泽东委托来到北京饭店，约彭德怀一起去中南海。

在中南海丰泽园毛泽东书房里。毛泽东待彭德怀坐定后，开门见山地说：“老彭，昨天你没来得及发言，我们确实存在严重困难，但是我们还有哪些有利条件呢？”

“主席，昨天晚上我反复考虑，赞成您出兵援朝的决策。我觉得中央出兵援朝的决策是正确、英明的，我本人坚决拥护这个决策。”彭德怀还摆出了出兵的利弊条件，认为出兵利大于弊。毛泽东听了彭德怀的话，十分高兴。

“老彭，”毛泽东用信任的目光看着彭德怀，说，“中央拟任命你为志愿军司令，率兵援助朝鲜。你看怎么样？”

彭德怀沉默片刻，坚定地说：“我服从中央的决定。”

毛泽东十分信任彭德怀。在他们共同革命战斗的生涯中，每次重大决策和转折关头，他们总是取得一致意见。在革命最艰难的时刻，彭德怀赞同毛泽东上井冈山的道路，并毅然将他领导的革命队伍拉上井冈山；在中央苏区艰苦斗争的岁月里，在毛泽东受到排斥的时刻，他拥护毛泽东回到领导岗位；在长征途中每至危难时刻，彭德怀总是大显身手，打出一场场漂亮的歼灭战，全面实现毛泽东的作战意图。毛泽东曾赋诗赞扬他英勇无畏的风采："山高路远坑深，大军纵横驰奔，谁敢横刀立马，唯我彭大将军！"

下午，政治局继续讨论出兵援朝的会议。待几位同志发言后，彭德怀开口了。

"出兵援朝是必要的，打烂了，等于解放战争晚胜利几年。如果美军摆在鸭绿江岸和台湾，它要发动侵略战争，随时都可以找到借口。"

入夜，彭德怀和毛泽东、周恩来、高岗、聂荣臻等共同研究出兵方案。

10月8日，中国人民革命军事委员会主席毛泽东签署了关于组成中国人民志愿军的命令：

> （一）为了援助朝鲜人民解放战争，反对美帝国主义及其走狗们的进攻，借以保卫朝鲜人民、中国人民及东方各国人民的利益，着将东北边防军改为中国人民志愿军，迅即向朝鲜境内出动，协同朝鲜同志向侵略者作战并争取光荣的胜利。
>
> （二）中国人民志愿军辖第13兵团及所属之38军、39军、40军、42军，及边防炮兵司令部与所属之炮兵1师、2师、8师。上述各部须立即准备完毕，待令出动。
>
> （三）任命彭德怀同志为中国人民志愿军司令员兼政治委员。
>
> （四）中国人民志愿军以东北行政区为总后方基地，所有一

切后方工作供应事宜，以及有关援助朝鲜同志的事务，统由东北军区司令员兼政治委员高岗同志调度指挥并负责保证之。

（五）我中国人民志愿军进入朝鲜境内，必须对朝鲜人民、朝鲜人民军、朝鲜民主政府、朝鲜劳动党（即共产党）、其他民主党派及朝鲜人民的领袖金日成同志表示友爱和尊重，严格遵守军事纪律和政治纪律，这是保证完成军事任务的一个极重要的政治基础。

（六）必须深刻地估计到各种可能遇到和必然会遇到的困难情况，并准备用高度的热情、勇气、细心和刻苦耐劳的精神去克服这些困难。目前总的国际形势和国内形势于我们有利，于侵略者不利，只要同志们坚决勇敢，善于团结当地人民，善于和侵略者作战，最后胜利就是我们的。

接着，毛泽东又致电中国驻朝鲜大使倪志亮转金日成：（一）根据目前形势我们决定派遣志愿军到朝鲜境内帮助你们反对侵略者；（二）彭德怀同志为中国人民志愿军的司令员兼政治委员；（三）中国人民志愿军的后方勤务工作及其他在东北地区境内有关援助朝鲜的工作，由东北军区司令员兼政治委员高岗同志负责；（四）请你即派朴一禹同志到沈阳与彭德怀高岗两同志会商与中国人民志愿军进入朝鲜境内作战有关的诸项问题（彭高两同志本日由北京去沈阳）。

当日上午，北京西郊机场，彭德怀、高岗和军委作战部处长成普、参谋徐亩元、龚杰、秘书张养吾，翻译毛岸英等冒雨登上一架专机。专机很快向沈阳方向飞去。

同一天，中共中央派周恩来和林彪前往苏联，同斯大林洽谈出动空军支援和提供武器装备的问题。

黑海之滨的斯大林休养所，阳光明媚。

在一间铺着厚厚红地毯的会客室，斯大林热情地迎了上来，伸出手微笑地说："欢迎远道而来的中国客人。"

周恩来握住斯大林的手，彬彬有礼地说："谢谢。毛泽东同志派我来问候您！"

"谢谢。毛泽东同志身体健康？"

宾主寒暄了一阵，便转入正题。

斯大林仔细地听着周恩来介绍的中国出兵计划，然后习惯地站起来，在屋里踱着步子。待周恩来说完，斯大林非常稳重，缓缓地说：

"美国已经越过三八线进入朝鲜北部。朝鲜如果没有支援，最多维持一个礼拜的时间。在这种情况下，与其进行无望的抵抗，最终被敌人消灭掉，不如早点主动撤退，以保持所剩的有生力量，以待他日。中国同志决定出兵支援朝鲜，你们的考虑是正确的。"

周恩来说："因为我们面对的是当代装备高度现代化的美国军队，中国人民解放军刚刚进入和平建设，空军和海军刚刚组建，装备较落后，数量非常少，在没有制空权和制海权的条件下进行现代化战争并赢得战争的胜利，困难相当大。中国希望苏联出动空军给予空中掩护。"

"我们将向中国军队提供武器和装备。我们虽设想过帮助朝鲜，但早已声明苏军从朝鲜全境全部撤出，所以不能出现在战场，更不能同美国直接对抗，否则就是国际问题了。"接着，斯大林似乎有点为难地说："我们的空军尚未准备好，需待两个月或两个半月才能出动空军支援志愿军的作战。"

会谈后，斯大林、周恩来联名致电毛泽东，说明了会谈情况。

关于斯大林在中国出兵朝鲜问题上的顾虑，赫鲁晓夫后来在其回忆录中写道：

> 中国人说他们在北朝鲜边境已经动员了一支后备部队，他们表示要派出这支约50万人的大军向北朝鲜提供帮助。我不知道中

国人是否试图为他们参与这场战争提出了什么条件，但即使如此，斯大林也没有接受这些条件。我听斯大林说，我们不参与这场战争。斯大林支持并帮助过金日成，但他对形势缺乏认识。他显得怯懦，他害怕美国。斯大林采取了回避的态度，他对美国越来越害怕，确确实实地害怕。中国人挽救了局势。

毛泽东得到周恩来报告的情况后，把已回东北的高岗和已到沈阳上任的志愿军司令员彭德怀急速召到北京，再次研究出兵问题。

10月13日，毛泽东致电周恩来：

（一）与高岗、彭德怀二同志及其政治局同志商量结果，一致认为我军还是出动到朝鲜为有利。在第一时期可以专打伪军，我军对付伪军是有把握的，可以在元山、平壤线以北大块山区打开朝鲜的根据地，可以振奋朝鲜人民重组人民军。两个月后，苏联空军就可以到达。6个月后可以收到苏联给我们的炮火及坦克装备，训练完毕即可以攻击美军。在第一时期，只要能歼灭几个伪军的师团，朝鲜局势即可起一个对我们有利的变化。

（二）我们采取上述积极政策，对中国，对朝鲜，对东方，对世界都极为有利；而我们不出兵，让敌人压至鸭绿江边，国内国际反动气焰增高，则对各方都不利，首先是对东北更不利，整个东北边防军将被吸住，南满电力将被控制。

（三）真日菲利波夫（指斯大林）和你联名电上说，苏联可以完全满足我们的飞机、大炮、坦克等项装备，不知它是用租借办法，还是要用钱买，只要能用租借办法，保持二十万万美元预算用于经济、文化等项建设及一般军政费用，则我军可以放心进入朝鲜进行长期战争，并能保持国内大多数人的团结。

（四）只要苏联能于两个月或两个半月内除出动志愿空军帮

助我们在朝鲜作战外，又能出动掩护空军到京、津、沈、沪、宁、青等地，则我们也不怕整个的空袭，只是在两个月或两半月内如遇美军空袭则要忍受一些损失。

（五）总之，我们认为应当参战，必须参战，参战利益极大，不参战损害极大。

彭德怀到达沈阳后，住在和平街1号。晚上，金日成特派内务相朴一禹到和平街1号。

朴一禹紧紧握住彭德怀的双手，激动地说："感谢中国政府对朝鲜人民的援助。目前朝鲜形势十分危急，美军已经大举越过三八线，正快速向中朝边境推进，希望中国人民志愿军迅速入朝。"

彭德怀表示，中国人民志愿军将尽快入朝，帮助朝鲜人民击败美国侵略军。接着，他们又商谈了志愿军入朝后的有关问题。

第二天上午8时，宽敞明亮的辽宁宾馆会议厅，东北边防军军以上干部和东北军区部分高级将领济济一堂。

彭德怀在会上传达了中央政治局出兵援朝的意图，动员各军立即做好出国作战准备。

最后，彭德怀说："你们要号召各级干部树立起必胜的观念，要坚信在党中央和毛主席领导下，一定能打败美帝国主义者。"

沈阳会议后，彭德怀赶到安东（今丹东），准备11日过江去朝鲜德川，同金日成会面，商讨联合作战问题。

就在彭德怀到达安东的当日晚上，突然接到中央军委代理总参谋长聂荣臻的电话，要他火速返京参加中央政治局会议，再次讨论出兵问题。

10月16日，彭德怀返回安东，召开了志愿军师以上干部会议。他在会上全面分析了朝鲜战场当前形势，阐明了抗美援朝的重要战略意义，明确指出我军战胜敌人的有利条件和应采取的战略战术。最后指示各军，要分级召开干部战士动员大会，立即准备入朝作战。

10月18日21时，彭德怀起草了中央军委主席毛泽东致邓华、洪学智等特急绝密电文：

> 四个军及三个炮师决按预定计划进入朝北作战，自明（19日）晚从安东和辑安线开始渡鸭绿江，为严格保守秘密，渡江部队每日黄昏开始至翌日晨时即停止，5时以前隐蔽完毕。

第三章
“这是一场中国式的葬礼”

1 美军越过三八线

杜鲁门自言自语地发问：“装备落后的中国军队胆敢同世界第一流装备的美军对抗吗？”

周恩来于1950年10月3日会见印度驻华大使潘尼迦时对美国发出的不容置疑的警告，在美国产生了巨大反响。

美国副国务卿韦布当天急电驻印大使亨德森，要他请印度转告中国政府，周恩来的讲话“缺乏法律和道义根据”。负责东北亚事务处副处长约翰逊在致腊斯克的备忘录中分析道，不能把周恩来的讲话完全看成“讹诈”，主张先由李承晚的部队越过三八线试探一下。

华盛顿白宫总统豪华的办公室，来自各方的报告像雪片一样堆积在案头上。杜鲁门仔细地翻看着，唯恐遗漏了什么。

美国中央情报局的专家报告称：“尽管周恩来发表了声明和中国的部队正在向东北地区机动……但没有令人信服的证据表明，中国真的打算干涉朝鲜……从军事上看，干涉朝鲜的最好时机已经过去。”

国务院的报告认为：苏联或中共“干涉朝鲜”，要冒世界大战的风险的；苏联尚未做好为了朝鲜而冒险发动世界大战的准备；中国在军事上不具备单独进行“干涉”的能力。因此，苏联或中共不会对朝鲜进行“干涉”。

看着一份份权威性报告，杜鲁门更加坚信周恩来的警告不过是虚张声势，是苏联和中国为了挽救北朝鲜政权进行外交斗争的一部分，是对联合国即将决议联合国军在北朝鲜行动的恫吓。

其实，美国当局在决策美军是否越过三八线问题上，已经酝酿很长时间了。作为总统，杜鲁门参与了整个过程。

在派兵侵略朝鲜不久，美国国务院就开始酝酿越过三八线继续进行侵略的问题。

1950年7月14日，国务院对日和约特别顾问杜勒斯致函政策设计委员会主任尼采，称：三八线绝不是政治分界线，美国的目标是统一朝鲜，如果有机会去掉这条分界线，美军当然应该这样干。如果美军有力量加以摧毁的话，必须摧毁北朝鲜军队，即使这样做需要越过三八线也在所不惜。这是消除威胁的唯一途径。

但是，国务院苏联问题专家乔治·凯南和查尔斯·波伦极力主张要进行最大限度的克制，反对越过三八线。他们的观点影响了国务院政策设计委员会。

7月22日，政策设计委员会向国务院提交了题目为“关于美军越过三八线的美国政策问题”的研究报告。报告认为：

> 在联合国部队将北朝鲜军队赶回到三八线附近时，美国和支持安理会决议的其他联合国成员国以及克里姆林宫所采取的决定和行动，将决定这场冲突是限于朝鲜境内，还是扩大冲突，可能导致第三次世界大战爆发的危险。

这份报告对美军越过三八线的利弊得失进行了分析，最后得出结论：①如果将军事行动扩大到三八线以北，与中共和苏联军队冲突的危险将大大增加，此类冲突所冒的风险似乎远远大于政治上可能得到的利益。②为了防止战线拉得太长，应尽快在可以接受的条件基础上，停止冲突，但美军必须占领南朝鲜，同时施加压力，提出朝鲜统一问题。③军方在三八线以北的军事行动，应设法取得联合国相应决议的支持。报告建议美国应尽一切努力，将地面军事行动限制在三八线以南地区。

美国国务院主管朝鲜事务的东北亚处处长艾利森看了政策设计委员会提交的研究报告后，大为不满。他在写给政策设计委员会主任尼采的备忘录中写道：

> 我仔细研究了政策委员会的报告，遗憾的是，从论点到结论我都不同意。“统一”朝鲜确实有与中苏发生冲突的可能性，应该权衡得失，但我认为报告提出的或至少是暗示的答案却是错误的。我认为政策设计委员会的报告，是企图用“绥靖政策”避免“刺激苏联”，我们应当承认我们与中苏冲突的危险性一直存在着，也许这意味着一次全球战争……既然一切法律上和道义上的正当性都在我们一边，我们还有什么可犹豫的？

美国军方极力主张美军越过三八线。国防部于7月31日提出了《对朝行动方针备忘录》，称：从军事行动打击北朝鲜现存军事力量方面考虑，三八线已没有意义，美军可以随时越过三八线。备忘录提出美军应设法占领朝鲜，击败北朝鲜军队，无论北朝鲜军队是在三八线以北还是以南。为达到这一目的，麦克阿瑟在朝鲜采取必要的军事行动时，不必考虑三八线。但这一切都有一个前提，即苏联部队不干涉。

麦克阿瑟更是积极主张美军越过三八线，当陆军参谋柯林斯和空军参谋长范登堡7月中旬访问东京时，麦克阿瑟对他们说："我打算摧毁而不（仅仅）是逐回北朝鲜军队……我可能不得不攻占整个北朝鲜。"

参谋长联席会议也认为应彻底摧毁北朝鲜军队，以防止其再度进攻南朝鲜。他们希望能将北朝鲜军队消灭在南朝鲜，但他们认为不应将麦克阿瑟限制在三八线。他们强烈要求占领整个朝鲜，从而保证自由选举的进行。

8月17日，美国驻联合国大使奥斯汀根据国务卿艾奇逊的指示在安理会做了试探性发言，强调在击退北朝鲜进攻、联合国军胜利完成作战后，要在全朝鲜进行普选，建立统一政府。他的发言明白道出美军要越过三八线、进占全朝鲜的企图。

美国国务院的"关于美军越过三八线的美国政策问题"的报告经过多次讨论，于8月23日送交国家安全委员会。8月25日，无任所大使杰塞普先同腊斯克、希克森和马修斯等国务院高级官员共同商议，然后再和国家安全委员会高级官员讨论了这份报告。

这两次会议集中研究了万一中苏介入，美军是否越过三八线的问题。会议认为，麦克阿瑟有权在朝鲜北部实行两栖登陆作战，但"联合国军"应该与苏联边境保持距离。国防部已表态，美海、空军不得轰炸离苏境17英里的地区。美国地面部队不得越过三十九度线。会议建议国家安全委员会做出决定，授权"联合国军"总司令指挥地面部队越过三八线，但要和中苏边境保持一定明确的距离，如果有情报表明，中国或苏联进行了大规模有组织的抵抗，"联合国军"总司令在向华盛顿报告之前，不得下令继续前进。

9月9日，美国国家安全委员会根据国务院的《关于美军越过三八线的美国政策问题》的报告和上述两次会议的建议。起草了《对朝行动方针报告》，作为国家安全委员会第81/1号文件，主要内容是：

（一）联合国军越过三八线打击北朝鲜军队有合法基础，应授权麦克阿瑟实施军事行动，包括在三八线以北进行两栖、空降或地面作战，以摧毁北朝鲜武装力量。实施这些行动的前提是，当进行这些行动时，苏联或中共未派遣大批军队进入、没有宣布打算进入北朝鲜，也没有发出在北朝鲜从军事上击败我军行动的威胁。作为一项政策，不得在与苏联接壤的东北部各省或在沿东北地区边界附近使用非朝鲜的部队，麦克阿瑟的部队不得越过苏联或东北地区边界。

（二）参谋长联席会议在授权麦克阿瑟占领北朝鲜的同时，其作战计划必须取得总统的批准，并与盟国协商。

（三）一旦中苏同时占领北朝鲜，麦克阿瑟不应在北朝鲜进行地面作战，应在三八线顶住，继续轰炸北朝鲜。

（四）一旦苏联在三八线以南公开或悄悄地投入大批部队，麦克阿瑟应尽可能守住防线，但不得采取使局势更加严重的行动，并迅速报告华盛顿。如果联合国军正在三八线以北作战，苏联大批部队公开参战，那么麦克阿瑟采取的行动同上。

（五）一旦中国的主力部队在三八线以南公开或秘密参战，美国不应使自己陷入同共产党中国的全面战争。只要存在能够抵抗的机会，美国应继续作战，可以考虑授权麦克阿瑟在朝鲜之外，针对共产党中国进行适当的海空军事行动，与此同时，美国应向安理会提出“谴责中共为侵略者”的决议案。若在三八线以南出现苏联或中国企图使用小股部队，麦克阿瑟应继续目前的行动。

（六）若没有迹象表明有与中苏发生冲突的危险，而北朝鲜拒绝接受联合国军提出的“投降条款”，麦克阿瑟应当摧毁北朝鲜军队，占领朝鲜北部。

（七）应改组南朝鲜政府，采取强有力措施解决“共党分子”，同时帮助南朝鲜政府进行社会、经济改革。

9月11日，杜鲁门正式批准了国家安全委员会第81/1号文件。参谋长联席会议于9月27日根据第81/1号文件，向麦克阿瑟下达越过三八线的第92801号指令。

美国当局在做出侵占全朝鲜的决定后，又积极操纵联合国通过相应决议，授权美军越过三八线，企图使美国扩大侵略得到形式上的“合法化”。

9月19日，美国当局致电美驻联合国代表，称：美国的目的是在联合国的领导下，帮助朝鲜实现“自由、独立和统一”；美国代表应该避免讨论联合国地面部队到达三八线时美国的政策，这一问题应由联合国决定；联合国应该继续坚持建立“统一”的朝鲜。指示要求美国代表应向联合国大会强调执行联合国前决议关于建立“独立”和“统一”的朝鲜的必要性；向联合国提出南朝鲜现政府是朝鲜的唯一合法政府。指示还就以上内容拟定了一份草案，要求美国代表说服联合国其他成员国代表同意这项草案。

9月21日，杜鲁门在华盛顿召开记者招待会，有记者问：“总统先生，在美军到达三八线时，你是否已经决定了美军的下一步行动？”

“不！我没有做出任何决定，因为那该由联合国来决定。美军是联合国部队的一个部分，军事行动由联合国决定，我服从联合国的决定。”杜鲁门十分干脆地回答。

9月22日，美国国务院远东司在一份《结束朝鲜敌对状态的计划》备忘录中写道：

联合国在朝鲜的政治目的是在朝鲜建立一个完全独立和统一的国家。……为了与国家安全委员会第81/1号文件相一致，联合国军总司令在授权占领北朝鲜之前，有必要得到联合国成员国的同意。

这时，英、法开始担心美军越过三八线会“惹怒”中国，引起中国介入朝鲜战争，一旦中国介入将可能导致第三次世界大战，造成战争升级。

印度也认为联合国安理会的决议是要北朝鲜军队撤退到三八线，既然北朝鲜军队目前已经撤至三八线，联合国部队的军事行动应该结束，目前应是谈判解决的时候。

此外，苏联已于8月1日回到安理会，积极寻求政治解决朝鲜问题的途径。

在这种情况下，美国在联合国内外四处活动，说服其他国家支持美军越过三八线。在美国的鼓动下，英国、澳大利亚、巴西、荷兰、古巴、挪威、巴基斯坦、菲律宾等国按照美国政府的意图拟制了一份准备提交联合国的提案。提案建议建立统一和复兴朝鲜委员会的提案来支持美军越过三八线。

“中国为什么不阻止北朝鲜军队越过三八线？而偏偏在美军将要越过三八线时提出警告？装备落后的中国军队胆敢同世界第一流装备的美军对抗吗？如果提出警告的是苏联而不是中国，美国就不得不小心行事了。”杜鲁门自言自语地发问。

杜鲁门后来在其回忆录中真实地记述了他此时的心理，他写道：

10月3日国务院收到了许多封电报，报告同一件事情：中国共产党威胁着要参加朝鲜作战。中国共产党政府现任外交部长周恩来曾召见印度驻北平大使潘尼迦，并且告诉他，如果联合国军

> 队越过三八线，中国就要派遣军队援助北朝鲜人。不过，如果只是南朝鲜人越过三八线，中国将不采取行动……从莫斯科、斯德哥尔摩和新德里也打来同样的报告。不过，这里却有一个问题：和这个报告有关的潘尼迦先生在过去却是经常同情中国共产党的家伙，因此他的话不能当作一个公正观察家的话来看待。充其量不过是一个共产党的宣传的传声筒罢了。建议采取一切适当的步骤以稳定全朝鲜局势的议案，在联合国大会的政治安全委员会里悬而未决。这个议案如果得到通过，那么联合国军司令官就肯定有权力在北朝鲜作战。这个议案在第二天就要投票表决，看来周恩来的声明只是对联合国的恫吓，扬言要在朝鲜进行干涉。

在杜鲁门的指示下，副国务卿韦布于10月4日电示美国驻印度大使亨德森，希望通过印度政府直接与中国驻印度大使接触，转达美国政府的意图，即美国无意与中国冲突，联合国军占领北朝鲜不会危及中国安全。同时又威胁中国说："不要低估美国人民全力支持太平洋地区国际和平的决心。"

在美国的操纵下，联合国大会于10月7日通过了英国、澳大利亚、巴西、荷兰、古巴、挪威、巴基斯坦、菲律宾提出的"八国提案"，该提案的中心内容是要在"联合国军"的占领下和联合国机构的监督下，举行所谓选举来"统一"朝鲜。提案建议：

（一）采取一切适当的步骤以保证全朝鲜情况的稳定；

（二）采取一切组织政府的行为，包括在联合国主持下举行选举，以便在主权的朝鲜国家内建立一个统一、独立和民主的政府；

（三）邀请南北朝鲜人民的各阶层和代表团体，在恢复和平、举行选举和建立统一的政府的工作中与联合国各机构合作；

（四）除为达到上列（一）（二）两款规定的目标所必要者外，联合国军队不得留驻在朝鲜任何地方；

（五）采取一切必要措施以完成朝鲜的经济复兴。提案决议：设立一个由澳大利亚、智利、荷兰、巴基斯坦、菲律宾、泰国和土耳其组成的委员会。定名为联合国朝鲜统一复兴委员会，（1）担任向联合国朝鲜委员会执行的职务；（2）代表联合国以实现全朝鲜统一、独立和民主的政府之建立；（3）行使大会在得到经济暨社会理事会的建议以后所决定的与朝鲜的经济和复兴有关的各种职责。联合国朝鲜统一复兴委员会应尽速前往朝鲜开始执行其职务，等等。

关于联合国的这一决议，艾奇逊后来在其回忆录中不得不承认说："这个决议案本身存在的问题，以及它鼓励麦克阿瑟将军进一步采取冒险主义所引起的问题，都是因为没有经过透彻的考虑。"

二 麦克阿瑟的作战计划

麦克阿瑟脸上露出了一丝嘲笑："从军事上说，这些部队毫无用处，他们也许从来没有打过仗。从政治上说，他们增添了一股'联合国'的香味。"

麦克阿瑟在接到参谋长联席会议授权"联合国军"在三八线以北行动的第92801号指令前，已迫不及待地指挥美军在三八线地区展开，准备入侵朝鲜民主主义人民共和国。9月28日，麦克阿瑟根据参谋长联席会议的指令做出越过三八线北进的简要计划：

（1）第8集团军以现有兵力打过三八线，主攻方向是开城—沙里院—平壤轴线，目标是夺取平壤；

（2）第10军以现有兵力在元山实施两栖登陆，同第8集团军会合；

（3）第3步兵师初期作为总司令部的预备队留在日本；

（4）只出动南朝鲜部队，在定州—宁远—咸兴一线以北作战；

（5）第8集团军的进攻日期暂定为最早是10月5日，最迟是10月30日。

9月29日，美国国防部长马歇尔听说沃克已命令第8集团军将在三八线停下来，可能是为了等待联合国批准越过三八线，感到非常不安，立即起草了给麦克阿瑟的电报，电报称：

> 目前有报告说，第8集团军曾宣布南朝鲜各师将在三八线停下来进行重新集结。关于这一点，我们希望你认识到，你在三八线以北推进时无论在战术上还是战略上都不受限制。上面所提到的声明有可能会使联合国处境尴尬，因为在联合国里，人们显然不愿意出现必须对越过三八线进行投票的局面。相反，人们希望看到你在军事上已证明有必要这样做。

9月30日，麦克阿瑟复电，他对沃克是否发表过这类声明表示怀疑，但他要提醒沃克不要再提三八线有关的问题。麦克阿瑟说：

> 在军事上，三八线不是影响我们使用部队的因素。我的部队的后勤补给是妨碍我们迅速推进的主要问题。为利用敌军的失败，我们的部队随时可以越过三八线，进行试探性进攻或使用当地的战术目标。你们了解我在北朝鲜总的战略计划。在敌人投降前，我认为我们在整个朝鲜都可进行军事行动。

9月31日，参谋长联席会议正式批准了麦克阿瑟的北进计划。10月2日，麦克阿瑟以“联合国军”司令部第2号作战命令向第8集团军司令官沃克下达了越过三八线的命令。命令的主要内容是：

第8集团军从陆地推进，占领平壤；在此期间，第10军在元山登陆；尔后两支部队在平壤—元山蜂腰部会合，切断人民军退路，当联合国军到达定州—宁远—兴南一线后，这一线以北至边境线的作战，只由南朝鲜军担任。

在麦克阿瑟向第8集团军下达越过三八线命令的前一天，10月1日，位于东线的南朝鲜军第1军团各师已经越过三八线。南朝鲜军第3师于10月1日进抵注文津、江陵之线，当日越过三八线，3日占领襄阳，继续北进，企图占领元山。首都师于10月1日进抵三八线，在注文津西北地区越过三八线。10月1日，西线的南朝鲜军各师进抵三八线。南朝鲜军第6师于当日10时半占领洪川，2日占领杨平，3日在春川集结后继续向北进犯。南朝鲜军第7师于2日由忠州出发，向原州进犯。南朝鲜第8师于3日抵杨平，4日转向议政府集结。

沃克接到麦克阿瑟越过三八线的命令后，立即下令所辖美军第1军以不足一个师的兵力占领临津江以西一线，其主力在集结地域集中，然后按集团军命令，确保第1骑兵师为主要突击力量，遂行北进的作战任务。美军步兵第24师和南朝鲜军第1师保障其翼侧，并担任预备队。美军骑兵第1师奉命于10月5日进至汉城以北，确保第1军在三八线附近集结地域的安全。骑兵第1师分成三个团一级的作战队，部署在开城附近的三八线南侧。10月7日，骑兵第1师的巡逻队越过三八线。

10月9日，麦克阿瑟狂妄地敦促朝鲜人民军投降，他威胁说：

> 为了以最少的生命和财产的损失贯彻联合国决议，我作为联合国军总司令最后一次要求你们及你们指挥的军队，不管位于朝鲜什么地方，都放下武器，停止敌对行动……否则将马上着手采取必要的军事行动，以实施联合国的决议。

当日，骑兵第1师全部越过开城北部边界进抵三八线。在三八线附近，骑兵第1师遭到了朝鲜人民军的顽强抵抗，激战至11日，骑兵第1师全部越过三八线侵入朝鲜民主主义人民共和国。继骑兵第1师之后，美军步兵第2师、步兵第24师、英军步兵第27旅和南朝鲜军第1师大举越过三八线，分多路向平壤攻进。14日，骑兵第1师攻占金川，继续向平壤逼近。

“联合国军”于10月7日大规模地越过三八线后，大举向北推进。此时，朝鲜人民军的主力部队正在向北撤退，由于遭到“联合国军”分割、包围，弹药、给养无法补充，部分部队撤到三八线以北，部分部队被敌人包围，部分部队已失去联系。而担任三八线防御任务的人民军部队在“联合国军”多路攻势下，被迫向中朝边境撤退。

随着人民军的抵抗逐渐减弱，美军迅速向中朝边境推进。这时，杜鲁门开始关注中国和苏联对美国扩大战争的态度，十分担心中国或苏联军队介入朝鲜。

10月9日，经杜鲁门批准，参谋长联席会议向麦克阿瑟发出了新的指令。指令说：“鉴于中国共产党军队可能在北朝鲜进行干涉，兹特对我们9月27日的指示做如下补充，尚希遵照执行。今后中国共产党要是不事先声明就在朝鲜任何地方公开或隐蔽地使用大量的部队。你应该根据自己的判断只要在你控制下的部队有可能获得胜利，你就继续行动。在任何情况下，如果要对中国境内的目标进行任何军事行动，都必须事先得到华盛顿的批准。”

当日，麦克阿瑟通过广播向北朝鲜领导人发出最后通牒，狂妄地敦促北朝鲜军队投降，并命令“联合国军”迅速向中朝边境进攻。

10月10日，中华人民共和国发表声明严正指出：10月7日联合国大会在美国操纵下所通过的英、澳等八国提案，它的通过是完全非法的，违反全世界绝大多数人民意志的。目前美国正积极部署着大规模越过三八线，企图把侵略战争的火焰燃烧到中国边境。声明最后警告指出：中国人民对美国及其帮凶国家扩大侵略的危险趋势，不能置之不理。

英国政府获悉中国外交声明后，即由英国外交大臣贝文致函美国国务卿艾奇逊，称：“虽然我们不能从字面上的含义看待中国的声明，但我们也不能完全置之不理。……一旦中国公开干预，我认为麦克阿瑟在得到杜鲁门总统批准之前不得在朝鲜领土之外采取行动，这一点非常重要。我确信，在美国政府和女王陛下政府商讨之前，当然不会做出这类的批准。”

贝文强调，英国有权要麦克阿瑟事先经过（与英国）协商，才能在朝鲜之外，对中国进行军事行动。“我方错误的行动会迫使中国卷入战争，后果虽不能预料，但肯定十分严重。”

10月12日，杜鲁门收到中央情报局提供的两份权威性报告。一份报告是“关于中国干预朝鲜可能性的报告”。这份报告认为中国军队在缺少空中和海上支援的情况下进行干预，可能有效但未必具有决定性的意义。尽管周恩来发表了声明，中国的部队正向东北地区集中，但没有令人信服的证据表明，中共真的打算全面干涉朝鲜。

这份报告的结论是，中国人不会进入北朝鲜与联合国军对抗。得出这种结论的原因有：中国共产党无疑对与美国交战可能产生的后果感到害怕，因为他们国内的问题很严重，一旦交战，国内经济会受到损害，反共力量将会得到鼓舞，从而危及中共政权的存在；中国共产党人还会在其联合国的席位受到威胁而踌躇不前；假使中国在未得到苏联海上和空中支援的情况下进入战争，他们一定会付出惨重的代价；另一方面，中国接受了苏联的援助，会更加依赖苏联，这就会增加俄国人对东北地区的控制。这份报告与许多人的看法一样，认为从军事角度来看，中共干涉朝鲜的最好时机已经过去。中央情报局的结论是，共产党人在朝鲜全面干预仍有可能，但是除非苏联想打一场全球战争，否则这种行动不会在1950年出现。

中央情报局的另一份报告是“关于苏联军事干预朝鲜可能性的报告”。这份报告认为，苏联驻远东部队在没有警告的情况下，有能力对朝鲜进行有效的干预。但苏联领导人会充分估计到，他们如果公开干预会引起苏联与美国及其他联合国军的直接对抗。苏联领导人不能保证苏联军队与美国军队的作战只限于朝鲜或远东，其结果可能引起与美国的全球战争。

尽管从各种迹象分析判断，中国或苏联干预的可能性很小，但美国军队毕竟已经大举越过三八线。杜鲁门做出决定，要和麦克阿瑟进行面对面的磋商。

10月15日清晨，杜鲁门乘“独立号”总统专机抵达位于太平洋东部的威克岛。随行人员有参谋长联席会议主席布莱德雷、陆军部长弗兰克·佩斯、太平洋舰队司令阿瑟·雷德福、迪安·腊斯克等文武官员。

麦克阿瑟在机场迎接杜鲁门。杜鲁门走下舷梯，握住麦克阿瑟的手说：

“我很早就期望见到您，将军。”

麦克阿瑟风趣地说：“我希望下一次的见面不会等得太久。”

在一座简便别墅式屋内的会议厅，麦克阿瑟首先向杜鲁门报告了战况，很有把握地向杜鲁门保证战争将在感恩节前结束。他说：

“北朝鲜军队想抵挡住联合国军并转入进攻是痴心妄想，他们仅剩下10万人，这些部队缺乏训练，装备不足，他们顽固地战斗只是为了面子。”

麦克阿瑟信心十足地报告了他的作战计划：“正命令第1骑兵师直取平壤，第10军在已经占领的元山登陆，该军可以在一周内从那里横穿朝鲜半岛到达平壤。北朝鲜人又一次犯了致命的错误，没有在纵深部署兵力，一旦美军在平壤会师，曾发生在朝鲜南方的事同样会在北方发生。第8集团军可以在圣诞节（12月25日）前撤回日本，在朝鲜只需留下美军第2师、第3师和其他国家部队，直到那里举行了选举以后。希望明年就举行‘选举’，避免实施军事占领。”

麦克阿瑟最后补充道：“所有占领都是失败的。”

杜鲁门听完麦克阿瑟的汇报，十分满意地点点头，但他还是有些担心中国或苏联的介入，问：“中国或苏联进行干预的可能性有多大？”

“很小。如果他们在（战争爆发后）第一或第二个月就干预，那会起决定作用。现在我们不再担心他们干预了。我们不再畏畏缩缩”，麦克阿瑟语气十分肯定，“中国在东北地区的兵力有30万人。其中部署在鸭绿江的可能不到10万至12.5万人，可以越过鸭绿江的只有5万至6万人。他们没有空军。由于我们在朝鲜拥有空军基地，如果中国人试图南下到平壤，那对他们来说将是一场大规模屠杀。”

麦克阿瑟接着说：“至于俄国人，情况稍有不同。他们在西伯利亚拥有一支空军，而且素质很好，拥有出色的飞行员，装备有先进的飞机。他们可以投入1000架飞机。但俄国没有可以用于北朝鲜的地面部队，因为把地面部队派到朝鲜战场是有困难的。一个师开到朝鲜要6个星期，而6个星期后冬天就到了。唯一可行的是俄国空军支援中国地面部队作战。但俄国空军同中国地面部队之间的协调将十分困难，我认为俄国人在中国军队头上扔下的炸弹将会同落在我们头上的一样多。空中掩护是非常困难的，没有受过训练的空军和地面部队，如果不经过大量的联合训练，搞空中掩护是不可能的。我相信，中国地面部队同俄国空军做不好空中掩护，而我们是最好的。”

布莱德雷试探地问道：“既然战争即将结束，能否在1月份抽调第2、第3步兵师用于欧洲方向？”

麦克阿瑟回答道：“到1月份将抽出一个师，但我认为，应派第2步兵师去，因为第2师训练有素。我希望在圣诞节前将第8集团军撤回日本。”

布莱德雷又问道：“联合国军其他国家部队的情况怎么样？”

麦克阿瑟脸上露出了一丝嘲笑：“从军事上说，这些部队毫无用处，他们也许从来没有打过仗。从政治上说，他们增添了一股‘联合国’的香味。”

杜鲁门非常赞赏麦克阿瑟这番第一手权威性的分析和判断。他在离开威克岛起飞之前，在麦克阿瑟的优异服务勋章旁加上了第四枚橡叶勋章。在登上飞机时，他告诉麦克阿瑟说“我认为我们这次的会晤是非常令人满意的”。

布莱德雷后来在回忆录中说：“我很少见过他（杜鲁门）如此兴致勃勃。我们大家都对朝鲜战争很快就要结束而感到如释重负。我们现在可以进行建设北约的重要任务了。”

10月17日，杜鲁门在旧金山发表全国广播演说，声称威克岛会晤“非常令人满意”，他说：“战区司令官由于亲临其境，最了解当地情况，所以再没有比和他晤谈更解决问题了。他掌握大量的情报，这对我们所有的人，在这个危急的关头，正确地决定政策都会有帮助。”

杜鲁门信心十足地宣称：“联合国军的力量正在日渐增强，目前他们与敌对部队相比远远处于优势。朝鲜共产党人有效的抵抗力量不久必将告终。……”

威克岛会谈一结束，麦克阿瑟就命令“联合国军”加快向中朝边境的进攻速度。

3 志愿军的抵达

金日成迎向彭德怀，紧紧地握住他的手说：“志愿军来得及时，中国人民是真正的朋友。”

1950年10月19日，这是一个载入史册的日子。

这天，夜幕刚刚降临，在中朝边境鸭绿江安东（今丹东）、长甸河口、辑安渡口上，志愿军部队正在紧张有序地渡江。听不到战马的嘶鸣声，看不见明亮的车灯，只听见“呜呜”的汽车马达声和缓缓流淌的江水声。

在大军跨过鸭绿江之前，在安东的江桥上，一辆军用绿色的苏式吉普嘎斯-69急速地行驶着。中国人民志愿军司令员兼政治委员彭德怀正端坐在车内。吉普车很快驶过江桥，直奔朝鲜边境城市新义州。

当吉普车抵达新义州江桥的桥头处，两名朝鲜人民军军官迎了上来。在人民军军官的引导下，彭德怀与朝鲜外务相朴宪永会合。

志愿军渡过鸭绿江后，第40军奔向球场、德川、宁远；第39军主力奔向龟城、泰川；第42军奔向社仓里、五老里；第38军奔向江界。

按照原定计划，志愿军准备控制龟城、泰川、球场、德川、宁远、五老里为基本防御阵地而以小部队向南延伸。以积极防御，阵地战与运动战相结合，以反击、袭击、伏击来歼灭与消耗敌人的有生力量。

踏上朝鲜国土，指战员们亲眼看到美丽的朝鲜山河遭到美国侵略者的残酷破坏。到处都是瓦砾废墟，微风一吹，残垣断壁中便卷起一阵烟火，迎面扑来刺鼻的焦煳味。深受战火灾难的朝鲜人民流离失所，无家可归。

面对这种惨不忍睹的情景，他们对美国侵略者无比痛恨，对朝鲜人民无限同情，更增添了对保卫祖国安全和世界和平的高度责任感。

10月20日拂晓，新义州地区天色阴暗，雪花纷飞。

彭德怀在朴宪永的陪同下，乘车驶抵水丰发电站，等待与金日成联系会谈地点。在发电站的一间小屋里，彭德怀紧锁眉头，踱着步子沉思着……

志愿军入朝以前，中央军委、毛泽东曾确定志愿军入朝作战第一个时期只打防御战的方针。毛泽东在1950年10月2日就志愿军入朝参战后的战略方针问题给斯大林的电报中指出：“一面和敢于进攻三八线以北的敌人作战，第一个时期只打防御战，歼灭小股敌人，弄清各方面情况；一面等候苏联武器到达，并将我军装备起来，然后配合朝鲜同志举行反攻，歼灭美国侵略军。”

毛泽东又于10月14日致电在苏联访问的周恩来，指出：“我已告彭在他到德川研究情况后，在平壤、元山铁路线以北德川、宁远公路线以南地区构筑两道至三道防御阵线。如敌来攻则在阵地前面分割歼灭之，如平壤美军元山伪军两路来攻则打孤立较薄之一路。”“在我军装备训练完毕，空中和地上均对敌军具有压倒的优势条件之后，再去攻击平壤、元山等处，即在六个月以后再谈攻击问题。”

朝鲜战场情况瞬息万变，志愿军入朝时，朝鲜局势已发生急剧变化。随着朝鲜人民军的抵抗逐渐减弱，“联合国军”地面部队在海、空军的支援下，大举向北推进，直逼中朝边境。这时，朝鲜人民军的主力部队大部被割断在朝鲜南部，部分部队已撤到三八线以北，由于腹背受敌，人民军部分部队被分割、包围；部分部队已失去联系。朝鲜劳动党和政府被迫组织党政机关和部队向新义州、江界方向进行转移，并将临时首都迁到了江界。

10月17日，麦克阿瑟改变了原定东西两线部队在平壤—元山一线会合的计划，并且取消了在定州—宁远—咸兴限制线以北地区禁止使用非朝鲜军队的规定，命令各部队分路继续北进，将战线推进到中朝边境。

10月19日，美军骑兵第1师、第24师和南朝鲜军第1师进占平壤。10月20日，美军第10军之陆战第1师、步兵第7师分由仁川、釜山船运至元山港海域，准备登陆。南朝鲜军第1军团首都师由咸兴、兴南北进，占领北青、新兴。同日，美空降第187团在肃川、顺川地区空降。至20日，西线南朝鲜军第2军团距志愿军预定防御地区只有90~130公里；东线南朝鲜军第1军团首都师已经进到志愿军预定防御地区。

此时，志愿军仅有5个师渡过鸭绿江进到新义州以东和朔州、满浦以南地区，距离预定防御地区还有120~270公里，已不可能先敌到达预定防御地区了。

但是，志愿军入朝时采取了一系列战略佯动和伪装措施。志愿军调动、集结、训练等临战准备活动严守秘密，入朝时进行严密的伪装，利用黄昏和夜晚分路过江。在开进过程中夜间行军，拂晓前露营，天亮后严密伪装，隐蔽防空，避免与敌过早接触，较好地隐蔽了自己的行动和企图。在政治外交方面，中国政府多次发出严正警告，并公开地大张旗鼓地在全国范围内开展遣责美国侵略者、声援朝鲜人民的活动。美国当局认为这是“虚张声势”。由于“联合国军”尚未发现志愿军入朝，气焰仍然十分嚣张，毫无顾忌地分兵冒进，中路南朝鲜军第2军团3个师态势突出，东西两线部队之间敞开的缺口越来越大。这给志愿军在运动中各个歼敌提供了极好的机会。

“根据新的情况，必须改变原定计划，采取在运动中各个歼敌的方针。”想到这里，彭德怀舒展了眉头。

当日中午，一份急电传向志愿军各军：“目前美伪军北犯中，所遭到人民军的抵抗甚弱，仍无顾忌的分途北进中。据此，敌在未发觉我军行动前，将仍会有向北冒进，因而使我军以运动战方式，歼灭敌人之机会，是充分可能的。你们应该极力争取与造成运动歼灭的良机，以求得开始即打几个好仗，将敌气焰打下去。”

下午，彭德怀得到金日成指挥部通知，在柴军武的陪同下，前往昌城郡大榆洞附近的大洞与金日成会谈。

大洞是一个小村庄，位于昌城东仓、北镇之间。金日成指挥部就设在村庄的一座简陋的小房屋中。金日成迎向彭德怀，紧紧地握住他的手说：“志愿军来得及时，中国人民是真正的朋友。我代表朝鲜党、政府和全体人民感谢中共中央和毛泽东主席对朝鲜人民的大力支援，并热烈欢迎您率中国人民志愿军前来协助朝鲜人民军作战。”

彭德怀向金日成介绍，第一批入朝参战部队共4个军12个步兵师和3个炮兵师，约26万人，如有必要还有第二批、第三批部队入朝参战，并介绍了志愿军作战方案。

下午4时，彭德怀致电毛泽东、高岗、邓华：

本日晨9时在东仓、北镇间之大洞与金日成见面。前线情况乱，由平壤撤退之部队已三天未联络，现朝方仅有3个师，但均系新兵，如敌继续北进势难阻击。目前应迅速控制妙香山、杏川洞线以南，构筑工事。请邓、洪、韩速来我处商筹全局部署。

10月20日深夜，北京中南海丰泽园的菊香书屋灯火通明，毛泽东伏案仔细地阅读一份份关于朝鲜军事态势的情报。

为了打好志愿军出国第一仗，几天来，毛泽东一直密切关注着朝鲜局势的发展和志愿军的情况。

依据朝鲜局势的变化，立即采取在运动中各个歼敌的方针。毛泽东的决心与彭德怀不谋而合。

次日凌晨2时30分，毛泽东致电彭德怀、邓华、洪学智、韩先楚及高岗：

（一）伪首都师由咸兴向长津前进。伪三师似将进至咸兴。伪六师改由破邑向北，目的地第一步在德川，第二步可能向熙川。伪七、八两师第一步向顺川、军隅、安州，第二步可能向泰川、龟城。以上5个师的最后目的地是江界、新义州一线。截至此刻为止，美伪均未料到我志愿军会参战，故敢于分散为东西两路，放胆前进。（二）估计伪首、伪三两师要7天左右才能进到长津，然后折向江界。我军第一仗如不准备打该两师，则以42军的一个师位于长津地区阻敌即够。42军的主力则宜放在孟山以南地区（即伪六师的来路），以便切断元山、平壤间的铁路线，钳制元、平两地之敌，使之不能北援，便于我集中三个主力军各个歼灭伪六、七、八等三个师。（三）如伪六师（较强）由破邑（在铁路线上）至德川的路上能有朝鲜人民军一部做有力的阻击，则该敌可能要到10月24日或25日才能占领德川，如果我40

军（全部）能于23日赶至德川、宁远地区，则可以绕至伪六师的后方（由东面绕至南面铁路线附近），让出正面给他军使用（38军或39军），如果太迟，则敌将先占德川。

毛泽东特别强调："此次是歼灭伪军三几个师争取出国第一个胜仗，开始转变朝鲜战局的极好机会，如何部署，望彭、邓精心计划实施之。"

电报发出后，毛泽东仍然放心不下，继续思考朝鲜战事。一个小时后，他又发出一电，要求志愿军争取战机迅速完成战役部署，电报指出：

你们是否已前进，我意13兵团部应即去彭德怀同志所在之地点和彭住在一起并改组为中国人民志愿军司令部，以便部署作战。现在是争取战机问题，是在几天之内完成战役部署以便几天之后开始作战的问题，而不是先有一个时期部署防御然后再谈攻击的问题。

志愿军第13兵团部于10月19日黄昏从长甸河口随第40军第118师前卫团跨过鸭绿江。

10月21日黄昏，兵团部分别收到毛泽东和彭德怀关于采取在运动中各个歼灭敌人的电报。邓华、洪学智、韩先楚、解方于当日晚电示各军："兵团决定钳制东面之敌，集中力量各个歼灭伪六、七、八师。"

10月24日中午，邓华、洪学智、韩先楚到达大榆洞和彭德怀会合。原来，彭德怀与金日成在大洞会谈后，又率指挥人员转移到距大洞仅两公里的大榆洞。

大榆洞原是朝鲜一座有名的金矿。位于平安道的北镇西北3公里处，四面环山，从东北向西南方向有一条沟。山沟两边的山坡上散落着一些金矿。志愿军司令部驻地就设在山坡下的一座木板搭成的工棚里。

在工棚里，彭德怀高兴地与邓华、洪学智、韩先楚一一握手。接着，他主持召开了作战会议。

彭德怀首先介绍了与金日成的会谈情况，他说："朝鲜前线情况很混乱，由平壤撤退的人民军部队与金日成指挥部已多日未联络，现在朝方仅3个师，已无法阻拦敌人向中朝边境推进。"

彭德怀接着说："因原定阵地作战难以实现，确定以运动战方式，采取分割、包围的战术歼敌，力争初战胜利，以稳定局势。"

为统一指挥志愿军作战，10月25日，中共中央决定：

（一）为了适应目前伟大战斗任务的需要，13兵团司令部、政治部及其他机构，应即改组为人民志愿军司令部、政治部及其他机构；（二）彭德怀同志为人民志愿军司令员兼政治委员（前已通知），邓华、朴一禹、洪学智、韩先楚四同志为副司令员，邓华、朴一禹二同志均兼副政治委员，解方同志为参谋长，政治部、后勤部及其他机构的负责同志均照旧负责；（三）党委组织亦照原名单加彭、朴二同志，以彭德怀同志为书记，邓华、朴一禹为副书记。

4 出国第一仗

彭德怀反复叮嘱说："你们一定要抓住战机，打好出国的第一仗，为尔后扭转战局开个好头。"

10月20日，麦克阿瑟又施展了一次惊人之举。美军第187空降团在平壤以北的肃川、顺川实施空降。

一架直升机在空中盘旋着，临窗而坐的麦克阿瑟叼着烟斗，得意扬扬地观看着徐徐下降的降落伞。当空降临近结束的时候，直升飞机飞向平壤。

在平壤机场，披着胜利光环的麦克阿瑟被一群记者簇拥着。麦克阿瑟微笑地宣称："这次空降是决定性的，已完成了对敌人的合围，北朝鲜军一半幸存的士兵被包围了。"

接着，麦克阿瑟又以轻松的口气说："我已命令联合国军全速前进，堵住北朝鲜军的退路，消灭北朝鲜军，摧毁北朝鲜政权，尽快占领整个朝鲜。"

由于"联合国军"在北进过程中，未遭坚强抵抗，且具有现代化装备，前进速度很快。从20日到24日，"联合国军"推进了100余公里，距离朝中边境最近处已不足100公里。

24日以后，"联合国军"越过三八线的所有部队，以师甚至以团或营为单位，以车载步兵为前驱的行动样式，置东西两线部队之间出现的80公里大间隙于不顾，分兵多路向朝中边境高速推进。

西线美军第1军指挥的英军第27旅、美军第24师、南朝鲜军第1师直逼新义州、朔州、昌城、碧潼，南朝鲜军第2军团第6、第8、第7师直逼碧潼、楚山、江界；东线美第10军之美陆战第1师、第7师拟在元山、利原登陆后指向长津、江界、惠山，南朝鲜军第1军团第3师、首都师沿海岸铁路线逼向图们江边。

10月24日傍晚，志愿军第40军正以两路纵队快速向温井、云山、宁边开进。左路第118师翻过新仓，到达北镇西北梨川洞。

连绵的群山被淡淡的暮色笼罩着。在暮色中，师长邓岳和政治委员张玉华行走在队伍中间。当他们得知彭德怀司令员在附近的大榆洞，立即前往大榆洞。

在大榆洞工棚里，彭德怀高兴地接见了邓岳和张玉华，关切地问："你们师的情况怎么样？"

邓岳激动地说："部队已开进到梨川洞，指战员们情绪很高，决心打好出国第一仗！”

“那很好！”彭德怀让他们来到一张桌子面前，桌面上铺着一张作战地图。

“敌人已经越过宁边，接近温井，情况十分紧急。你们尽快将部队带到温井以北地区，占领有利阵地，准备随时与敌人遭遇，相机歼灭一部分冒进的敌人，打击一下敌人的嚣张气焰。”彭德怀反复叮嘱说：“你们一定要抓住战机，打好出国的第一仗，为尔后扭转战局开个好头。”

邓岳、张玉华率第118师连夜赶到北镇东南两水洞地区。此时，听到从温井方向传来枪声。

邓岳向温井方向望去，隐约看到几处火光在夜色中闪烁。他转过身子对张玉华说：“敌人可能已经占领温井，因敌人尚不知道我志愿军已经入朝，还有可能继续北犯。军里命令我师于明日拂晓前，进至温井。这样很有可能与敌军在中途遭遇。”

张玉华同意邓岳的判断。于是，他们当机立断，决定采取同敌人预期遭遇的姿态占领温井以北两水洞至丰下洞东北侧高地，准备阻击从温井向北镇前进的敌人。命令前卫第354团停止前进，在温井以北的丰下洞、富兴洞严阵以待，准备以伏击手段阻敌北犯。师主力集结于两水洞、北镇地区，随时准备支援前卫团的战斗。

北镇至温井是一条长约20公里宽约1公里的谷地。谷地两侧是绵亘的高地，谷地北侧高地树林浓密，南通平壤北至楚山的公路沿北侧绕行，九龙江沿公路走向缓缓流淌，南侧高地距公路较远，高地与公路间沟坎纵横，地形复杂。

入夜，明月初升，一片灰云淡淡地遮住月光，岳岭上面，仿佛笼上一片轻烟，朦朦胧胧。在沿温井至北镇公路和九龙江北侧一线阵地上，第354团指战员正严阵以待。

次日凌晨，朝霞透过灰蒙蒙的浓雾出现了，隐蔽在山林中的指战员们焦急地盯着山下的公路。突然，山下响起了发动机声，公路上扬起滚滚烟尘，两辆中型卡车沿着温井公路直开过来。接着，大队汽车一辆接一辆浩浩荡荡地开过来了。这是南朝鲜军第6师第2团第3营并加强了一个炮兵连。

当敌人的前卫进至两水洞，后卫进到丰下洞以北时，团长褚传禹一声令下，全团一齐向敌人展开了火力袭击。

汽车停止前进，车上的敌人纷纷跳下车，立即向路侧的一个小山包奔去。指战员们依托有利地形，以拦头、截尾、斩腰的战法，向敌行军纵队实施侧翼猛烈的攻击。

第3营第8连首先将敌炮兵连与敌第3营的联系切断，第2营以火力截断了敌第3营与团主力的联系，阻止了敌团主力的前进。第1、第3营乘敌队形混乱之际，分路冲下公路，大胆实施穿插分割。

顿时，公路上、稻田里、山坡上、河滩里，到处闪着刺刀的寒光。

"缴枪不杀！"战士们忘记了南朝鲜兵是听不懂中国话的，喊声越大，敌人跑得越凶。

这股南朝鲜军兵力尚未展开，火炮未及开架，即大部被歼，余部向九龙江南溃逃。随队的1名美军顾问被志愿军俘虏。

南朝鲜军第2团主力在其第3营遭到阻击时，急忙组织兵力在炮火的支援下，向防守在216、409.5高地的志愿军第2营疯狂进攻。

坚守在216高地的第4连，不顾敌人密集的炮火，勇敢顽强地抗击敌人，连续击退敌十余次进攻，坚守阵地。南朝鲜军第2团主力被迫退回温井。

入夜，志愿军第40军将温井四面包围，给南朝鲜军第6师第2团主力以突然、猛烈的打击。

南朝鲜军在黑暗中陷入混乱状态，慌忙向城外溃逃。志愿军担任阻击任务的部队迎头打击溃逃之敌，南朝鲜军第2团主力被歼一部，大部撤逃。

第40军乘胜攻占温井，切断了北犯楚山之敌南朝鲜军第6师第7团的退路。

在两水洞战斗刚刚打响之际，云山阻击战也拉开了序幕。

云山东侧的玉女峰等高地是云山通往温井的天然屏障，占领玉女峰等高地就封闭了通向温井的通道。第40军第120师第360团潜伏在云山以北的玉女峰等高地。

在云山至温井的公路上，汽车、坦克一辆紧跟一辆轰轰隆隆开过来了。

突然，狂风暴雨般的枪弹向公路上的汽车、坦克扫去。敌人在志愿军突然猛烈的打击下，措手不及，被迫缩回云山。

缩回云山的是南朝鲜军第1师先头部队。师长白善烨还以为遇到的是朝鲜人民军的零散部队，又命令第15团由云山东北方向进攻，守卫在间洞南山的第3连英勇抗击，连续打退了敌军的数次进攻。

在第3连第3班的阵地上，班长石宝山带领全班利用有利地形，顽强地抗击着敌人的进攻。

弹药消耗殆尽，阵地受到严重威胁，当敌人冲到阵地前，石宝山毅然抱起两根爆破筒扑向敌群，与20多个敌人同归于尽。

“为石宝山报仇！”战士们端起刺刀，举起石头，英勇地与敌人拼搏，再一次打退了敌人。敌人一次又一次的冲击，都遭到了挫败。

11时许，南朝鲜军第1师又派出8辆坦克，搭乘步兵从间洞沟口迂回到第3连阵地右后侧，企图夺占间洞南山。

为保障第3连的侧翼安全，第2连第3排迅速向敌坦克接近，第7班副班长秦永发勇敢机智地炸毁敌坦克1辆，粉碎了敌人的进攻。秦永发是志愿军第一个用爆炸筒炸毁敌坦克的战士，战后，他被师里命名为“反坦克英雄”。

在第5连阵地上，指战员们顽强地抗击着敌人的猛烈进攻，机枪全部被炸坏，弹药大部被消耗，连指挥员大部伤亡，先后有4人代理连长职务，仍然继续战斗。

在打退了敌人第五次进攻后，第1、第3两个排只剩下12名同志，他们推举在全国解放战争中曾荣获“战斗模范”称号的杜书生指挥战斗，连续打退敌人的数次进攻，守住了阵地。

志愿军第40军开进途中在玉女峰、两水洞及温井所进行的战斗，揭开了抗美援朝战争的序幕。

5 云山战役

一位见识颇广的美国士兵似乎辨认出了这些可怕的声响，他惊恐万状地呼道：“上帝，这是一场中国式的葬礼！”

骄狂的南朝鲜军遭到当头一棒之后，发现与其作战的是中国军队。麦克阿瑟得到这一情报后，只是轻轻一笑：“没什么了不起，中国只是象征性出兵，其目的不过是为了保护鸭绿江水电站，仅此而已，兵力不超过五六万人。”

麦克阿瑟一面调整部署，一面继续命令“联合国军”按照占领全朝鲜的计划，迅速向中朝边境推进。

从云山北犯的南朝鲜军第1师遭到志愿军的阻击后，沃克命令美军骑兵第1师接替南朝鲜军第1师向鸭绿江进攻。

骑兵第1师是美国陆军部队中历史最为悠久的部队之一，被称为“王牌师”。该师已非骑兵，全部机械化装备，战斗力强，美国为纪念它，仍保留骑兵第1师名义。在第二次世界大战中，曾参加菲律宾战役。

师长盖伊接到命令后，立即率骑兵第1师进至云山。11月1日，骑兵第1师第8团与南朝鲜军第1师基本换防完毕，只有南朝鲜军第12团第2营还没有换防。

云山是朝鲜民主主义人民共和国平安北道中部的一个郡的所在地，是朝鲜北部的交通枢纽，公路纵横交错，战略地位十分重要。云山周围群山连绵，山上密林覆盖，山谷河流纵横，北有三滩川、东有温田川、西有龙兴江、南有九龙江等河流。

美军第8集团军虽调整了部署，但其兵力仍处于分散状态，造成志愿军各个分割歼敌之有利态势。彭德怀决定采取向敌后实施迂回结合正面突击的战法，集中兵力，各个歼灭云山、泰川、球场地区之敌，首先求得消灭南朝鲜第8、第7、第1师，尔后看情况再歼美、英军。

志愿军第39军隐蔽在云山周围的深山密林中，完成了对云山之敌的包围。第39军定于1951年1月1日19时30分向云山之敌发起进攻。

1月1日中午，美军骑兵第5团第1营战斗巡逻队由龙山洞向云山北运动。志愿军第115师第343团得到情报后，立即向龙头洞开进。

13时许，在团长王扶之的指挥下，第343团先敌抢占龙头洞以北的185.8高地，先敌开火，打响了云山战斗的前奏。

15时30分，第116师观察员报告：

“发现云山外围的敌坦克、汽车、步兵开始向南移动。”

师长汪洋判断，云山之南朝鲜军第1师可能正在撤退（实际上是南朝鲜军第1师第12团第2营正在换防），当即向军长吴信泉报告：

“军长，敌人正在撤退，绝不能让敌人跑掉，我建议提前发起总攻！”

吴信泉果断地定下决心：“好！打他个措手不及。汪洋，你们做好准备，提前到下午5点开始进攻。”

当时，志愿军第39军并不知道美军骑兵第1师已接替南朝鲜军第1师，仍然认为云山之敌为南朝鲜军第1师。

14时40分，志愿军的炮火呼啸着向云山城和周围的几个高地飞去，顷刻间，整个山城和山谷变成了一片火海，天空弥漫着硝烟。

第116师两个团，沿三滩川东西两岸向云山进攻。右翼第347团突破前沿后，该团第2营直插龙埔洞，在龙埔洞及其南山与敌发生激战。

进攻中，志愿军发现打的不是南朝鲜军，而是美军，更加奋勇杀敌。当晚11时30分，2营突破了敌防线，向云山街区展开进攻。

夜幕中的云山城火光四起，枪炮声响彻云霄。第3营第7、第8连分别从北、西两个方向突入云山街。7连由北向南攻击，进至西街十字路口，发现3辆坦克引导满载敌人的10余辆汽车，由西向东逃窜，立即向敌发起勇猛冲击，予敌以大量杀伤，剩下的敌人跳车南逃。7连乘胜追击，一举攻占云山南侧无名高地，断敌退路，阻敌增援。8连沿街由西向东攻击，歼敌一部。

此时，第347团1营和3营9连也攻入云山街，在云山街东北角大院歼灭美军一个榴炮连。

第116师左翼第348团第1、第2营突破敌前沿后，向间洞方向发起进攻，攻占朝阳洞后，2营主力转向云山以南实施迂回。

2营主力进至云山南2公里的公路交叉口时，发现敌坦克掩护一个营的兵力南逃。该营立即抢占公路两侧有利地形阻击敌人。

第4连第5班副班长李运贤勇敢地抱起两根爆破筒，敏捷地冲向敌坦克群，将敌先头坦克炸毁，堵住了后面的车辆。

第3营于朝阳洞投入战斗后，沿三滩川东岸向云山东侧攻击。3营主力进至云山东南5公里处，切断了云山至上九洞的公路，并继续向上九洞进攻。

当晚22时，第116师第346团第2营第4连利用夜幕做掩护，向云山城冲去。当他们到达公路大桥边，守桥的美军竟把他们当成了南朝鲜军。

4连大摇大摆地通过大桥，到了美军骑兵第8团第3营指挥所，突然开火。美军措手不及，慌忙四处逃窜。4连乘胜占领了公路大桥。

这时，满载美军的汽车十余辆，车队在一辆重型坦克的引导下向大桥开过来。4连4班副班长赵子林在战友的配合下，机智地用爆破筒炸毁敌坦克，堵住了敌人的退路。

4连像一把尖刀插向敌人心脏，使敌军乱作一团。

从泥踏洞向三巨里攻击的第117师，于当日晚攻占三巨里。在战斗中，第350团第9连利用夜暗插入敌后，捣毁三巨里以西美军骑兵第1师第8团一个迫击炮连。

第115师第345团突破敌前沿后，向诸仁桥迂回。2日凌晨，该团占领了诸仁桥，切断了敌军南逃的退路。

美军骑兵第8团直属队及第3营，在坦克掩护下，多次向诸仁桥冲击，企图向博川方向突围。

第345团凭借桥头两侧有利地形，进行顽强阻击，粉碎了美军南逃的企图。

云山战斗打响后，美骑兵第1师第5团由龙山洞向北增援，与第115师第343团激战于龙头洞。

在战斗中，第1营第1连歼灭骑兵第1师第5团一个连，毙伤美军50余人，俘敌4名，缴获迫击炮3门，重机枪3挺，创造了志愿军一个连歼美军一个连的战绩。

第343团勇敢顽强地坚守阵地，粉碎了美军北援云山的企图，歼其一部，有力地保障了云山战斗的胜利。

第39军在云山战斗中，共歼美骑兵第1师第8团大部、第5团一部及南朝鲜军第1师第15团一部，毙伤俘敌2000余人，其中美军1800余人，缴获飞机4架、击落飞机3架，击毁和缴获坦克28辆、汽车170余辆，各种火炮119门。

云山战斗是中国军队和美国军队在朝鲜战场的首次交锋。第39军首次以劣势装备歼灭了具有现代化装备的美军骑兵第1师第8团大部和该第5团一部，狠狠地打击了号称“王牌师”的骑兵第1师的嚣张气焰。

一个美国记者详细地记述了骑兵第1师遭到志愿军第39军沉重打击的情景：“美军被这锐利的攻势所震惊，他们从未经过这样的战斗。黑暗中，敌人像猫一样向他们扑来。他们利用夜幕的掩护，靠近阵地，以难以置信的速度，准确地插入防线的薄弱地带。这种战术的运用似乎是经过仔细推敲的。虽然他们也遭到了一些迎头的反击，但是，袭击者全然不顾伤亡，不断地冲上来。全部行动是由军号、哨音和锣声指挥。一位见识颇广的美国士兵似乎辨认出了这些可怕的声响，他惊恐万状地呼道：'上帝，这是一场中国式的葬礼！'"

在志愿军第39军取得云山大捷，重创美军骑兵第1师的同时，在西线的志愿军其他部队也取得了很大进展。

第40军于1950年10月31日前出至云山以东、球场西北地区。11月1日晚，该军主力向宁边、博川方向突破，准备断敌退路，围歼逃敌。

第38军于11月1日晚攻占球场，球场地区之敌已渡过清川江西逃。该军主力随即沿清川江东岸向军隅里、价川攻击前进。

第66军于11月1日进到龟城近郊，阻止和牵制了美军第24师。第50军第150师于11月1日晚由安东过江，进至新义州以南，准备阻击已窜至南市洞之英第27旅。

沃克发现骑兵第1师遭到重创，特别是院里已被志愿军占领，其侧后受到严重威胁，深恐价川、新安州等交通枢纽被志愿军控制，后路被切断，从而使其在清川江以北的各部被我分割包围，各个歼灭。

11月2日，为摆脱其十分不利的态势，沃克命令第8集团军向清川江以南实施全线后撤。3日，第8集团军在大量空军、炮兵和坦克的掩护下，开始向清川江以南全线撤退。

当日凌晨，彭德怀、邓华、杜平发觉敌军有撤退迹象后，立即向各军发布动员令。动员令要求所有部队应不顾连续作战之疲劳，不怕供应不上之困难，轻装前进，大胆插入敌后，实行破坏交通，堵住、截断敌人退路，抓住敌军尔后分别包围歼灭。

志愿军西线各军于11月3日转入追歼逃敌的作战。美第8集团军在志愿军的打击下，除以少数兵力扼守清川江北岸滩头阵地阻击志愿军进攻外，主力部队已全部撤退到清川江以南，并在新安州至价川一线占领了沿江有利阵地。

鉴于歼敌机会已失，在第一次战役即将结束之际，彭德怀于11月4日15时致电毛泽东并高岗，指出："朝北反攻已结束。此次战役消灭敌人仅六至七个团，但对稳定朝北人心，使我军站稳脚，坚持继续作战，是有意义的。因消灭敌人不多，我军实力尚未完全暴露，美伪军还可能重新组织反攻。根据我军已很疲劳，粮弹运输困难，且冬寒将至等情况，我们拟采取巩固胜利，克服当前困难，准备再战的方针。"

11月5日1时，毛泽东复电同意彭德怀的部署。根据毛泽东的指示精神，彭德怀、邓华、朴一禹、洪学智、韩先楚、解方于当日9时命令西线各军停止进攻，结束第一次战役，并下达了新的部署命令，准备迎击再次来犯之敌。

三 黄草岭阻击战

"13个昼夜！惊天地泣鬼神的13个昼夜啊！"

朝鲜半岛山脉纵横，由于山脉的走向，形成北部高，南部低，东部高，西部低的地势。朝鲜北部被纵贯南北的狼林山脉隔成了东西两半，志愿军参战初期，交战双方把狼林山脉西边的一半称为西线战场，东边的一半称为东线战场。

狼林山脉与东边的摩天岭山脉、赴战岭山脉，构成了平均高度超过2000米的朝鲜最高的"盖马高原"。这一地区群山连绵起伏，森林密布，交通闭塞，人烟稀少，且气候寒冷，10月初即开始降雪，气温降至零下10摄氏度，12月可降到零下30摄氏度以下。

美军第10军军长阿尔蒙德对朝鲜北部狼林山脉以东地区行使指挥

权，指挥东线南朝鲜军第1军团和美第10军作战。南朝鲜军第1军团在占领元山、咸兴及其以北五老里之后，于1950年10月24日，又占领了新兴、北青，并继续向图们江方向快速推进。

10月26日，美海军陆战第1师在元山登陆，阿尔蒙德即令南朝鲜军首都师和第3师继续分别向赴战岭和长津方向进攻；陆战第1师从兴南向长津湖推进，负责接替南朝鲜军第3师的进攻任务，到达长津湖之后，转而向西进攻，配合西线第8集团军截击朝鲜人民军退路，尔后再向北推进；在利原登陆的美军第7师沿北青经丰山至甲山向鸭绿江边的惠山镇推进。

当日，南朝鲜军第3师主力由元山地区开向咸兴，其第26团进抵上下通里接替南朝鲜军首都师防务，准备向黄草岭阵地进攻。南朝鲜军首都师开始东移，向赴战岭、丰山、城津推进。

这时，朝鲜人民军一部正在黄草岭、赴战岭以南及城津以西地区节节阻击敌人。为争取主动，志愿军第42军派第124师、第126师各一个营乘汽车分别抢占黄草岭、赴战岭要点。

黄草岭、赴战岭为小白头山脉的主峰，山高林密，地势险要，山的南侧较陡，山的北侧斜坡较大，利于防守。黄草岭地区的1115高地、烟台岭、松茸洞及鹰峰等高地，瞰制咸兴、五老里至泗水里的铁路及咸兴至江界的公路。赴战岭地区的白岩山、白亦山等，控制着五老里至元丰里铁路及五老里至广大里公路。

在黄草岭以南地区，有朝鲜人民军步兵两个连在坦克7辆和十余门火炮的支援下，节节抵抗南朝鲜军的攻击。第124师第370团第2营于25日拂晓赶到黄草岭。

天刚亮，两架美军飞机从黄草岭上空盘旋侦察返回后，美军战斗机、轰炸机蜂拥而来，对2营阵地狂轰滥炸。接着，成群的炮弹向各阵地飞来。在飞机、火炮的掩护下，南朝鲜军首都师一个营向2营阵地猛扑过来。

当敌人到达2营阵地前沿，营长蒋振全一声令下：“打！”重机枪、迫击炮、无后坐力炮、火箭筒一齐开火，发射的子弹和炮弹全部泻入敌群。

第2营黄草岭地区连续抗击敌人两昼夜。10月27日凌晨，第42军第124师主力在师长苏克之的率领下赶到防御地区。

同日，南朝鲜军第3师接替首都师的防务，其第26团于8时开始向志愿军第124师阵地发起进攻。第124师在人民军坦克、炮兵的支援下，击退了南朝鲜军的十余次进攻。

下午，南朝鲜军第3师又以一个连兵力沿水洞向796.5高地攻击。志愿军第124师第370团派第4连迅速抢占796.5高地。4连占领该高地后，立即组织防御，击退了敌军的进攻。

为诱敌深入，造成反击机会，苏克之于当日晚决定主动放弃草芳岭、577.8高地，撤到黄草岭以南馆坪、796.5高地、665高地一线。

28日拂晓，晨雾渐渐消散，黄草岭的群峰又显出原来的面目。突然，8架美军轰炸机冲向796.5高地，轮番地向山头俯冲扫射，当俯冲后再行爬高时，扔下一串串炸弹，巨大的爆炸声震耳欲聋，爆炸掀起的烟柱此起彼伏，呛人的硝烟在空气中弥散……

飞机刚刚离去，紧接着一阵猛烈的炮击。在炮火延伸的同时，南朝鲜军第3师约一个连的兵力气势汹汹地向山头发起冲击。

防守796.5高地的第4连指战员打退了敌人的一次次冲击。时近中午，敌机停止轰炸，火炮停止射击，敌军都藏在山下的树丛里。

下午，敌机增加到20多架，不仅投掷了重磅炸弹，而且倾下了大批凝固汽油弹，山头上燃起熊熊烈火。

敌军又发起了冲击，这次兵力增加到一个营。敌人以为这样一番轰炸，阵地上已没有人迹。当他们端着枪爬上阵地时，迎接他们的是第4连战士们的子弹。

就这样，第4连指战员在极度疲劳、饥饿的情况下，以草根充饥，以石头代替武器，两天内打退敌人一个连至两个营兵力的进攻20次，以顽强的毅力守住了阵地，以伤亡50余人的代价，毙伤敌250余人，并缴获了大量武器。该连被志愿军领导机关授予“黄草岭守备英雄连”的称号。

为了打击敌人的嚣张气焰，改善防御态势。第42军军长吴瑞林决定，第124师举行反击，第126师在赴战岭配合第124师作战。

29日晚，担任正面进攻的第124师两个团在50余门火炮的掩护下发起反击。该师勇猛出击，大胆穿插，于30日凌晨，击溃南朝鲜军第26团及第23团一部，前进到草芳岭以南，恢复了烟台峰一线阵地。并以第371团坚守烟台峰及松茸山阵地。

第124师在黄草岭地区防御作战的胜利，获得了彭德怀、邓华、洪学智、韩先楚、解方、杜平的特嘉奖电：

> 我124师在黄草岭一带坚决阻击北进之敌，给以重大杀伤，保证了志愿军主力机动作战，值得表扬。

为配合黄草岭正面作战，第126师第376团向进占赴战岭的南朝鲜军首都师一部发起反击，并于30日占领赴战岭。

南朝鲜军第3师被击溃后，又向黄草岭疯狂反扑。30日，南朝鲜军第3师以一个营的兵力攻击烟台峰阵地。守备在烟台峰的志愿军第371团奋力抗击，击退了敌军的进攻。31日，南朝鲜军第3师又以4个营的兵力向烟台峰攻击，以一个营的兵力向松茸峰攻击，均被第371团击退。

11月1日，南朝鲜军第3师投入全师的兵力，展开向烟台峰和松茸洞的猛烈进攻，并以空军投掷大量炸弹、汽油弹对志愿军阵地进行疯狂地摧毁，致使阵地上烟火四起，工事大部被毁。

第371团顽强地坚守阵地，激战至下午5时，打退敌军30余次冲击。为了保存实力，减少伤亡，第371团主动放弃阵地。当晚，第371

团又组织反击，夺回了烟台峰、松茸山阵地，并歼敌一部。

这时，美海军陆战第1师已赶到水洞附近，接替南朝鲜军第3师。11月2日，陆战第1师第7团在飞机50余架、坦克40余辆的支援下，向烟台峰一带高地发起猛烈攻击。

守卫烟台峰的第371团第4、第6连指战员，奋力击退敌人一次又一次的猛烈进攻，激战至下午5时，美军约两个连的兵力突入烟台峰阵地。

第371团第2营立即组织第6连继续坚守阵地，打击突入阵地之敌，以第4连乘敌立足未稳之机，向敌进行反击，夺回已失阵地。4连经连日苦战，伤亡严重，仅剩下19人，他们以迅速猛进的动作发起反冲击，歼灭突入阵地之敌，夺回了已失阵地。志愿军领导机关授予第4连“烟台峰守备英雄连”的称号。

当日晚，志愿军第124师第371团两个营在人民军坦克的配合下，沿水洞向龙水洞攻击，第370团两个营沿烟台峰东侧插至龙水洞南400.1高地与第371团会歼龙水洞之敌。在战斗中，美军陆战第7团第2营遭到重大伤亡，与团部通信联络中断。

由于朝鲜东北部地区道路狭窄，汽车运输非常不便，加上敌机不停地袭扰，甚至夜间也频繁出动。因此，志愿军后勤补给十分困难，弹药、粮食和饮水供应不上，再加上美军不断增加兵力，持续猛烈地向志愿军阵地发起攻击，造成志愿军第一线守备部队伤亡过大。为减少伤亡，第124师重新调整部署，撤至115高地、草芳岭、796.5高地、655高地一线阵地，组织新的防御。

4日清晨，美军陆战第7团以40余辆坦克为引导，后随200余辆载满步兵的汽车和装甲车，在数十架飞机的掩护下，沿公路插至草芳岭以北真兴里地区，将志愿军守备部队割裂。

当日晚，第124师组织局部反击，掩护防守1115高地的部队撤出，并将美军击退至馆坪以南地区。此后，美军陆战第1师不断增加兵力，继续向草芳岭以南攻击，在第124师坚决阻击下，均未取得进展。

11月6日，彭德怀鉴于西线反击作战已告胜利结束，第42军坚守黄草岭、赴战岭13天，战斗消耗过大，为诱敌深入至旧津里地区，争取第9兵团主力赶到围歼进犯之敌，命令第42军于7日凌晨撤离黄草岭，转移到柳潭里一带组织防御，准备再战。

第42军主力在朝鲜人民军一部的协同下，在东线战场上奋战13昼夜，抗击了美海军陆战第1师和南朝鲜军首都师和第3师的猛烈进攻，歼敌2700余人，粉碎了敌人迂回江界的企图，有力地配合了西线作战，为第一次战役的胜利做出了重要贡献。

朝鲜人民军次帅崔庸健在评价东线战场作战情况时激动地说："13个昼夜！惊天地泣鬼神的13个昼夜啊！"

7 引起巨大反响

"如果在以后几个月内发生第三次世界大战，麦克阿瑟需得对战争负大部分责任。"

在志愿军入朝参战并取得第一次战役胜利的时候，1950年11月4日，中国共产党、中国国民党革命委员会、中国民主同盟、中国民主建国会、中国人民政协无党派人士、中国民主促进会、中国农工民主党、中国致公党、九三学社、台湾民主自治同盟和中国新民主主义青年团发表联合宣言。

宣言庄严宣告："中国各民主党派誓以全力拥护全国人民的正义要求，拥护全国人民在志愿基础上为着抗美援朝，保家卫国的神圣任务而奋斗。"

11月7日，新华社首次报道了中国人民志愿军入朝参战情况。在这之前，志愿军的行动一直是秘密进行的，中国国内的报刊也没有公开宣传志愿军的情况。新华社的报道援引了朝鲜新义州电台广播：

> 朝鲜民主主义人民共和国人民军总司令部发表公报称：共和国人民军最近在朝鲜西北部的作战中取得重要胜利。在此次作战时期，有中国人民抗美援朝保家卫国志愿部队的帮助，这个志愿部队在人民军总司令部统一指挥之下，和人民军一道参加了作战。在中国人民志愿部队的参战之下，人民军在温井、云山一带击溃了李承晚匪军第二军团四个师及美军一部，迫使该方面美国侵略军及李承晚匪军逃至清川以南。

广播还报道了人民军在中国人民志愿部队援助下，在朝鲜西北部地区取得重大胜利的详细经过，并介绍中国人民志愿部队士气极为旺盛，朝中战士团结无间，亲如兄弟。

中国各民主党派联合宣言和中国志愿部队入朝参战并取得重大胜利，是当时国际关系中的重大事件，因而迅速地传遍了全世界，引起了巨大反响。

1950年11月16~22日，第二届世界保卫和平大会在波兰首都华沙举行，共有81个国家的2000多名代表。中国派出以政务院副总理、中国人民保卫世界和平委员会主席郭沫若为首的代表团出席。

18日，当中国代表团团长郭沫若起立发言时，暴风雨般的掌声震撼了会场。2000多位代表欢呼“毛泽东”达数分钟之久。当郭沫若在发言中指出：“我们亚洲人民为了保卫和平是决不向侵略者屈服的。朝鲜人民遭受着灾难，我们不能坐视不理。”顿时，全场又是一阵雷鸣般的掌声。

郭沫若演说结束后，中国代表向大会主席团及波兰和平委员会献旗，全场起立鼓掌欢呼。苏联代表、著名作家法捷耶夫说：“中国人民已经公开宣称，朝鲜人民不是孤立的。因此，侵略者已被拴在朝鲜，它的胜利，说得好一些，是眼看就要到手却又幻灭了。”

苏联报纸连日刊载了中国人民抗美援朝的消息。11月11日，苏联各报都刊载了朝鲜人民军总司令部发表的朝鲜人民军在中国人民志愿部队参加下对美侵略者作战的公报。各报刊载了中国各大报刊关于中国人民抗美援朝，保家卫国的决心的社论。13日，《真理报》刊载了中国外交部发言人11日声明的全文，以及真理报驻北京记者维索科夫的通讯。维索科夫在题为“中国人民志愿赴朝”的通讯中写道：“美国纵火者在朝鲜燃起的罪恶的战火，已烧近中国的边境。它严重威胁了中华人民共和国的安全。爱国热情的浪潮已席卷了整个中国，并已发展为中国志愿战士大批参加朝鲜民主主义人民共和国的军队的运动。”

美国和一些派兵参加“联合国军”的国家，则对中国人民的正义行动表示不安。11月4~5日，美联社东京分社、国际新闻社东京分社、合众社伦敦分社和法新社香港分社分别转播《中国各民主党派联合宣言》。11月5~6日，伦敦《观察报》《曼彻斯特卫报》分别以头条新闻报道中国各民主党派联合宣言。11月6日，巴黎《先驱论坛报》和伦敦《泰晤士报》分别详细地转载了《中国各民主党派联合宣言》。

曾经担任美国驻华军队司令、支持国民党打内战的艾尔伯特·魏德迈，11月8日在西雅图发表谈话认为，美国永远不能克服中国的威力。他说：“在一千万北朝鲜人中，组成了十五个优良的师团，这就给我们的军队造成许多麻烦。那么在四亿七千五百万中国中间可以产生多少师团呢？这种武装力量的优势是值得考虑的。想一想我们或许永远不能挫败这支军队，是十分聪明的。”

美国参谋长联席会议主席布莱德雷也承认美国力量不济。他在11月18日说：“我们美国人在朝鲜从事战争的时候，余下军力就显得不够，不足以在其他任何一个地点应付敌人了，这个事实是可怕的。”

英国更深怕美国长期陷入朝鲜战争的泥淖中，而使得美军在欧洲的力量削弱。合众社11月11日电称：“最怕的是西方‘被迫’进行大规模的亚洲战争，而此间担心，这种战争将成为数十万兵员的陷阱，而使欧洲‘防务’废弛。”

英国查尔利勋爵于11月15日在上院外交政策的辩论中说：“麦克阿瑟是一个很好的军人，但不是一个伟大的政治家。如果在以后几个月内发生第三次世界大战，麦克阿瑟需得对战争负大部分责任。”

英国前首相温斯顿·丘吉尔于11月17日在英国下院的辩论发言中告诫说：“目前欧洲的危险无疑要占去‘我们全部的精力’，在这种时候，英国和各盟国不应当过度地盯在中国或中国的大门上，希望辛威尔和贝文记住这一点的重要性。”

英国知识左翼周刊《新政治家与民族》于当日发表评论，认为中国“干涉”北朝鲜是“可以理解的”，“麦克阿瑟将军蔑视给予他的指令并违反给予中国的保证而跨过清川江防线向北推进时，如果中国人开始怀疑不仅仅他们鸭绿江的重要水电设备是否会遭受危险，而且也不知道联合国的‘帝国主义’将军是否会在中国东北边界停止，在这种情形下，中国是可以得到原谅的。在这种时候中国进行给被击溃的北朝鲜军队以援助，技术上讲来固可以说是‘侵略性的干涉’，但这至少是可以理解的。”

第四章
“这是我收到的最好的圣诞礼物”

1 参谋长联席会议

这一复电使布莱德雷感到大为震惊，这无疑是对参谋长联席会议的挑战。实际就等于说参加参谋长联席会议的是一群傻瓜。

1950年11月2日，华盛顿五角大楼。

布莱德雷的办公室，墙上挂着一面簇新的“参谋长联席会议主席”旗子，十分醒目。宽大气派的办公桌上，摆放着第8集团军情报处处长威洛比的一份报告：

目前已有1.65万中共士兵进入北朝鲜。新义州电台宣称，这些部队属于“保卫水力发电区的志愿军”，是特意进入朝鲜防止毁坏鸭绿江边的水电设施的。

虽然到目前为止，有迹象表明参战的仅是零星部队，从表面看，目的有限，但不可不看到中国共产党人拥有可以立即动用的

> 巨大潜在力量，这是很重要的。假若中国共产党的最高阶层做出入侵的决策，他们可以马上把沿鸭绿江集结的44个师中的29个师投入作战，并用150架飞机支援大规模进攻。

在此之前，当10月25日南朝鲜军在温井、云山一带遭到重创时，美军第8集团军开始还以为是伪装成中国部队前来阻止美军北进的朝鲜人民军。10月27日美国驻南朝鲜代办向国务院报告，在战场上发现了中国军队，中国军队有一个团约2000人，是10月19日渡过鸭绿江的。这是在朝鲜发现中国军队的第一个信号。

11月1日，美国国务院中国事务科科长柯尔布致信腊斯克，认为中共军队参战已是事实，中国不可能就这样派遣小股部队入朝与美军作战。但是，中央情报局仍然乐观地估计中国入朝部队为1.5万到2万人，战略目标是在鸭绿江南岸建立“有限的防御地带”。中国军队入朝的直接原因，可能是李承晚政府扬言要炸毁水丰水电站。布莱德雷对中央情报局的分析将信将疑。

威洛比透露的情况的确是一个极为不祥的信号，加上第8集团军正在向清川江以南全线后撤的消息，布莱德雷开始有点着急。11月3日他指示麦克阿瑟：“鉴于中共军队似乎已对朝鲜进行公开干涉，请你对朝鲜形势及其意义尽快做出适当的估价。”

次日，麦克阿瑟答复布莱德雷：“目前还无法对中国军队在北朝鲜进入干涉的确切目标做出权威性估计。”麦克阿瑟列举了中共军队可能采取的四种行动方案：第一，以全部力量毫无顾忌地进行公开干涉；第二种可能是出于外交的理由，隐蔽地进行秘密干涉；第三种方案是可能使用“志愿军”在朝鲜获取一个立足点；第四，派遣中共军队进入朝鲜，仅仅设想为对付大韩民国军队，因为要打败大韩民国军队是不会有太大困难的。

麦克阿瑟分析说，全面干涉将被看成是一种“具有最严重的国际影响的重大决策”。“一方面它具有明显的可能性，而且又有许多外交问题专家都做这样的推测；另一方面，也有很多合乎逻辑的理由不同意这种推测。而目前也缺乏足够的证据来使人们有理由立即接受这种看法。”

最后，麦克阿瑟向布莱德雷提出：“我建议在条件可能还不够成熟的时候，不要轻率地做出结论。我相信最后的估计还有待于更全面地积累军事情报。”

这一回电令布莱德雷大为放心，他决定休几天假，打打猎，放松一下自己的情绪。

11月6日，正在“一号住宅”休假的布莱德雷接到杜鲁门的一项指示，指示称：

> 立即指示麦克阿瑟，要他放弃任何轰炸鸭绿江大桥的行动，并要求他立刻提供他对目前局势的估计，并说明他下令轰炸鸭绿江的理由。

原来昨天，麦克阿瑟命令远东空军司令斯特拉特迈耶动用远东空军的全部力量，以两个星期的时间狠狠打击北朝鲜人以及他们新的盟友使之退出战争。他命令摧毁鸭绿江上朝鲜一端的所有桥梁。破坏鸭绿江南岸所有的交通线、军事设施、工厂、城市和村庄。他命令说：“如果情况需要，作战飞机的飞行人员可以飞到油干力竭的时刻。”

今天，麦克阿瑟向陆军部执行报告，他打算派遣B-29轰炸机立即炸掉横跨新义州和安东之间的国际桥梁。他认为摧毁这些桥梁会阻止中共武装部队进入朝鲜，至少也会减慢其进入的速度。

国防部副部长洛维特得到这一消息后非常担心，破坏鸭绿江大桥将冒击中中国安东的风险。他立即前去与艾奇逊及腊斯克共同讨论这个问题。

“美国政府曾和英国有约在先，未经与他们磋商，我们不会采取涉及攻击东北地区的任何行动。”腊斯克提醒艾奇逊说：“一旦中国援引了与苏联人之间的互助条约，苏联很可能做出反应。”

艾奇逊和洛维特都同意腊斯克的看法，在搞清朝鲜局势之前、应停止进行这次攻击。

这时，杜鲁门正在密苏里州的独立城，准备参加第二天的投票。艾奇逊打电话给杜鲁门。杜鲁门得知此事后，也认为这道命令是不明智的。如果麦克阿瑟的部队的安全还没有受到直接和严重的威胁，轰炸是不合适的。杜鲁门要求布莱德雷向麦克阿瑟下达指示。

这是华盛顿第一次直接地撤销麦克阿瑟下达的命令。这也可能是参谋长联席会议第一次越过战区指挥官决定一项战术行动。麦克阿瑟现在正是如日中天，他接到指示后的反应是可想而知的。布莱德雷接到指示后，措辞谨慎地给麦克阿瑟下达了的指示，并表示这是总统的意思。

麦克阿瑟收到参谋长联席会议的指令后，大为不满，立即给布莱德雷复电，称：

> 大队的人马和物资正自东北地区通过鸭绿江所有的桥梁。这种移动不仅使在我指挥下的部队陷于困境，而且有使我军全部被歼的危险。过江的实际移动可以在夜幕的掩蔽下进行，而鸭绿江和我们防线之间的距离是那么近，敌军可以不必十分顾忌空袭的威胁，展开对我军的攻击。
>
> 唯一阻止敌军增援的办法就是发挥我们空军的最大威力，摧毁所有的桥梁和在北部地区所有支持敌人前进的设施。每小时的延迟，都将付出大量的美国人民和其他联合国人民的鲜血。
>
> 新义州的主要渡口要在最近几小时内加以轰炸，而且这个任务实际上已经准备就绪。我是在我所能提出的最严重的抗议之下暂缓进行这次袭击，并执行您的指示。
>
> 我所命令的行动是完全符合战争原则和我自联合国所得到的

决议和指示的，而且并不构成对中国领土任何轻微的敌对行为，虽然肆意违反国际法的行动是从那里来的。

我不愿过分夸大因为您所加于我的限制而将在物质上和心理上给我造成严重损害的后果。我希望此事立即引起总统的注意，因为我相信您的命令很可能会导致严重的灾难，如果不是总统亲自和直接了解这种情况，我是不能担当这个责任的。

这一复电使布莱德雷感到大为震惊，这无疑是对参谋长联席会议的挑战。实际就等于说参加参谋长联席会议的是一群傻瓜，而且除了总统之外，麦克阿瑟在这一问题上不接受任何人的命令。如果是另一位级别低一些的将军以如此傲慢的口吻说话就会被撤职。但这位将军毕竟是麦克阿瑟。布莱德雷立即动身前往五角大楼。

当晚，参谋长联席会议作战室举行了一次特别会议。出席会议的军方代表有马歇尔、洛维特、布莱德雷以及三军参谋长，国务院方面有艾奇逊、腊斯克等。

会议还宣读了麦克阿瑟在东京发布的另一份“公报”。公报称：“随着完成对平壤以北敌军的包围和占领东海岸地区，朝鲜战争实际上业已告终。这些行动的结果是使我们手中的敌方战俘增加到13.5万人以上。再加上总计达20万人的其他损失，损失人数达33.5万人。这是对北朝鲜全部军事力量的一个公平的估计。北朝鲜人的战败和他们的军队的毁灭因而是决定性的。在联合国军队取得这一胜利时，共产党人犯了史无前例的、国际上最违法的行为。他们未经宣布交战状态即允许外来的共产党部队开过鸭绿江，进入北朝鲜并在接壤的东北地区边界之后的特殊庇护区内集结大量可能的增援师团及充分的供应。”

麦克阿瑟在公报中报告了目前的形势：“我们最初与之作战的北朝鲜军队虽然已被消灭或再无力从事军事行动，但是现在有一支新的生力军面对着我们。在这一支军队的后面，在我们目前军事行动范围以外的地方，有大量的外国后备部队和充分的供应。”麦克阿瑟称中国军队入朝参战是“一件具有最严重的国际意义的事件”。

特别会议将麦克阿瑟的电报和公报作为急件来处理。布莱德雷与杜鲁门通了电话，向他宣读了麦克阿瑟的电报。杜鲁门听完电报后，无可奈何地说：“我看，奥马尔，既然如此，那么就让他干去吧。”

与会者当即起草了给麦克阿瑟的一封电文。电文在开头巧妙地讽刺说：“你（11月6日）的电报所描述的情况，与我们最近收到的你（11月4日）发出的电文中最后一句相比较，有相当大的变化。”电文指示：

> 我们同意，摧毁鸭绿江桥梁将会在实际上有助于你指挥的部队的安全，但要避免这一行动导致中共攻势的加强，甚至使苏联人认为东北地区要遭到进攻而直接干涉。
>
> 这一结果不仅将危及你的部队，还会扩大冲突的范围，使美国卷入极端危险的境地。然而，鉴于你的第一句话（部队大量涌入）……批准你的计划，对边境附近地区实施轰炸，其中包括新义州的目标和鸭绿江大桥靠朝鲜的一端。这样做的前提是，你在收到这封电报时，仍认为此类行动对你的部队的安全至关重要。以上不包括批准轰炸鸭绿江上的任何水坝或水电站。
>
> 为了必须同联合国的政策和指示保持一致，以及将战斗局限于朝鲜，对美国的国家利益至关重要。因此，重要的是，你必须极其小心谨慎，避免侵入中国东北地区领土和领空，并请迅速报告中国东北地区有何敌对行动。你必须不断向我们报告形势发展变化。你应立即上报根据我们11月3日的电报的精神对形势做出的估计。

召开完特别会议后，布莱德雷又回到“一号住宅”休假。11月7日，他收到了麦克阿瑟的回电，回电称：

> 敌机正从鸭绿江以西的基地起飞，对我们在北朝鲜的部队进行攻击。这些飞机出现得越来越多。从鸭绿江到主要战线的距离如此之近，要有效地对付敌人使用的这种打了就跑的战术几乎是不可能的。对我的作战区域目前施加的种种限制，使敌机一越过东北地区—北朝鲜边界就得到了彻底的庇护。这一不正常的情况严重影响了空军和地面部队的士气和战斗力。如不迅速采取纠正措施，这种影响将产生决定性作用。对如何处理这一新的危险性事态发展，请做指示。

麦克阿瑟是要解除不许越过东北地区边界的限令，其飞机可以“穷追”对方飞机。但穷追对方飞机最终将导致美国逐步扩大同中国的战争，甚至扩大同苏联人的世界大战。但是，为了美军的安全，冒点风险是应该的。于是布莱德雷决定批准麦克阿瑟的飞机进入东北地区6~8英里，以追敌机。如果能使目前十分弱小的中国空军遭受到足够的打击，也许可以瓦解他们的斗志，迫使其全面撤退。布莱德雷立即起草了一份给总统的报告。

依照杜鲁门的授权，麦克阿瑟于11月8日派遣轰炸机开始对位于新义州、朔州、楚山镇、满浦镇和惠山镇等地的大桥进行了狂轰滥炸。

11月9日，麦克阿瑟乐观地向华盛顿报告，他能够“阻止具有足够力量的增援部队跨过鸭绿江”，因而，不会对他的部队造成任何真正的威胁。他赞扬这一空袭，称它：“封锁了战场，切断了敌人的补给和增援。”

麦克阿瑟相信远东空军将摧毁中国军队后方的集结地域，这样，中国军队就不能在朝鲜生存下去。他相信如果联合国部队能成功地推进到中朝边境，战争就会结束。

2 回家过圣诞节

麦克阿瑟十分干脆地说："你可以告诉他们，赶到鸭绿江，全都可以回家。我保证说话算数，他们能够同家人共进圣诞晚餐。"

11月4日，大榆洞志愿军司令部。

电话铃声不断响起，频频报告了前方的胜利消息：志愿军第39军取得了云山大捷，西线其他各军进展顺利；东线志愿军第42军第124师坚决阻止了美军的前进。

彭德怀掩饰不住内心的激动：第一次战役的胜利，对稳定朝鲜北部人心，使志愿军初步站住脚跟，坚持继续作战，是有意义的。

但是，彭德怀也意识到，到目前为止消灭敌人不多，志愿军实力未完全暴露，敌人还可能重新组织反攻。而志愿军部队在敌机袭扰下粮弹运输已发生困难，且寒冬将至，长期露营，难以保持战力。因此，他起草了给中央军委的电报，提出了对战局的发展及志愿军下一步作战方针的见解。"拟采取巩固胜利，克服当前困难，准备再战的方针"，"如敌再进，让其深入后歼灭之"。

毛泽东复电同意彭德怀的方针，并提醒说，下一步作战，德川方面甚为重要，志愿军必须争取在元山、顺川铁路线以北区域创造一个战场，在该区域消耗敌人的兵力，把战线推到元山至平壤一线，而以德川、球场、宁边以北以西区域为后方，才能对长期作战有利。毛泽东还告诉彭德怀，已调第9兵团到东线作战，也"以诱敌深入寻机各个歼敌为方针"。

在志愿军结束第一次战役时，沃克给麦克阿瑟写了一封信。他在信中写道：

过去和现在，我们从未打算让部队采取或保持被动的环形防

> 御或其他任何形式的防御。我们正在采取一切措施，来确保充足的桥头堡，一旦情况允许，便可重新发动攻击。所有的部队都在继续实施局部进攻来恢复和巩固战线。考虑到对付中共正规部队这一新的因素，已经计划动用所有可能投入战斗的部队来恢复进攻，这些计划将在尽可能早的时间投入实施，这一切将主要取决于右翼的安全、进攻部队的集结和一些主要后勤保障的恢复。

于是，“联合国军”展开了积极的攻势。东线猛攻古土里、丰山、吉州，企图迂回江界切断志愿军后路；在西线集中兵力沿清川江北进，企图攻占德川、熙川。

从11月8日开始，南朝鲜军第7师全部及美军一部在重炮和飞机的配合下，向飞虎山阵地展开轮番攻击。

飞虎山俯瞰价川、军隅里，扼平满公路南北交通，地势险要，进可攻，退可守。在连续5昼夜的激战中，第38军指战员共击溃敌百余人以上的攻击57次，阵地反复争夺9次。

当日，敌军以大量飞机、重炮把数以千计的炸弹、炮弹、燃烧弹向飞虎山主峰倾泻，飞虎山上碎石横飞、大火弥漫。

接着，敌军步兵向志愿军第38军第112师第335团第2营阵地连续攻击20余次，均被击退。2营指战员以顽强的毅力抗击着敌人凶猛的攻击，弹药打完了就用枪托、刺刀、石头和被炮弹击碎的残木打击敌人，没有饭吃，战士们紧带勒腹，没有水喝便吸霜含石，克服了万重困难，始终牢牢控制着阵地。

“姜太公钓鱼，愿者上钩”，彭德怀决心在东西两线均采取诱敌深入，先歼其侧翼一路，尔后猛烈扩张战果的方针。

为了把敌军诱到预定战场，西线各军第一梯队师于博川、宁边、飞虎山、德川一线节节阻击敌人的进攻，并主动放弃飞虎山、博川等阵地，东线第42军于7日放弃黄草岭，向柳潭里一带转移。

彭德怀的这一招还真灵，麦克阿瑟认为这是轰炸的“杰作”，共军是怯战逃跑。他立即致电华盛顿，报告了这一惊人的事态发展。中国和北朝鲜军队采取了一个“出其不意的行动”，同第8集团军和第10军彻底脱离了接触。他们撤退后就消失了。

麦克阿瑟沾沾自喜地证实了他以前的判断：即中国人只是出动小部队进行干涉，当他们遭受惨重打击后，也许已放弃了继续作战的企图。

布莱德雷得到这消息后，虽然感到有点迷惑不解，但这一消息还是令他兴奋不已。

但是，马歇尔并不为此感到乐观，他于当日给麦克阿瑟发去了一封电报，提醒麦克阿瑟，朝鲜局势极其微妙，并具有潜在的爆炸性。美国面临一个极其严重的国际问题，它很容易引起一场世界灾难。

麦克阿瑟回电完全同意马歇尔的意见，表示如有可能尽量遵循朝鲜战争区域化的基本原则。但他相信自己的直觉，只要全速推进，不给中国和北朝鲜军队喘息的时间，就会占领北朝鲜。胜利者是不受任何谴责的。

于是，麦克阿瑟命令“联合国军”在西线全线推进，在东线从古土里、丰山、明川分三路继续北进。

11月14日，麦克阿瑟乐观地对他的政治顾问威廉·西博尔德说：

“我的近期目标是摧毁鸭绿江上的桥梁，这样便切断了东北地区和前线之间的联系。与此同时，远东空军将摧毁敌军后方的集结地域，这样，共产党人就不能在国外生存下去。”

麦克阿瑟越说越兴奋，“如果联合国军能够成功地推进到边境，战争就会结束。中国当局也能够证明他们确有帮助一个共产党邻国的意愿，并且有能力打一场现代战争。这样，他们就会在无损‘面子’的情况下撤出朝鲜。”

彭德怀正好抓住了麦克阿瑟的这种狂妄心理，欲擒故纵。为进一步给麦克阿瑟造成错觉，诱敌进入预定战场，彭德怀于16日命令各军停止反击，继续向后方撤退。志愿军在撤退过程中，沿途丢弃一些枪弹衣物，似乎已溃不成军。

千军万马很快隐匿在朝鲜北部的崇山峻岭之中。志愿军在东西线均与“联合国军”脱离了接触。

11月17日，麦克阿瑟对穆乔大使说：“渗透到北朝鲜的中国人不可能超过3万人，如果多于这个数，就会被空中侦察发现。美军的全线进攻将在10天之内扫荡仍在北朝鲜和中国共产党人手中的所有地区。”

穆乔对这位将军的话深信不疑。麦克阿瑟更加得意：“我将把所有的中国战俘押送到边界并释放他们，接着把第8集团军撤到日本，让第10军、联合国部队和南朝鲜军队占领朝鲜。”

麦克阿瑟认为发动总攻势的时刻到了，他说：“任何不实施进攻的计划都将彻底瓦解我的部队的士气，它产生的心理上的影响将是不可估量的。这将注定要使我们在北朝鲜困难的防线上无限期地保留我们的武装部队，并将无疑引起南朝鲜人的反感，以致他们的部队要么垮台，要么可能掉转枪口打我们。”

11月23日，感恩节，美国的一个传统节日。“联合国军”官兵的餐桌上摆满了丰富的食品：鸡尾酒、夹馅橄榄、烤小公火鸡加酸果酱、木果沙拉、水果蛋糕、肉馅饼和咖啡。

这一天对麦克阿瑟来说，是个不平凡的日子。麦克阿瑟愉快地在东京的美国大使馆，同全家共进感恩节晚餐。

第二天，“联合国军”的总攻开始了。麦克阿瑟从东京飞往第8集团军司令部。

听完战况简报后，麦克阿瑟乘吉普车前往第一线各军军部。第9军军长约翰·库尔特少将报告说：

“我的部队急于挺进鸭绿江。在整个75英里宽的战线上进攻部队几乎未遇到任何抵抗。”

麦克阿瑟十分干脆地说：“你可以告诉他们，赶到鸭绿江，全都可以回家。我保证说话算数，他们能够同家人共进圣诞晚餐。”

接着，麦克阿瑟发表了一份“联合国军”的公报：

> 联合国军在北朝鲜对在那里作战的精锐军的压缩包围现已临近关键时刻。在过去的三周里，作为这只铁钳独立成分的各类空军，以模范的协同和战斗力发动了持续的攻击，成功地切断了来自北方的补给线……今天上午，钳形攻势的西段发动了总攻，以完成包围并夹紧钳子。

担任正面进攻的第9军在麦克阿瑟的鼓动下，开始大举进军，好像鸭绿江近在眼前。在“总攻”的第二天，担任掩护其右翼侧后任务的南朝鲜军第7师和第8师却进展缓慢，远远地落后于美军，位于大同江两岸的德川和宁远。

美军第2师师长劳伦斯·凯泽发现自己的部队大大超越了应该保障其右翼的部队，大为吃惊。这时，空中侦察报告，敌人正在加宽一条通往德川的道路。

凯泽惊呼：“该死！那是他们要攻击的地方。那里将是主攻方向，就在我们的侧翼，是针对南朝鲜第2军团的。”

3 联合国军大溃退

彭德怀看着第38军的战报，心情特别激动，嘴里喃喃地说：“第38军的确是一支好部队。”

“联合国军”发起攻势后，彭德怀注意到，美军第8集团军和东线第10军之间留下一个数十公里的缺口。西线敌右翼又是刚受到打击的南朝鲜军第2军团。他决定利用这个薄弱点，向德川发动攻击，下一步再向第8集团军的深远后方迂回。

在德川方向撕开战役缺口的是志愿军副司令员韩先楚指挥的第38军和第42军。德川背靠大同江，位于交通枢纽地带，有五条公路在此汇合。东可通宁远、咸兴，是麦克阿瑟东西虎头钳的支撑点。

11月24日深夜，第38军的一支穿插部队，乘着夜暗，翻山越岭，偷涉大江后，神不知鬼不觉地潜入德川南武陵里，先遣部队抢占有利地形，炸毁了德川通往顺川、平壤的公路大桥。这支部队像一把尖刀，在敌背后插了一刀。

25日晚，战役打响。第38军第113师很快打开缺口，翻越755高地，直插古城江渡口。

755高地十分险峻，两侧悬崖上长满了荆棘，山坡上衍生着灌木、树木，根本没有路。

第113师侦察支队和前卫部队，披荆斩棘，顺崖下滑，有的干脆抱着武器往下滚，指战员们浑身沾满血污。他们马不停蹄，向敌后疾进。

当夜9时，部队迂回到古城渡口。江边防守渡口的南朝鲜军正在烤火，没想到志愿军突然“神兵天降”，还没有醒悟过来就大部分当了俘虏。

大同江横贯德川的西南，江面宽约80米，水深约2米，有一座水下桥，桥上水深1米。隆冬午夜的江水寒冷刺骨，江面上漂着冰块。

师政委于敬山首先脱下棉裤、鞋袜，跳入冰河，走上水下桥，师长江潮也步入江水里。战士们在师领导身先士卒的精神鼓舞下，纷纷跳入江水中，向对岸冲去，很快抢占渡口。

113师过江后，迅速插向德川南面，包围德川守敌。

28日8时，他们进至德川南，占领了济南里、遮日峰、龙洞南山地区，切断了德川、宁远两地之敌的联系和敌军南逃顺川的退路。

与此同时，第38军主力和第42军向德川、宁远的南朝鲜军第7、第8师发起猛烈攻击。敌溃不成军。

第38军和第42军在敌人侧翼打开了一个缺口，沃克于27日急调骑兵第1师一部向新仓里方向，调土耳其旅向德川方向机动，企图封闭缺口。

28日凌晨，毛泽东致电彭德怀、邓华等，庆祝志愿军歼灭南朝鲜军第2军团主力的胜利，并指出："目前任务是集中我42军、38军、40军、39军歼灭美骑1师、第2师、第25师等三个师的主力。"

彭德怀当即命令第42、第38军进行迂回进攻，以第40、第39、第50、第66军在西线实施正面进攻，围歼清川江北岸之敌。

西线志愿军各军以排山倒海之势向清川江北岸进攻。在大榆洞，彭德怀不断收到各军的战报：

第40军逼近球场。

第39军逼近宁边。

第66军进至古城洞。

第50军逼近定州。

第38军抢占嘎日岭及其以西地区；同时，第113师沿小路直插三所里。

三所里是地处西线美军第8集团军腹地的一个村庄，它北依山峦，南临大同江，距驻守顺川的南朝鲜军第2军、慈山的美军第9军和安州的美军第1军等各军的指挥机关都很靠近。村西有平壤通往价川的一条南北公路。这条公路是敌人北进南逃的主要交通要道之一，也是志愿军截击清川江方向美军主力的一道"闸门"。

能不能按时赶到三所里堵住敌人，是彭德怀预计在军隅里、价川地区与美军决战的最关键的一招棋。

第113师前卫团是第338团。这支部队在团长朱月华和政委邢泽的率领下，乘着夜色，踏着崎岖的山道，穿过山林和河流，迅速向三所里穿插。

天亮了，敌机在空中不断地盘旋，进行侦察。为尽快到达目的地，他们大胆地去掉伪装，大摇大摆地行军。

敌侦察机把他们当成从德川逃出来的南朝鲜军，还与驻三所里的南朝鲜治安队联系，为这支部队准备食物。

第338团前卫营到达三所里时，敌治安队前来迎接他们。前卫营迅速消灭了这支治安部队。

这时，由南面开来了几辆卡车和一个加强连的敌人。第4、第9连迅速穿过公路，突然开火，前面的汽车爆炸起火，敌人仓皇溃逃。

第338团一夜行程70多公里，终于在28日早7时比敌人先到5分钟，抢占了有利阵地，关死了三所里的“闸门”。

彭德怀焦急地等待着第113师穿插行动的消息。当得悉113师前卫团已插到三所里时，彭德怀心中的一块石头落了地，立即命令：“好！要他们像钢钉一样钉在那里。”

美军得知三所里已被志愿军占领，急忙调骑兵第1师第5团从北面价川方向赶来，同时，调部队从南面向北面增援，企图两面夹击第113师。

第113师与美军展开激战，使敌由军隅里经三所里向顺川逃跑的路线被截，使“联合国军”的计划突然被打乱。同时，113师又派出一个团插向龙源里，截断了敌南逃顺川的又一条通道。

龙源里在三所里西边5公里，是铁路、公路交会点，公路是从一座山中间凿出来的。

美军在100多架飞机、70多辆坦克的掩护下，疯狂地向龙源里进攻，企图从龙源里打开通道。

龙源里战火一片，硝烟滚滚。同时，三所里战斗也异常激烈。“联合国军”南北两军只相隔不到1公里，但始终没拔掉第113师牢牢按下的“钉子”。

第113师像一座巨大的钢铁闸门，将美军第2、第25师、土耳其旅等部队，阻拦在军隅里至双龙里、龙源里之间的狭长地带，并在夜间配合其他各军频频反击。

彭德怀看着第38军的战报，心情特别激动，嘴里喃喃地说："第38军的确是一支好部队。"随即，他拿起笔来，亲自起草了一份嘉奖令，全文是：

梁、刘转三十八军全体同志：

此次战役克服了上次战役中个别某些过多顾虑，发扬了三十八军优良的战斗作风，尤以一一三师行动迅速，先敌占领了三所里、龙源里，阻敌南逃北援，敌机、坦克各百余，终日轰炸，反复突围，均未得逞，至昨（三十日）战果辉煌，计缴仅坦克、汽车即近千辆，被围之敌尚多。望克服困难，鼓起勇气，继续全歼被围之敌，并注意阻敌北援。特通令嘉奖，并祝你们继续胜利！

中国人民志愿军万岁！三十八军万岁！

彭邓洪韩解杜

十二月一日

第38军截断清川江之敌的退路后，麦克阿瑟大惊失色，于11月29日下令全线撤退。仅仅只有5天的时间，麦克阿瑟的"总攻"就转为大溃退。

西线"联合国军"全线撤退。志愿军顶着寒风，踏着积雪，一举收复平壤，并逼近三八线。

对于志愿军在西线取得的胜利，李奇微在他的回忆录中也承认："第8集团军已遭到了一次沉重的打击。第2师在清川江一带损失严重，11月底已宣布失去战斗力，因而撤到了南朝鲜进行整编补充。""部队遭到严重损失，尤其是南朝鲜第2军团，有些部队几乎大部被歼。"

4 杨根思坚守高地牺牲

陆1师拼命夺路南逃，师长史密斯却对记者解释说：“我们不是退却，只是对不同方向实施进攻。”

志愿军在西线发起进攻以后，东线美军第10军和南朝鲜军第1军团仍在继续北进。到11月27日，美海军陆战第1师两个团已进到长津湖地区的柳潭里、新兴里、下碣隅里。美军第7师主力和第3师一部向陆战第1师靠拢。

27日黄昏，志愿军第9兵团第20、第27军对长津湖地区的美军陆战第1师和第7师突然发起反击。

长津湖位于朝鲜北部赴战岭山脉与狼林山脉之间，狼林山脉的高山峻岭蜿蜒在长津湖的东西两侧，汇合着来自西伯利亚的寒流和风雪。

当时，该地区普降大雪，最低气温为零下30摄氏度左右。战斗在长津湖地区的志愿军官兵在寒风冰雪里，身上沾满雪沙，结满冰凌。在极端困难的条件下，不怕牺牲，英勇奋战。

第二天，志愿军继续攻击被围之敌，但因兵力不足，冻伤较多，仅在下碣隅里、新兴里外围歼敌1100余人。

29日，美军陆战第1师为打开通路，分别向志愿军阵地进行连续猛攻。

在紧靠下碣隅里东南的1071.1高地，是下碣隅里之敌逃跑的必经之地。第20军第58师第172团第3连连长杨根思带领第3排守卫在该高地东南的小高岭。

天刚放亮，陆战第1师便以强大的火力对小高岭和1071.1高地实施火力急袭。接着，敌步兵在炮火的掩护下，密集地向小高岭冲来。

战士们紧盯着步步逼近的敌人，80米、60米、30米，“打！”杨根思一声令下，全排突然开火，手榴弹、枪弹投射向敌军。敌人在猛烈的火力打击下，狼狈逃窜，山坡阵地前丢下数十具尸体。

敌军的第一次冲击被击退后，又以两个连的步兵在坦克的掩护下，向小高岭发起进攻，杨根思沉着指挥，要求大家把敌人放到山上来打。

“打！”随着杨根思的一声令下，3排的轻重机枪、步枪一齐开火，敌军在猛烈火力的打击下，惊慌失措，纷纷逃窜。

杨根思抓住战机，命令全排出击。3排长林德江端着刺刀，一连戳倒三个敌人，刺刀弯了，他又用枪托和敌人搏斗，就在他消灭第4个敌人的时候，一颗子弹打中了他的腰部，林德江倒在血泊中……

这时，敌人仍一群接着一群往上涌。杨根思灵机一动，命令第8班从山腰插向敌侧后，以第7、第9班从山上向山下反击，夹击敌人。这一招果真见效，敌人拼命地逃向山下。

敌军两次冲击失败后，又以坦克引导步兵发起第三次冲击。坦克怪叫着向山上冲来，对阵地构成极大的威胁。

杨根思毫不犹豫地抱起炸药包，准备向敌坦克冲去，刚一跃起，被7班战士赵有新一把拉住。

“连长！你指挥战斗，我来炸掉坦克。”赵有新从连长手上夺过炸药包，直奔敌坦克。

赵有新隐蔽地向坦克接近，当离坦克只有几步时，他将炸药包塞进坦克履带，随着一声巨响，敌坦克不动了。其他坦克调头回窜。

敌军进攻的规模一次比一次大。3排长、3排副、8班长、刘玉亭、赵有新等战友都为坚守小高岭光荣献出了生命。现在阵地上只剩下杨根思和重机枪排长两个人，且重机枪子弹也打光了。杨根思命令机枪排长：“你赶快带着重机枪撤下去，告诉营首长，只要我还活着就能守住阵地。”

阵地上弥漫着硝烟，被炮火炸着了的树枝冒着黑烟，弥散在冰冷的空气中。在这硝烟中，在不断升起的炮弹的烟柱中，杨根思收拢了阵地上一切可用的武器：一包炸药、三枚手榴弹、一支手枪，准备迎接更残酷的战斗。

敌军第九次冲锋开始了。一群群的敌人拼命号叫着蜂拥而上。杨根思沉着冷静，等敌人快靠近时，突然一跃而起，首先击毙了敌军的指挥官，接着又打倒了敌军旗手，再将手榴弹扔向敌群。

敌人被这突如其来的打击打蒙了，慌忙后退。这时，杨根思的子弹打光了，手榴弹也投完了。

敌人见阵地上没有动静，又嗷嗷怪叫地冲了上来。在这危险时刻，杨根思毫不犹豫地抱起最后一个炸药包，拉响导火索，奋勇地冲向敌群，与敌人同归于尽。

杨根思为坚守小高岭，献出了宝贵的生命。他和战友们与敌人顽强战斗，为夺取整个战役的胜利，赢得了时间；为配合主力歼敌，立下了卓越的功勋。

为表彰与纪念杨根思烈士，1950年12月25日，《人民日报》头版头条报道了“不朽的杨根思英雄排”的事迹。1952年9月，中国人民志愿军领导机关决定给杨根思追记特等功，授予他“特级战斗英雄称号”。1953年6月25日，朝鲜民主主义人民共和国最高人民会议常任委员会，授予杨根思为“朝鲜民主主义共和国英雄”的称号，同时授予“金星奖章”、一级国旗勋章和英雄奖章各一枚。

在下碣隅里的美海军陆战第1师指挥所，阿尔蒙德召集陆1师师长史密斯和第7师师长巴尔开会。阿尔蒙德在会上决定将长津湖地区的所有部队撤往咸兴、兴南地区。

12月1日，陆1师在柳潭里、下碣隅里的被围部队困兽犹斗，拼死夺路南逃。

东线战场人烟稀少，气候严寒。尽管志愿军冻饿减员严重，但指战员们克服一切困难，英勇杀敌。

记者希金斯当时访问了下碣隅里，后来她在《朝鲜战争》一书中做了如下叙述：

> 我在下碣隅里见到这些打得焦头烂额的官兵时，曾想，他们究竟还有没有力量再经受最后的一击而突围出去呢？官兵们的衣服破烂不堪，他们的脸也被刺骨的寒风吹肿，流着血。手套破了，线开了。帽子也没有了，有的耳朵被冻成紫色。还有的脚冻伤穿不上鞋子，光着脚走到医生的帐篷里……第5团团长默里中校，像落魄的亡灵一样，与指挥第5团成功地进行了仁川登陆时相比，完全判若两人了。

尽管陆战第1师已经危机四伏，但师长史密斯仍在记者招待会上为陆1师的“退却”辩解：

“退却，是被敌人所迫，向友方保持的后方地域转移，但是，这次作战，后方也被敌人占领着。而且，打垮敌人也是我的目的之一。因此，我们不是退却，只是对不同方向实施进攻。”

记者以耸人听闻的标题报道：“说退却毫无道理，是对其他方向实施进攻。”

遭到惨败的陆战第1师在步兵第3师的接应下，突破志愿军包围，窜至咸兴。

美军第7师也难逃厄运。在长津湖东岸新兴里地区，志愿军第27军全歼美7师第31团团级战斗队。

5 第二次战役胜利结束

杜鲁门在华盛顿得到美军安全撤离兴南的消息后，如释重负地说："这是我收到的最好的圣诞礼物。"

"联合国军"在中国人民志愿军的沉重打击下，惊慌失措，狼狈溃逃。美国舆论界把"联合国军"的失败称作是继"珍珠港事件后美国最惨重的军事败绩"。美国统治集团内部也认为美军"已经丧失了对朝鲜军事局势的控制，并且无法再希望横越朝鲜半岛守住任何一道防线"。

为了挽回败局，美军决定向南撤退。11月28日，乔埃授权多义尔把"联合国军"撤出朝鲜北部。多义尔准备采取正常行动或紧急措施。接着，他又奉命指挥东、西两海岸的一切两栖行动。多义尔命令第90任务部队第1联队司令塞克勒少将指挥西海岸的撤退。

第二天，乔埃又打电报给多义尔，电报说美军在朝鲜北部的军事情况迅速恶化。乔埃认为，第90任务部队的所有舰船应能在6小时内准备行动。

乔埃又向海军总部请求调回航空母舰"拳师"号和其他舰船。他建议：由于第8集团军及第10军的情况危险与恶化，陆上部队需要一切援助，请求海军在空中及炮火支援上给以他们帮助。

海军作战部长谢尔曼同意了乔埃的建议，命令"拳师"号开回朝鲜。

11月30日，美军第90任务部队所有舰艇奉命开往朝鲜。

美军第8集团军全线崩溃，迅速向南撤退。由于西海岸港口设备有限，乔埃认为，陆军在从朝鲜北部西海岸的港口出海之前，他们的情况将非常困难。

乔埃说："他们可能最多由海上撤出一小部分，而不是第8集团军的全部和其所有的供应和装备。因此，我把几乎所有的船只都派到东岸并准备在兴南处理大规模的撤退工作。兴南是撤退的理想港口。"

兴南港是一个小港口，位于朝鲜的东海岸，有着优越的地势和良好的设防。潮差不过1英尺，码头可以同时靠上7艘船。用两船同靠的方法，有4艘船可以同时装船。港口的其他海滩都适合坦克登陆舰使用。

美军一边从陆地向南撤退，一边从朝鲜的不同港口撤退。在朝鲜北部，当多义尔完成了从朝鲜东岸元山和兴南转移第10军计划，塞克勒少将开始在仁川和镇南浦转移第8集团军的部队。在镇南浦港口的1800名陆海军人员和5900名南朝鲜军人的转移于12月5日完成。

美陆军在仁川的所有军需品于11月7日装出。到11月31日，3万多名人员、1103部车辆和5万多吨货物已经送出。

在元山，"联合国军"人员和物资的装船于1950年12月3日在港口地区开始。由巡洋舰"圣保罗"号及驱逐舰"斯任雷"号和"席勒斯"号担任。美军在元山装出了3834名军事人员、1146部车辆和1万吨物资。

在兴南撤退中，多义尔通过各种指挥部来实施指挥：在他的旗舰"麦金雷山"号上有一个作战指挥机构，包括一艘指挥舰、一个海滩管理部、一个港口指挥部、一名装载指挥联络官和一个商船队指挥部。

按照阿尔蒙德的命令，美海军陆战第1师和南朝鲜军的部分团首先装船，紧跟之后是美军第7步兵师和第3步兵师。第3师最后要担任防守兴南的任务。

12月10日，美军陆战第1师到达兴南地区，开始装上等待的船。这一次是陆战第1师在5个月当中第4次装船。司机连同车辆一起装船；部队住在商船的货仓里。每3只运输舰装载约5000名陆战兵。共有7艘货船、13艘坦克登陆舰、3艘登陆船坞舰、1艘攻击货船和1艘攻击运输舰被派装载陆战第1师。

美军陆战第1师于12月14日晚装船完成。15日早晨，最后一批装完陆战第1师的船只驶往釜山。

南朝鲜军的部分团于12月17日离开兴南，美军第7步兵师于12月21日离开，步兵第3师于24日离开兴南。

担任兴南装载地区近空支援和空中掩护任务的是美军第77任务部队。12月初，第77任务部队已由2艘快速航空母舰增加到4艘，分别是“菲律宾”号、“礼智”号、“福谷”号和“普林斯吞”号。“普林斯吞”号装载第19航空队于12月5日参加战斗。

另外，美军第98任务部队第8联队担任对地面部队和兴南港区以内的船只的空中掩护。第8联队有航空母舰“西西里”号、“培登海峡”号和“巴丹”号。

美军炮火掩护于12月15日开始。这天，炮火支援部队开始在10海里以上的纵深支援射击，用8英寸火炮做拦阻和扰乱射击，用5英寸火炮做照明射击。

舰船在海面和扫清水道上展开预先选定的位置，炮火支援舰船靠近海岸占领最佳的射击位置，中型火箭登陆舰射击靠近兴南的斜坡背后的地区。3艘火箭船有两次在右翼射击兴南高地。

12月23日，“密苏里”号的火炮开始以主炮对兴南以北的公路目标进行射击。在主炮射击的同时，其他火炮为最后陆上部队撤退进行掩护射击，还执行了扰乱和照明射击。

美军在撤离的同时，开始对港口本身的破坏轰炸。美舰上的枪炮官命令集中火力于火车及火车头的破坏。登陆部队的爆破队炸毁一切有军事价值的东西。

在兴南撤退中担任空中支援的是美军第77任务部队的航空母舰和第96任务部队第8联队。由驻朝鲜的远东空军及第77任务部队来的“夜诘问者”型飞机和所有侦察机以及其他飞机布满了这一地区上空。

从12月15日到24日，美远东空军在兴南地区共出动飞机1700架次。

美军第10军在兴南撤退中，共使用各种舰船245艘，其中战列舰2艘、巡洋舰11艘、航空母舰和护航母舰7艘、驱逐舰62艘、登陆舰47艘、扫雷舰5艘、运输舰83艘、其他舰船26艘。

杜鲁门在华盛顿得到美军安全撤离兴南的消息后，如释重负地说："这是我收到的最好的圣诞礼物。"

12月24日，志愿军和人民军收复兴南港及沿海其他港口。至此，除襄阳一地外，"联合国军"全部被志愿军和人民军打退到了三八线以南，第二次战役胜利结束。

6 联合国安全理事会

中国代表指着帝国主义的鼻子直斥他的罪行，不但在中国是第一次，在世界上也该是第一次。

在中国人民志愿军取得第二次战役重大胜利的同时，中国政府经过长时间的外交斗争之后，得到联合国秘书长赖伊的邀请，派出特派代表伍修权参加联合国安全理事会，讨论美国侵略中国领土台湾案的会议，取得了外交斗争的重大胜利。

11月24日，新中国首次出席联合国会议的代表团抵达纽约。到机场迎接中国代表团的有苏联驻安全理事会代表马立克，波兰、捷克斯洛伐克等国的代表以及联合国礼宾联络科长约翰·戴诺。

中国代表团成员同欢迎者一一握手，接着伍修权在机场发表了简短的演讲，他说：

> 本人奉中华人民共和国中央人民政府之命，出席联合国安全理事会讨论控诉武装侵略台湾案的会议，我希望中华人民共和国中央人民政府所提出的控诉案，能够在安全理事会得到公正的处理。果

如此，则将有助于亚洲及太平洋的和平与安全，这就是中华人民共和国中央人民政府及中国四亿七千五百万人民的愿望。中美两国人民从来就存在着深厚的友谊，我愿乘这个机会，向爱好和平的美国人民致意。

欢迎仪式结束后，代表团走出机场。在机场入口处，聚集着许多美国进步人士，他们是自发地来欢迎中国代表团的。他们远远地就向代表团成员挥手致意，有的还举着小型的标语牌。

有一位在场的美国记者详细地描述了当时的情景。他写道："对我来说非常的荣幸，作为一名记者，安心地在机场等待一架飞机的来临，它将第一批中国人民的真正代表载到我们的国度。在黎明前的黑暗里，我站在显得很空旷的机场上，晨风冷飕飕，头顶上飞机正在低飞降落。进口处，在一排警察的监视下，三五成群站在那儿的一百多个摄影师、记者和政府官员们，起了无声的骚动……服务人员将红地毯一直铺到飞机降落的地方，照相的灯光和汽车的强光直射着飞机，使黑暗如同白昼。联合国的汽车都发动起来了。

"由飞机中走出来七位男的和两位女的，在耀眼的光亮下，我们目送他们慢慢走向海关……这些旅行者使他们周围的历史气氛留下了深刻的痕迹。现在我们中间有了四亿七千五百万人民的真正代表。也就是世界四分之一人类的代表啊！我想起我睡在小床上的孩子，这飞机是为了我的孩子，也是为了所有别的和平使者们，他们是为了我的孩子们。在历史上，这是中国第一次站在人民的立场上在美国发言。中国将会证明她的人民是全世界爱好和平、创造和平的人们最坚强最忠实的好朋友。"

在此期间，联合国大会政治委员会讨论了苏联提出的控诉美国侵略中国的提案。11月24日，在政治委员会会议上，苏联代表建议邀请中华人民共和国中央人民政府代表参加此项提案的讨论。政治委员会同意了苏联代表的建议，并于当日由赖伊致电周恩来外长，邀请中华人民共和国中央人民政府参加政治委员会对“苏维埃社会主义共和国联盟对美利坚合众国侵略中国之控诉”一案的讨论。

11月26日，周恩来外长电复赖伊：“中华人民共和国中央人民政府业已任命出席安全理事会会议特派代表伍修权、顾问乔冠华及其助理人员，兼任出席政治委员会参加讨论对美利坚合众国侵略中国控诉案之会议的代表、顾问及助理人员。”

11月27日，中国代表团出席联合国政治委员会的会议，参加苏联控诉美国侵略中国一案的讨论。这是中华人民共和国代表首次出席联合国大会，这在当时的国际上格外引人瞩目。

会前，美国各界得知中国代表团将出席今天的会议，许多人都千方百计地弄到大会的旁听证，特别是在美国的华侨和华裔人士，其中有著名的教授、学者，此外还有在美的国民党官方人士，都设法来到会场旁听，会场十分拥挤。

当中国代表团进入政治委员会会议厅时，正在发言的苏联出席联合国大会代表团团长、苏联外长维辛斯基立即中断其演说，向合法的中国政府代表表示欢迎并祝中国代表团成功。中国代表在联合国官员的引导下，到安排的位置就座，桌上放着写有“中华人民共和国”的席位标志。当政治委员会散会时，一群记者蜂拥而上，围住中国政府代表团摄影。

在11月27日的联合国安全理事会会议上，安理会在美国的操纵下，不顾苏联的反对，决定同时进行两个议题——中国提出的“控诉美国侵略中国案”和美、英等六国提出的所谓中国“对大韩民国侵略案”。

11月28日，安理会的辩论异常激烈，气氛十分紧张。苏联代表建议由中华人民共和国代表首先发言，因七票反对，一票赞成和两票弃权而遭否决。于是，美国代表奥斯汀首先发言。奥斯汀称两个议题所涉及的是不同性质、但又相互联系的问题。奥斯汀攻击中国政府“公开地遣送大量自己的战斗部队从东北地区跨越国界”，同“联合国部队作战”，已构成“侵略”行为。关于台湾问题，奥斯汀按照其前述声明要点和杜鲁门声明精神，为美国侵略台湾进行了辩护。奥斯汀重申台湾的法律地位“在国际上采取行动决定它的前途之前是不能够确定的”。

伍修权被安排在第二位发言。伍修权在发言中首先说：“我奉中华人民共和国中央人民政府之命，代表全中国人民，来这里控诉美国政府武装侵略中国领土台湾（包括澎湖群岛）非法的和犯罪的行为。”

接着，伍修权庄重地向安理会控诉：美国总统杜鲁门在指使南朝鲜李承晚政府制造朝鲜内战之后，于1950年6月27日即发表声明：宣布美国政府决定以武力阻止中华人民共和国中央人民政府解放台湾，同时，美国武装力量奉杜鲁门总统之命，大量地公开地侵入台湾，执行美国政府以武力阻止中国人民解放军解放台湾的政策。中华人民共和国中央人民政府于1950年6月28日发表声明指出：美国总统杜鲁门1950年6月27日的声明和美国武装力量行动，乃是对于中国领土的武装侵略，对于联合国宪章的彻底破坏。

伍修权在驳斥美国驻联合国代表奥斯汀所云“美国未曾侵略中国的领土”的谎言时激动地说：“好得很，那么，美国的第7舰队和第13航空队跑到哪里去了呢？莫非是跑到火星上去了？不是的……它们在台湾。”“任何诡辩、撒谎和捏造都不能改变这样一个铁一般的事实：美国武装力量侵略了我国领土台湾。”

伍修权还控诉了美国政府武装侵略朝鲜，屠杀朝鲜人民，扩大侵朝战争的行为。他指出：美国武装侵略朝鲜，一开始就严重地威胁了中国的安全。从1950年8月27日到11月19日，美国侵略朝鲜部队的军用飞机不断侵犯我国东北的领空，进行侦察活动，扫射轰炸我国城镇与村庄，杀害我国公民，损坏我国财产，共达151次。“美国对于朝鲜的侵略严重地威胁着中华人民共和国的安全。朝鲜人民民主主义共和国是中华人民共和国的亲密友邦，它和中华人民共和国只有一江之隔；中国人民对于美国政府侵略朝鲜的这种严重状态和扩大战争的危险趋势，不能置之不理。中国人民眼见台湾的遭受侵略，美国侵略朝鲜战争的火焰迅速地烧向自己，因而激于义愤纷纷表示志愿援助朝鲜人民，反抗美国侵略乃是天经地义，完全合理的。”

最后，伍修权向安理会提出三点建议：“一、联合国安全理事会公开谴责，并采取具体步骤制裁美国政府武装侵略中国领土台湾和武装干涉朝鲜的罪行。二、联合国安全理事会立即采取有效措施，使美国政府自台湾完全撤出它的武装侵略力量，以保证太平洋的与亚洲的和平与安全。三、联合国安全理事会立即采取有效措施，使美国及其他外国军队一律撤出朝鲜，朝鲜内政由南北朝鲜人民自己解决，以和平处理朝鲜问题。”

伍修权慷慨激昂，义正词严地控诉了美国侵略中国台湾的罪行。各国代表、旁听者及新闻界的人士通过同声翻译听到中华人民共和国代表的发言，全场鸦雀无声。演说结束后，许多人前来同伍修权亲切握手，向中国代表团表示欢迎和祝愿。其中还有中国人民的老朋友、美国著名记者斯诺和华裔学者麦仁德教授一起听了伍修权的演说后，挤向前来同伍修权紧紧握手。第二天美国各大报刊发表了中国代表团发言的消息和演说的内容摘要。

世界其他国家的报刊如巴黎《人道报》、罗马《团结报》、伦敦《工人日报》、纽约《工人日报》、柏林《新德意志报》、布拉格《红色权利报》等，均以首页刊登联合国安全理事会会议的消息和中华人民共和国特派代表伍修权控诉美国侵略台湾的发言。纽约《工人日报》的标题为“中国提出三项和平计划”。伦敦《工人日报》登载维辛斯基与伍修权握手的照片。

中国代表在联合国的行动大长了中国人民的志气，好像把中国人民憋了多年的气，一下子吐了出来。特别是一些海外侨胞，得到了极大的鼓舞，他们感到扬眉吐气，更增添了中华民族的自豪感。正如作家聂绀弩当时在香港写的文章所说，在1950年的世界十大新闻中，第一条是朝鲜战争，“第二条大新闻，无疑地应该是伍修权将军在联大对美帝侵略台湾的控诉。那控诉的义正词严，理直气壮，自不用谈，最重要的却是这样指着帝国主义的鼻子直斥他的罪行，不但在中国是第一次，在世界上也该是第一次。”

中国代表团的这次联合国之行，是新中国成立以来中美两国最激烈的一次面对面的交锋。中国代表团为捍卫中国的主权，在国际讲坛上当面痛斥了美国的侵略罪行，阐明了中国政府的立场和政策。这在当时的国际上产生了极大的影响。

第五章
“这是一支张皇失措的部队”

1 原子弹的威胁

在下院结束这次辩论之时，艾德礼宣布他即将赴华盛顿和杜鲁门会晤。他的声明引起了下院两方面的议员的欢呼。

1950年11月28日夜，日本首都东京正在静谧的夜色中酣睡着。

美国驻日本大使馆远东军司令部麦克阿瑟办公室，灯火通明，气氛十分严肃。刚刚从朝鲜仓促赶到的沃克和阿尔蒙德望着满面愁云的总司令，茫然不知所措。

仅仅5天时间，麦克阿瑟就失去了往日狂妄自大的派头。他神色黯然地宣读了当天给参谋长联席会议的电报：

> 我们的攻击行动所导致的事态发展现在有了清楚的含义。我们使朝鲜战争区域化的一切希望，现在可以彻底放弃了。中国在北朝鲜投入了大批军队，其数量仍在不断增加。

打着志愿军的幌子或其他种种借口进行小规模的支持，现在再也不能自圆其说了。我们面对的是一场崭新的战争。中国部队接近20万，北朝鲜残余部队约为5万人。中国人的最终目标，无疑是毕其功于一役，彻底摧毁在朝鲜的所有联合国部队。

显而易见，我军目前的实力不足以抗衡中国人发动的这场未加宣布的战争，他们在客观上拥有许多有利条件，形势因此出现了崭新的变化。这一变化要求我们开阔视野，从世界角度考虑各种可能性，而这已超出了战区指挥官的职权范围。

我的近期计划是由进攻转入防御，根据形势不断变化的需要，做一些局部调整。

麦克阿瑟念完电报后，语气十分肯定地说："首先必须拯救我们的部队，我决定将'总攻'改为'撤退'，退守到一个合适的地带，使中国军队不能对我们的侧翼实施迂回。下面我们研究下一步方案。"

经过讨论，他们确定了两个重要方案：一是可以关闭第8集团军和第10军之间不断扩大的空隙，撤退到横贯半岛狭窄腰部（例如，平壤—元山）的坚固防御阵地。二是各个部队撤向各自的防御阵地。第8集团军撤往可以最有效保护他的部队的任何地方（仁川或者釜山等），第10军撤往咸兴、兴南一线。

会议一直开到深夜，最后麦克阿瑟向参谋长联席会议汇报了形成的方案。

布莱德雷接到麦克阿瑟的方案后，表示希望采取第一个方案：第8集团军和第10军在横贯半岛狭窄腰部防御阵地上联结。他的建议很快得到麦克阿瑟的答复：这样的防线太单薄，同时补给又十分复杂。麦克阿瑟提出了要求增派援兵的紧急要求，因为"他指挥的小小部队，在不宣而战的情况下面对着整个中国"。

布莱德雷立即向杜鲁门汇报了麦克阿瑟的情况，杜鲁门急忙于当日在五角大楼召开国家安全委员会特别扩大会议。

会议首先由参谋长联席会议主席布莱德雷介绍朝鲜军事形势。布莱德雷同意麦克阿瑟的估计，他说：

“美国确实面临着一场全新的战争，应该向麦克阿瑟下达新的命令。麦克阿瑟应该坚守一段时间，因为朝中军队是在山高路少的山区进攻的，由于运输困难，给养跟不上，攻势不会维持很久。”

国防部长马歇尔汇报了他和三军部长、参谋长以及腊斯克、哈里曼等人商谈的情况。马歇尔说：

“美国应尽量说服联合国的其他成员国，争取联合国通过谴责中国是‘侵略者’。我们不应该将战争扩大到中国境内，不要使用蒋介石军队。这样将造成美国与盟国发生冲突。我们应该增加联合国军的数量，而不是美国军队的数量。”

“目前没有必要让蒋介石军队入朝作战，麦克阿瑟掌握着足够的兵力，还有海军，朝鲜形势可能在一周或两周内有所改变。”布莱德雷也表示同意。

“目前出现了这种形势，我们又怎样理解麦克阿瑟曾说过，圣诞节可结束战争这句话呢？”副总统巴克利弦外有音的发问。

“麦克阿瑟确实说过这句话，请各位发表看法。”杜鲁门附和地说。

“人们怀疑麦克阿瑟是不是在搞恶作剧。”巴克利有点生气地说。

“麦克阿瑟满以为此次反攻必然得手，没有料到在山区遇上这么多的兵力。”布莱德雷极力为麦克阿瑟辩护。

“麦克阿瑟许下的这句诺言，确实使我们很尴尬，中共在朝兵力有20万人，大大超过我们的估计。”马歇尔也感慨地说。

最后，国家安全委员会做出决定，命令麦克阿瑟“找到一条守得住的防线”顶住中朝军队的攻势，并在联合国进行活动，谴责中国抗美援朝是“侵略”，从政治上对中国施加压力。

这次会议还认为，4月份制定的国家安全委员会第68号文件中，长期悬而未决的建议必须付诸实施。会议决定美国必须在相当的规模上重整军备。

第二天，参谋长联席会议又在五角大楼召开会议。海军参谋长谢尔曼对朝鲜东北部长津湖地区的海军陆战队表示担忧。他建议命令麦克阿瑟将过分暴露的第10军撤至“一条巩固的防线上”。但其他参谋长不情愿给麦克阿瑟直接下令，而是用询问的方式提醒麦克阿瑟。他们在电文中问道：“你计划怎样协调第8集团军和第10军？你如何部署在我们看来是过于暴露的第10军部队？希望你考虑封闭两支部队的缺口。”

参谋长联席会议同意麦克阿瑟由攻势转为守势。但再次拒绝了麦克阿瑟重新提出的允许他在朝鲜使用中国国民党军队的要求。因为运用国民党的部队有可能把台湾引入与中共的战争中。

麦克阿瑟的回电语调阴郁。他说，第10军正在以“尽可能快的速度”撤至兴南地区。第8集团军的处境“日益危险”，沃克将军现在提出的不是平壤，而是在汉城周围守住一条战线。

麦克阿瑟认为把两支部队合为一股毫无裨益（也不“可行”）。两支部队“数量上都处于绝对劣势”，合在一起会阻碍通过不同的后勤补给线的补给输送。麦克阿瑟还认为建立一条横贯朝鲜蜂腰部的防线没有什么好处。这样一条没有纵深的战线没有什么防御力量，而且作为一种防御概念也将遭致渗透，结果是被包围歼灭或被各个击破。这一概念也许适用于对付弱一些的北朝鲜人，“但不可能对付中国军队的强大兵力。”

麦克阿瑟还对《美国新闻与世界报道》发表公开谈话。

记者问：“你是否认为阻止你无约束地追击中国军队并且无约束地攻击他们基地的限制妨碍了有效的军事行动？”

麦克阿瑟愤愤不平地回答道："这是巨大的妨碍，在军事史上是前所未有的。"

记者问："中国人虽然没有空中力量，却能够面对拥有相当强大空中力量的军队取得有效的进展，如何解释这一事实呢？"

麦克阿瑟仍然面带愠色，说："这是因为前面提到的那些限制，加之运动的方式使空军对地面行动的支援极为困难，以及由于中立的庇护区紧靠战场，使空军不能发挥其战略潜力。"

记者问："这是否是美国计划的重大教训？"

麦克阿瑟语气十分肯定："是的。"

记者问："能谈谈在你进行的战斗方式中使用（原子）炸弹的有效性和无效性的问题吗？"

麦克阿瑟巧妙地回答道："此时此刻我的评论将是不甚适宜的。"

记者问："按目前在朝鲜进行的这种作战方式，敌人部队的集结程度是否足以有效地使用这种武器？"

麦克阿瑟重复道："此时此刻我的评论将是不甚适宜的。"

尽管美国决策层不得不命令麦克阿瑟由"总攻"改为"找到一条守得住的防线"，顶住中朝军队的攻势。但是，杜鲁门并不甘心美军在朝鲜战场的败势，他相信美军定会重整旗鼓。

11月30日，杜鲁门举行记者招待会，鼓吹美国将继续坚持朝鲜战争，并逐步扩大力量，说麦克阿瑟干得好，没有越出职权范围。

杜鲁门威胁说："正如我们往常一样，我们将采取任何必要的步骤，以应付军事局势。"

"那是不是包括原子弹？"记者问道。

"包括我们所有的各种武器。"杜鲁门毫不犹豫地回答。

"总统先生，你说'我们所有的各种武器'，这是不是说正在积极考虑使用原子弹？"记者又追问道。

"我们一直在积极考虑使用它，但我不希望有朝一日使用它。

它是一种可怕的武器，不应该用来对付无辜的男女老幼，他们和军事侵略无关，可是原子弹一经作用，这种情况就无法避免。”杜鲁门肯定地回答。

杜鲁门于11月30日在记者招待会上的讲话是恫吓中朝人民的，但这并没有把中朝人民吓倒，却吓坏了美国的盟国。

西方国家驻联合国的大使们听到这一消息，极为震惊。法国大使让·肖夫尔说：“荷兰代表含着眼泪问他是否有机会避免战争。”

英国大使格拉德温·杰布说：“西欧其他国家的人与英国人同样有巨大的担心，即美国正在一个不可思议的时间里和可能出现的最困难的战略条件下，使他们在亚洲投入战争。欧洲人不想谴责中国人为侵略者，因为这等于企图重新征服和解放已经被北京夺取的地区。”

记者招待会结束后，伦敦有100名工党议员联名致函英国首相克莱门特·艾德礼，抗议美国企图对中国使用原子弹。当天，11月30日，英国下院进行外交政策辩论。在下院结束这次辩论之时，艾德礼宣布他即将赴华盛顿和杜鲁门会晤。他的声明引起了下院两方面的议员的欢呼。

12月4日，艾德礼飞往美国。当日下午，杜鲁门与艾德礼在白宫内阁会议室开始会谈。英国参加会议的还有英国驻美大使弗兰克斯、帝国参谋总长斯利姆元帅、驻美联合军事代表团团长特德以及外交部高级官员马金斯、斯科特等。美国出席会谈的还有艾奇逊、马歇尔、布莱德雷、财政部长斯奈德、哈里曼、杰塞普和腊斯克等文武官员。

会谈首先由布莱德雷介绍朝鲜军事形势，在一张军事地图前，布莱德雷比划着介绍说：“美军‘有组织地’向仁川—汉城一线撤退，第10集团军已全部后撤。美军正在建立一条新的防线。”斯利姆问及美军是否能守住海滩阵地，布莱德雷回答，假使“部队有秩序后撤，可以守一段时间”。

杜鲁门接着说：“首相已经明白我们所面临的局势，要求我们做出非常重要的军事决定。希望大家彼此理解并开诚布公地进行讨论。

美国在东方和西方都负有责任，我们自然认为欧洲防务是第一位的，但正如英国对香港和新加坡负有义务，我们同样对朝鲜、日本和菲律宾负有责任。当前首要的问题是中共对朝鲜的侵略，我们需要通过全面的讨论，以尽快做出决策。希望听听首相的意见。”

“英国渴望避免扩大朝鲜冲突，倘若把我们的力量陷入中国，就会削弱其他地区的防务。英国和法国虽在亚洲还有其他利益，但将力量陷入亚洲是在帮俄国人的忙。我们没有更多的力量，如能在朝鲜守住一条战线，还有谈判的机会。我不知道美国情况如何，就英国而言，在最近几个星期内将不可能增派军队到朝鲜去。另外，我们决不能在东方卷进去，而将西方空出来让别人进攻。”艾德礼语气十分肯定，“反对共产主义的阵线毕竟在西方，我们不能采取削弱这个阵线的行动，必须在西方尽可能地增强我们的力量。”

“美国和英国主要的对手是俄国而不是中国。至于全面进攻中国问题（包括陆、海、空军的行动），怂恿总统采取这条路线的顾问不多。”艾奇逊发言首先表示同意艾德礼首相的意见，突然话锋一转。“和中国共产党进行谈判的前景一点也不乐观。在进行谈判和卷入战争之间我们没有选择的余地。事实上目前我们已经卷进去了。停火在军事上对我们有利，对中共不利，中共不会接受停火。如果我们提出谈判，打算付出什么代价？似乎可以断定中共会要求承认中国政府，要求联合国安全理事会的席位，要求在台湾问题上的让步。如果对中国让步，把台湾给了他们，他们就会变得和平吗？恰恰相反，如果我们让步，他们只会更加得寸进尺。如果不进行谈判，也不解决这个问题，我们可以在朝鲜打下去，能打多久就打多久，尽我们一切，惩罚敌人。那时，我们的谈判地位就不会更糟。”

“海滩阵地可能守多长时间？”艾德礼问。

“东面的滩头堡可能守不多久，但是西面的仁川可守一两个月。”布莱德雷和马歇尔都回答说。

“如果我们在遭受损失的情况下继续坚守滩头堡的话，美国公众会有什么反应？会不会要求对中国进行全面战争？”艾德礼问。

“这种要求现在就可以听到。我们已拨出巨额的军费。我希望我们能守住朝鲜战线直到有利于我们进行谈判的时候。军事顾问们都认为现在没有可能守住这条战线，但我仍打算试一下。”杜鲁门回答说。

接着，杜鲁门和艾德礼又进行了4天的会谈。经过反复商谈，美、英双方终于达成了一致的意见，并发表了杜鲁门和艾德礼的会谈公报。

会谈公报声称“两国在外交政策上目标是一致的”。公报攻击中国“破坏”了联合国决议，说两国决没有“姑息”侵略的任何想法。同时声称愿意通过谈判结束冲突，但任何和平解决朝鲜问题的做法都应符合联合国关于建立一个所谓“自由与独立的朝鲜”的目标。

公报还宣布：一、美国和联合王国的军事力量要尽快地增强。二、两国应该扩大武器生产，供给所有和我们联合在一起，进行共同防御的自由国家的部队使用。美国和联合王国应该和其他自由国家一起，继续做出共同的安排，通过这种所有国家将对共同防御适当地贡献一份力量。

关于杜鲁门恫吓要对中国使用原子弹问题，公报写道：“总统声明他希望世界局势永远不致有使用原子弹的必要。总统告诉首相说，他也希望把可能改变这种局势的情况发展随时通知首相。”

2 最惨重的败仗

“我们吃了败仗——美国历史上最惨重的败仗。”

美军在朝鲜遭到惨败的消息传到美国后，新闻界推波助澜，竞相报道。美国《纽约先驱论坛报》发表文章将美军的这次失败称作“美国陆军史上最大的败绩”。

《时代》杂志说：“我们吃了败仗——美国历史上最惨重的败仗。”

《新闻周刊》称其为：“珍珠港事件后美国最惨的军事败绩。可能会成为美国历史上最糟糕的军事灾难。”

美国统治集团内部对于失败的责任相互埋怨、指责。有的指责麦克阿瑟判断错误，指挥笨拙，要求撤麦克阿瑟的职。有的把责任归咎于华盛顿当局的政策，有的议员建议罢免总统杜鲁门。

美国国会的一些参议员要求撤换艾奇逊。杜鲁门亲自出马辩护，他用艾奇逊彻底反对共产主义的历史来为艾奇逊辩护。他说：“如果共产主义今天在世界上得势的话……艾奇逊即使不是为自由基督教的敌人所打死的第一个，也将是头一批人中的一个。”

美国前总统赫伯特·胡佛也发表演说。他在演说中承认美国在朝鲜的失败已无可挽回，并尖锐地抨击杜鲁门的外交政策。他说：“联合国在朝鲜被共产党中国打败了，现在世界上没有任何军队足以击退中国人。”

胡佛要杜鲁门改弦更张，他说：“美国应把它的西面边界确定在日本、菲律宾与台湾，把东面边界确定在英国，并把美洲大陆当作文明与基督教义的直布罗陀要塞。”

英国对“联合国军”遭到的惨败表示大为不满，他们把不满发泄在麦克阿瑟身上。英国国防大臣辛威尔说：“有一段时间，麦克阿瑟似乎是超出了我们在事件开始时所了解的目标，结果我们走近了驻有庞大中国军队的东北地区边境。我们知道那里大约有7万军队准备作战，麦克阿瑟将军可能认为他满可以对付他们。但是，那里可能有更多的军队，他的情报弄错了。我们的处境实在可怕，欺骗自己是没有用的。”

英国工党议员伊文斯在演说中也对麦克阿瑟大加抨击。伊文斯说：麦克阿瑟是“现实生活中的一个鲁莽闯祸的人”，“是俗语所谓闯进了瓷器店的牛”。

他还说：“麦克阿瑟已给自己派定了一个要以武力铲除世界上共产主义的新的政治救世主的角色。但是，这是行不通的。……共产主义是毁灭不掉的。”“亚洲人民不会为维护像李承晚与蒋介石那样腐败的政权而战斗。”

在朝鲜战场，“联合国军”在中国人民志愿军的沉重打击下，溃不成军，拼命夺路南逃。从平壤往南的路上，塞满了一支大规模撤退的军队。在尘土飞扬的道路上，倾泻着军队、卡车、重炮和重装备所形成的洪流，向后移动。

据东京“联合国军”司令部向美国国防部的报告说：联合国部队在11月30日和12月1日有1.1万人阵亡、负伤、失踪或被俘。第2步兵师损失了6380人，几乎是其兵力的一半。据信5000人的土耳其旅损失了1000人。第8集团军和第10军在战场上的兵力加起来也不过是11万人，而据情报分析，中国人的兵力为25.6万人，北朝鲜人的兵力为1万人。

12月4日，柯林斯飞往朝鲜，以弄清朝鲜的确切形势。柯林斯到第8集团军司令部与沃克会面。沃克悲观地谈道：第2师和土耳其旅受到重创，几乎被全歼。南朝鲜部队除第5师外，其他部队将不得不退出战斗，进行休整。沃克认为他不能守住平壤；他担心中国人会在第8集团军和第10军之间的缺口中长驱直入。如果第8集团军试图在汉城—仁川地区周围坚守，它很有可能会被包围。他不希望被迫由仁川撤退，因为担心那会使人员和装备损失重大。

接着，柯林斯又飞往兴南会见阿尔蒙德。柯林斯见到这里的情况也混杂不清。美军第7师和南朝鲜军第3师同样遭受了损失。陆战第1师正在从长津水库撤退。

美联社驻第8集团军总部记者怀特亥评论说：“对于美军来说，命运的轮子整整转了一个圈——从失败至胜利，然后又回到失败。

在刚好5个月的时间里，这个循环也刚好完成了。7月和8月那些绝望的日子在走近。但是这次不是一个营在撤退。这一次是美国7个师同英国两个旅、土耳其一个旅和其他的联合国部队一道为生存而战斗。他们已遭到占压倒多数的中国军队的严重打击。他们的战斗效能已因重大的伤亡而低落。迅速取得胜利的光明的希望黯然消失在阴沉灰色的失败里。”

路透社记者不得不承认：“军事灾难的阴影仍然笼罩着他们。”

美军在朝鲜的局势继续恶化，美国高层决策者更是乱作一团，艾奇逊、马歇尔、布莱德雷等高级军政官员连续在五角大楼开会，商讨如何使美军稳住阵脚。

军政官员们讨论美国可否谈判停火，使美军得到休整的机会。但在停火问题上他们又顾虑重重。停火必须要撤出在朝鲜的全部美国部队，中国是否还要美军撤出台湾海峡？中国是否提出要恢复在联合国的席位？是否要在美国签订对日和约时求得中国的同意？这等于把美国从整个远东赶走。

三 第三次战役

美国意欲把中国推上被告席。毛泽东决定立即越过三八线再打一仗，然后休整。

就在美国当局忙于为美军寻找出路的时候，菲律宾、阿富汗、缅甸、埃及、印度、印尼、伊朗、伊拉克、黎巴嫩、巴基斯坦、沙特阿拉伯、叙利亚和也门等13个亚洲国家起草了一份提案，由印度代表向联大提出。提案建议：

> 对于远东局势极为关注，切望立即采取步骤防止朝鲜的冲突扩及其他地区并终止在朝鲜境内的战事，然后采取进一步的步骤，依照联合国的宗旨和原则求得现存问题的和平解决，兹建议大会主席组织一个包括他本人在内的三人小组来确定可以在朝鲜议定满意的停火的基础，并尽速向大会提出建议。

12月14日，第五届联合国大会通过了亚洲13国提案。决议确定由第五届联大主席伊朗代表安迪让以及印度和加拿大代表组成一个三人委员会，来确定可以在朝鲜议定满意的停火基础并尽速向大会提出建议。

但是，在第五届联合国大会通过13国提案的第二天，12月15日上午，杜鲁门发表广播演说，宣布12月16日起美国全国进入紧急状态。杜鲁门宣称美国愿意谈判但决不向“侵略”屈服，也不“姑息”苏联统治势力造成的巨大威胁。他同时宣布了美国扩大军火生产、扩大军队、实行工资、物价管制等计划。16日，美国政府成立类似第二次世界大战时动员机构——国防动员局，扩大征兵计划，要把美国军队由250万人增加到350万人，要在一年之内把飞机、坦克的生产能力分别提高5倍和4倍以上。

12月16日，美国国务院发表了关于管制中国在美国资产及对中国禁运的新闻公报，公报称：“美国政府今天已采取措施，将中国共产党在美国管辖内的一切资产置于管制之下，并颁布章程禁止在美国登记的船只在另有通知以前驶往中国港口，这些措施是作为完成对美国和中国之间的经济关系有效的管制所必要的步骤。”公报还要挟说：“如果中国共产党人愿意撤退他们的侵略军队并且遵照联合国的原则行动，美国政府将准备迅速地考虑取消限制和恢复通常贸易关系。”美国当局的上述行动公开向全世界表示决心，将继续扩大侵朝战争，并要全面遏制中华人民共和国。

对于美国企图通过停战谈判，稳住美军阵脚，中国领导人早有预见，周恩来早在12月2日就致电出席联合国大会的伍修权、乔冠华：美军在朝鲜东西两线均遭惨败，现在美国“想骗取停战，好稳住阵线，调整兵力，以便再行进攻”。目前你们应集中力量准备在政治委员会的发言，以便在本周采取攻势，给美帝代表一个打击。“你们要理直气壮地谈朝鲜与台湾问题。”“凡遇以朝鲜停战为言者，你们都不要拒绝谈判，你们应答以只要美军从朝鲜撤退，朝战自停，并且愿意将他们的意见向北京做报告；凡言台湾问题目前不能解决者，你们应抓住这点证明美帝侵朝侵台是一回事，并反问美帝可以在侵朝同时侵台，为什么中国人民在反对美国侵略同时不能志愿援朝。”

12月7日，中国外交部副部长章汉夫应约会见了印度驻华大使，大使转交了13国提案的备忘录。

周恩来得到13国提案的备忘录后，首先派外交部亚洲局局长约见印度大使馆参赞，向他提出了四个问题：

为什么13国不反对美国对中国、对朝鲜的侵略?

为什么13国不宣言从朝鲜撤退外国军队?

为什么在美军打过三八线的时候，13国不讲话?

为什么13国中还有菲律宾（当时菲律宾是向朝鲜出兵的国家之一）?

12月12日，周恩来会见印度驻华大使潘尼迦，说：“中国一向坚持和平解决朝鲜问题，现在更希望朝鲜的军事行动能迅速停止。但是现在迅速结束战争的关键在美国，我们愿意知道美国对中、苏所提停战条件的意见。”周恩来又于13日将与潘尼迦的谈话情况电告伍修权、乔冠华，并指示：你们对提出13国提案的国家应表明的立场是：停战不是骗局，是要真正能迅速结束朝鲜战事。这样就必须要美国表明它对停战条件的意见，看它是在继续战争、扩大战争，还是在想结束战争。各国代表如果真想和平调处朝鲜战争，就应该像苏联代表那样提出一切外国军队从朝鲜撤退，而不是其他。

12月22日，周恩来外长发表声明严正指出："当着美国侵略军登陆仁川港、越过三八线或直逼鸭绿江的时候，他们不会赞成立即停战，也不会愿意举行谈判，只有在美国侵略军失败的今天，他们才会赞成立即停战，并在停战后举行谈判。很显然地，昨天反对和平，是为着美国可以继续扩张侵略；今天赞成停战，也是为着美国可以取得喘息时间，准备再战，至少可以保持现有侵略阵地，准备再进。"因此，"在没有一切外国军队撤出朝鲜及朝鲜内政由朝鲜人民自己解决做基础，来讨论停战和谈判，都将是虚伪的，都将适合美国政府的意图。"

声明同时指出："13个亚洲及阿拉伯国家代表提出和平调处朝鲜问题的建议，原本出于和平愿望，这是可以理解的，然而他们没有能够识破美国政府支持先停火后谈判的全部诡计，因而也没有郑重考虑中国政府关于和平解决朝鲜问题的基本建议。"

在朝鲜战场，美军退至三八线及以南后，企图利用三八线既设阵地组织防御，以争取时间，稳住战线，调整兵力，然后大举北进。

为粉碎"联合国军"固守三八线的企图，12月8日，彭德怀、洪学智、解方决定集中西线主力，攻歼中和、祥原、遂安地区之敌。

朝鲜的冬季异常寒冷。在大榆洞工棚里，彭德怀望着窗外飞扬的雪花，冷静地思索着……

中国人民志愿军经过连续两次战役的作战，已伤亡4万余人，尚有一些非战斗减员，部队异常疲劳，急需休整补充。志愿军在第一线兵力不占绝对优势。同时志愿军向南挺进，供应线延长，再加敌机骚扰，后方公路、铁路和桥梁遭受破坏严重，物资供给十分困难，志愿军部队经常缺衣少粮。

想到这里，彭德怀拿起笔，起草了一份给毛泽东的电文：

下一战役定于16、17日开进完毕，18、19日可开始攻击。如能歼灭南朝鲜军一、六两师，美二十四师、骑一师，或给以歼灭性打击时，我即将进越三八线，相机取得汉城。如上述敌人不能消灭，或不能给以歼灭性打击时，即使能越三八线或取得汉城，亦不宜做。因过远南进，驱退敌人至大邱、大田一带，增加以后困难，故拟在三八线以北数十里停止作战，让敌占三八线。以便明年再战时歼灭敌主力。但须派人民军二、五军团南进，造成带战略性的断敌后路。

在中南海，毛泽东收到彭德怀的电文的同时，也收到了大量的朝鲜敌情通报。一份份情报叠放在案头，毛泽东仔细地查阅着每一份情报，认真地思考着……

美国正试图把“中国干涉朝鲜”案列入联合国大会的议程，意欲把中国推上被告席。

美国陆军总参谋长柯林斯奉命到日本和朝鲜前线与麦克阿瑟、沃克及其他美军高级将领会商之后，认为“联合国军”在朝鲜的态势已无希望。柯林斯认为，在目前朝鲜人民军及中国志愿军进攻的速度和范围的条件之下，由于美军在人力及装备上遭受了极大的损失及士气的极端低落，美军不能组织坚固的防御。从柯林斯上述报告中证明，他已给予麦克阿瑟以适当的指示，命令他准备船只并集结军队于一定的港口，以便进行撤退。麦克阿瑟已集中大批船只及舰队于咸兴以南的兴南港，并公开宣称将所部从该港撤退。元山之敌已从海上撤退。陆战师等部被围军队，已有200余辆卡车由陆1师师长史密斯少将率领，冲出包围，进抵兴南港。这样看来，黄草岭地区被围敌之各部现已没有战场上统一指挥官了。

种种迹象表明，汉城之敌正在做撤退的准备，毛泽东决定趁着“联合国军”内部混乱、举棋未定的时机，立即越过三八线再打一仗，然后休整。他于12月13日致电彭德怀并告高岗：

（一）目前美英军各国正要求我军停止于三八线以北，以利其整军再战。因此，我军必须越过三八线。如到三八线以北即停止，将给政治上很大的不利。（二）此次南进，希望在开城南北地区，即离汉城不远的一带地区，寻歼几部分敌人。然后看形势，如果敌人以很大力量固守汉城，则我军主力可退至开城一线及其以北地区休整，准备攻击汉城条件，而以几个师迫近汉江中游北岸活动，支援人民军越过汉江歼击伪军。如果敌人放弃汉城，则我西线六个军在平壤、汉城间休整一时期。

彭德怀接到毛泽东的电示后，坚决克服因连续作战部队异常疲劳、兵员不足及供应不及等困难，决定发动第三次战役。12月15日，彭德怀致电金日成和毛泽东：我以六个军向开城、涟川、金化线攻击前进，求得在汉城、原州线以北歼灭一部敌军，得手后再看情况。

同日，彭德怀、邓华、朴一禹（中朝联军副政治委员）、洪学智、韩先楚、解方致电西线各军、东线宋时轮并报军委：为粉碎敌企图以三八线为界，重整残部准备再战之阴谋，奉毛泽东主席命令决心继续向三八线以南前进，求得在汉城、原州、平昌线以北地区歼灭美军和南朝鲜军一部，第一步以三八线以北的市边里、涟川为目标攻击前进。

志愿军西线6个军冒着严寒，踏着积雪向南前进。“联合国军”未做抵抗，继续向南撤退，于1950年12月16日全部撤至三八线以南。这时，朝鲜党政军民士气高涨。朝鲜党和政府出于尽快统一朝鲜的意愿，希望志愿军和人民军能迅速解放朝鲜全境，苏联方面也有这样的考虑。

这一仗能使美军撤离朝鲜全境吗？朝鲜战争能迅速结束吗？即使在美军全线向南撤退的时候，彭德怀也并不乐观。朝鲜战争仍是相当长期的、艰苦的。敌人由进攻转入防御，战线缩短，兵力集中，正面狭小，自然加强了纵深，对联合兵种作战有利。美军和南朝鲜军士气虽然较前低落，现还有26万左右兵力。政治上，敌人马上放弃朝鲜，对于帝国主义阵营来说是很不利的，英、法也不要求美国这样做。如再吃一两个败仗，再被消灭两三个师，可能退守几个桥头阵地（釜山、仁川、群山），也不会马上全部撤出朝鲜。彭德怀将他的想法电告毛泽东，并提出了“我军目前应采取稳进”的方针。

为避免意外过失，彭德怀又提出：“拟集中4个军（50军、66军在两翼牵制敌人）首先歼灭南朝鲜第1师，后相机打南朝鲜第6师。如果战役发展顺利时，再打春川之南朝鲜第3军团，如不顺利即适时收兵。能否控制‘三八线’，亦须看当前具体情况再行决定。”

毛泽东于12月21日复电：

> 你对敌情估计是正确的，必须做长期打算。
>
> 美英军正在利用三八线在人们中存在的旧印象，进行其政治宣传，并企图诱我停战，故我军此时越过三八线再打一仗，然后进行休整是必要的。
>
> 打法完全同意你的意见，即目前美英军集中于汉城地区，不利攻击，我应专找伪军打。就总的方面说，只要能歼灭伪军全部或大部，美军即陷于孤立，不可能长期留在朝鲜。如能再歼灭美军几个师，朝鲜问题更好解决。……
>
> 在战役发起前，只要有可能，即应休息几天，恢复疲劳，然后投入战斗。在打伪1师、伪6师之前是这样，在打春川之前也是这样。总之，主动权在我手里，可以从容不迫地作战，不使部队过于疲劳。
>
> 如不顺利则适时收兵，到适当地点休整再战，这个意见也是对的。

4 李奇微临危受命

“联军”的士兵只有一个念头，“把那可怕的敌人甩掉”，拼命跑呀！控制不住的“后退狂”蔓延开了。

12月23日，沃克乘一辆吉普车行驶在从汉城至议政府的公路上，准备视察部队。这天天气很冷，公路上已铺上一层厚厚的冰面。

这时，南朝鲜军的一批运输车正排成长龙对着他们朝南驶来。突然，一辆军用卡车想超到前面，一下子撞在沃克那辆吉普车的左后部。吉普车飞快地顺着冰面滑向路旁，随着咣当一声巨响，吉普车翻了个底朝天，沃克当场身亡。

麦克阿瑟得知沃克死亡后，立即打电话给华盛顿的陆军参谋长柯林斯。他们俩早已达成一致意见，一旦沃克发生什么意外，就由李奇微来接替他。

当晚，李奇微正携其妻玛丽参加宴会。晚会就要结束时，突然接到一个电话，只听柯林斯通知他：

“马修，我很难过地告诉你，沃尔顿·沃克在朝鲜的一次吉普车车祸中遇难了。我要你收拾一下东西，尽快离开那儿。”

“这与我有什么关系？”

“根据麦克阿瑟将军与我早就拟定好的名单顺序，应该由你来接替沃克担任第8集团军司令。”

第二天，李奇微登上飞赴东京的飞机。飞机穿过层层云雾，飞行在一碧万顷的大洋上，他的思绪也像大海一样激起海波汹涌。李奇微出生于弗吉尼亚州门罗堡。1917年毕业于西点军校。军校毕业后留校当体育教官。这时，麦克阿瑟任西点军校校长。1939年李奇微在陆军参谋部任作战计划处参谋，后任第82空降师师长。1943年在西西里岛登陆战役中，指挥空降师实施美军史上第一次大规模夜间空降作战。

1944年6月率部参加诺曼底登陆战役，8月任第28空降军军长。战后，任地中海战区总司令和盟军最高统帅艾森豪威尔驻联合国安全会军事参谋委员会代表。后任陆军副参谋长。

李奇微想到了美军在朝鲜战场上的溃退局面，想到了自己面临的艰巨任务。他难以理解，为什么装备远远落后于美军的中国部队如此强悍？竟然能将“联合国军”从中朝边境击退到三八线附近。

李奇微极为敬佩麦克阿瑟的非凡才能。麦克阿瑟思路敏捷。尽管他可能暴露出一些弱点，但他仍不愧是一位真正的伟大军人，一位伟大的政治家和一位胸怀广阔的领袖。对有机会同有幸认识的少数天才之一再次共事感到高兴。

飞机抵达东京羽田机场后，李奇微立即驱车前往美国驻日大使馆。

麦克阿瑟热情地接见了李奇微，然后简要地介绍朝鲜局势。

“从清川江撤退下来的美军正据守三八线一带。第10军好容易刚从兴南撤退完毕。部队疲劳，士气不高。”麦克阿瑟抱怨说：“我是在一个任务真空中进行作战——没有明确该干些什么。如果能将蒋介石军队放出来进攻大陆中国，这将大大减弱联合国军在朝鲜的压力。”

麦克阿瑟劝李奇微不要小看中国人。他强调说：“他们是很危险的敌人。尽管敌人的武器落后，但他们总是避开大路，利用山陵在夜间发动攻击。我们不要依靠空中力量来封锁战场，这样做效果并不好。”

李奇微听完麦克阿瑟的长篇大论后，谨慎地问道：

“将军，您对我上任后，立即实施进攻有无反对意见？”

麦克阿瑟拍拍李奇微的肩膀说：“第8集团军是你的，马修。你认为怎样好就怎样干吧。”

李奇微一到朝鲜，就到前线视察“联合国军”。他很快发现，第8集团军在过去几周的磨难中，在肉体上和心理上受到了多么深痛的损害。

当时，美军士气极低，处在毫无进攻精神的萎靡状态。第8集团军的各级指挥官、参谋乃至士兵都已经丧失了信心。李奇微不得不承认："这是一支张皇失措的军队，对自己、对领导都丧失了信心，不清楚自己究竟在干什么……我视察过的每一个指挥所都给我同样的感觉，即丧失了信心和斗志。军士以上的指挥人员都好像很冷淡，不愿回答我的问题，即使想从他们口中听到一些牢骚意见也不容易。他们闷闷不乐地向我提供着情况，在他们身上看不到情绪高昂的部队所具有的那股机敏劲。"

李奇微在写给柯林斯的一封私人信函中说："这里确定无疑地有一种紧张不安、大难将临、动荡不定的气氛，一种惊恐未定的精神状态。"鉴于美军中普遍存在着失败情绪，士气低落，李奇微只好放弃了立即转入进攻的打算。

杜鲁门政府一方面玩弄停战阴谋，以利再战；另一方面则做好了万一美军顶不住就撤退的打算。12月29日，美参谋长联席会议主席给麦克阿瑟和李奇微下达新的指示。指示称："现有的一切估计表明，中共如打算采取行动，是有能力将联合国军赶出朝鲜的。……我们相信朝鲜不是打大战的地方，倘若能以不太大的牺牲为代价，在朝鲜的某些地点对中国和北朝鲜的侵略做有效的抵抗，削弱中共的政治和军事上的声誉，这对我们国家的利益是非常重要的。"

参谋长联席会议指示麦克阿瑟："你目前的任务是，主要考虑部队安全的情况下，按照CX50635号命令大体指出的那样，构筑梯次阵地进行防御，尽量杀伤在朝鲜的敌军。你应继续尽量动员朝鲜最大的力量进行持久抵抗，既包括常规，也包括非常规的作战方式。事态的发展也许迫使我们撤出朝鲜。特别是在日本面临的威胁不断加大的情况下，对于我们来说十分重要的是，要提前确定我们最终进行井然有序撤军的适当时机。在我们看来，倘若你被迫退到锦江附近和河东一线的阵地，中共集结大批部队对你的阵地发起进攻，而且显然是有将我们赶出朝鲜的能力，我们就将指示你开始向日本撤退。"

对此指示，麦克阿瑟并不同意。12月30日他复电仍要求封锁中国海岸，动用海军炮火和空军轰炸摧毁中国进行战争的工业生产能力，让台湾的国民党部队加入联合国军，并让他们骚扰中国大陆。麦克阿瑟说，如果国防部既不派增援部队，也不同意使用国民党部队，他只能按29日的指示去办，但他认为："在执行这一计划的过程中，你们没有必要在我们可能撤至滩头防御阵地前，事先就做出撤退的决定。"

"联合国军"勉强沿三八线建起一条西起临津江、东达东海岸的防线后，正积极构筑工事，建立纵深防线和整顿部队，准备抗击志愿军的进攻。

根据参谋长联席会议的指示，李奇微准备采取"在夜间收缩部队，让部队与部队之间紧紧衔接在一起，到昼间，则以步坦协同的分队发起强有力的反冲击"的方法对付中朝军队的进攻。一旦被迫放弃一些阵地，则"在周密地勘察并精心构筑后方阵地之后有秩序地按照调整线实施后撤"。

12月31日，李奇微部署了"一条从临津江到'三八线'的总战线"。在这条横贯朝鲜半岛250公里、纵深60公里的总战线上设置了两道基本防线。第一道防线（A）西起临津江口，东经汶山沿三八线到东海岸的襄阳。第二道防线（B）西起高阳，东经议政府、加平、自隐里至东海岸的冬德里。为了加大防御纵深，在第二道防线以南至北纬37度线，还准备了C、D、E三道机动防线。C线从永登浦沿江南岸，经杨平、横城至江陵；D线从水原经利川、原州、平昌至三陟；E线沿37度线，从平泽经忠州至三陟。

此时，"联合国军"在朝鲜的总兵力已达34万，一线兵力为5个军13个师另3个旅，20余万人。

1950年最后一天——12月31日，三八线附近寒风凛冽，大雪纷飞，气温骤降。

16时40分，志愿军的炮火准备开始了，一发发炮弹呼啸着飞向对岸敌军的阵地。顿时，江对岸腾起一片火光和烟雾。

短促的炮火准备之后，在西起临津江口，东至麟蹄200多公里的宽大正面上，志愿军和人民军向“联合国军”在三八线的防御阵地发起进攻。

志愿军右纵队第39、第40、第38军各担任突破任务部队的指战员在高浪浦里至永平地段上，冒着敌军炮火的封锁，奋勇踏冰（部分部队徒涉）向临津江和汉滩川南岸进攻。

临津江和汉滩川南岸是天然峭壁，南朝鲜军第1、第6师依托既设阵地，凭险据守，敌防线前沿布满了铁丝网和地雷。志愿军右纵队过江后，冲破重重阻碍和火力封锁，一举突破敌防御前沿，继续向敌防御纵深发展进攻。

“现在发起冲锋！”第39军第116师副师长张锋向突击部队下达了命令。几乎同时，几千名战士跳出交通壕，呐喊着向江面冲去。

张锋下达完命令后，立刻走出掩蔽部，站在小山上观察这一壮观的场面。临津江上一片火光闪烁，战士们在炮弹爆炸的火光中踏冰向对岸冲去。

突然，在江南的沙滩上腾起一片火光和烟柱，左翼连的冲击地段上地雷爆炸了。地雷一串连着一串，从北向南，迅速地爆炸着。前面的战士倒下了，后面的战士并没有停止，仍然向前奔跑。

在一连串的爆炸之后，后面的部队冲到了对岸的悬崖边，架起了云梯。紧接着，在敌阵地上响起了一片手榴弹的爆炸声，悬崖上闪起一片火光。三颗红色信号弹升上天空。

“突过去了！突过去了！”张锋掩饰不住内心的激动，跑进掩蔽部，用电话向师长报告：

“我们已占领南岸敌第一道堑壕！”

“好！迅速扩张战果，保障二梯队进入战斗！”

第39军在新垈、土井地段突破临津江后，迅速从南朝鲜军第1师防御正面突入。经过一夜的激战，于1951年1月1日拂晓前突入敌防御纵深约10公里，占领了大村、武建里地区，并有力地策应了第50军的渡江。

第40、第38、第50军于1日分别占领安兴里、新邑里、紫长里等地区。

永平至马坪里地段敌防御正面狭小，纵深内山川交错，森林密布，白雪皑皑，两侧依托临津江和北汉江。志愿军左纵队第42、第66军准备突破这一地段。

第42军突破南朝鲜军第2师前沿阵地后，经一夜激战，于1日拂晓前占领了道城岘、蛾洋岩。

该军担任迂回任务的第124师占领道城岘后，不顾山高雪深，不怕敌机威胁，于昼间继续突击，大胆猛进，沿途打破敌人10次阻击，于1日12时前出至济宁里以南石长里地区，切断了南朝鲜军第2师的退路，并继续向上、下南淙地区突击。

2日拂晓，南朝鲜军第2师第31、第32团和南朝鲜军第5师第36团大部及南朝鲜军炮兵一个营由华岳里沿上南淙、下南淙公路，企图向南逃窜。第124师协同第66军主力全歼该敌，圆满地完成了断敌退路的任务。

第42军主力1日推进到花岘里、中板里、赤木里地区，歼灭了南朝鲜军第2师一个多营，尔后继续向加平方向发展进攻，于2日10时占领加平，加平之敌已南逃。2日15时，向春川方向佯攻的第66军第198师占领春川。

第66军突破南朝鲜军第2师和第5师防御前沿后，克服敌军的重重障碍，翻越冰山雪岭，一举突破了华岳山、高秀岭等阵地。

接着，向南朝鲜军防御纵深发展进攻，先后占领修德山、上红绩山里、下红绩里、上南淙、下南淙地区，在第42军第124师的协同下歼灭了该地区的南朝鲜军第2师第31、第32团和第5师第36团大部及军炮兵一个营，共毙伤俘敌3200余人，缴获各种火炮30余门，胜利地完成了预定任务。为此，志愿军司令部致电祝贺第66军取得的重大胜利。

人民军第2军团4个师和第5军团一个师，于战役发起前越过三八线，分别向洪川、横城、原州方向渗透迂回前进。其第12师于12月31日晨前进至洪川西南新垈里地区，威胁敌侧后，迫使南朝鲜军第3师南逃。战役发起后，第2军团的其余部队继续越过三八线，随主力向南攻进。

至此，志愿军6个军在人民军3个军团的协同下，突破了“联合国军”三八线既设阵地，并乘胜向敌纵深发展进攻，彻底粉碎了“联合国军”固守三八线的企图。

南朝鲜军在志愿军的连续突击下，第一道防线已全面崩溃。美军随军记者报道了南朝鲜军竞相南逃的情景：强大的中国军队今年元旦早晨在汉城以北和东北把联合国军击退了好几英里。汉城正北的盟军一个师已完全崩溃。记者曾看到该师的约300人的部队在他们原来的阵地以东数英里的路上狼狈南行。记者透露这个被击溃的师是以顽强著称的。

第8集团军在撤退时，将去年12月初以来即已占住的学校、粮库以及茅草屋等焚烧一空。白烟和烧焦了的稻草屑在撤退的路上飘浮，烟雾蔽天，终日无光。

第8集团军司令李奇微后来在其回忆录中写道：“元旦上午，我驱车由北面出了汉城，结果见到了一幅令人沮丧的景象。南朝鲜士兵乘着一辆辆卡车，正川流不息地向南涌去，他们没有秩序，没有武器，没有领导，完全是在全面败退。有些士兵是依靠步行或者乘着各种征用的车辆逃到这里的。他们只有一个念头——逃得离中国军队愈远愈好。他们扔掉了自己的步枪和手枪，丢弃了所有的火炮、迫击炮、机枪以及数人操作的武器。”

南朝鲜陆军士官学校金明阳在《韩国战争史》中也说：“联合国军士兵扔掉所有重炮、机关枪等支援火器，爬上卡车向南疾驰，车上人挤得简直连个小孩都不能再挤上去了，甚至携带步枪的人也寥寥无几。他们只有一个念头，‘把那可怕的敌人甩掉’，拼命跑呀！控制不住的‘后退狂’蔓延开了。”

5 志愿军乘胜追击

当部队缓缓通过浮桥时，李奇微感到“他的心都提到了喉咙上”。

此时，敌防线的东部侧翼已经完全暴露，李奇微担心志愿军会对其敞开的东部侧翼实施深远的迂回包围，使第8集团军处于危险的境地。第8集团军撤退时必须通过的汉江不能徒涉，江面上只有两座浮桥。

李奇微担心如果这两座浮桥被大块的浮冰冲散的话，十多万“联合国军”和南朝鲜军连同他们的全部装备就会拥挤在汉江北岸的一个狭小的桥头堡内；或者如果大批的难民潮涌般将浮桥堵塞，而志愿军炮兵将其阵地向前推移，使汉江南岸渡口置于其射程之内，第8集团军将处于更危险的境地。

于是，李奇微于1月3日命令除以一部兵力在汉城以北高阳、道峰山、水落山一线进行掩护外，其余部队迅速南撤。同时，通过美国驻南朝鲜大使馆通知李承晚和南朝鲜仍留在汉城的部分机构，美军要再次撤离汉城，由前进阵地实施的撤退即将开始，自下午3时起，桥梁和来往要道除军队之外，民间车辆和行人一律禁止通行。他还命令采取一切必要措施，阻止难民通过桥梁和来往要道，以保证第8集团军源源不断地通过桥梁，他甚至下令可以直接向不听招呼的难民开枪射击。

1月3日下午，第8集团军从汉城撤退，漫长行列的步兵、卡车、坦克以及各种运载工具缓缓地通过浮桥。李奇微一直留在现场，当他看到庞大的8英寸榴弹炮和“百人队长”式坦克开来的时候，据他后来回忆说：“我的心都提到了喉咙上。”

美军第8集团军在撤离汉城的同时，用汽油、炸弹对汉城、仁川、金浦机场等地进行了疯狂破坏。汉城的学校、医院、图书馆、博物馆等遭到严重的破坏。路透社记者怀特搭乘飞机逃离汉城时，看到“汉城在烟火中燃烧”，“大火在城南50英里处仍可看见”。

在“联合国军”被迫实施全线撤退之际，彭德怀依据战场形势，决定乘胜追击，扩大战果。1月3日，彭德怀命令志愿军右纵队和人民军第1军团相机占领汉城、仁川、水原、杨平、利川；令志愿军左纵队和人民军第2、第5军团拟乘胜占领洪川、横城、襄阳、江陵。在占领上述地区后，志愿军即停止前进，准备休整补充，而让敌人退守平泽、安城、忠州、堤川线，以利于将来向南进攻。

志愿军右纵队第50军分两路向汉城方向追击，右路第149师第446团在高阳以北碧蹄里击退美第25师一个营，俘获美军20多人。

第446团继续追击，在高阳以南佛弥地，截断了由议政府向汉城方向溃逃的英军第29旅的退路。

1月3日晚，敌军的大队坦克像一群凶猛的怪物，瞪着明晃晃的大眼睛到处乱窜，沉重的吼声，震得山谷都好像在颤动。

突然，响起一阵手榴弹的爆炸声，为首的一辆敌指挥车被击中着火。

敌坦克立即进行反击，顿时，机枪弹、炮弹和火焰喷射器的烈火从坦克身上狂喷出来，炮弹在公路附近爆炸，被掀起的冻土和冰雪如浪花般的劈头盖下来，烟雾弥漫了山谷。

火光中，一队队黑压压的坦克，闪过燃烧着的指挥车，猛烈地射击着，气势汹汹地寻找突破口，企图突围。

第446团第5连副排长李光禄抱着炸药包纵身跃上公路，紧贴路边。当一辆坦克开过来时，他把炸药包推向路中间，接着一个翻身滚到田里。只听到一声天崩地裂的巨响，李光禄负伤昏迷过去了。

待他醒来时，看到山谷里燃起了一簇簇的大火，浓烟贴着地面滚动，刚才炸毁的那辆坦克冒着黑烟歪倒在公路旁。

李光禄挣扎着爬起来，赶紧去找炸药。找到炸药和手榴弹后，他又只身闯入英军坦克群，连续炸毁敌坦克两辆。

第446团在整个战斗中一举击毁和缴获敌坦克31辆。经过一天的激战，于3日晚全歼英军皇家奥斯特来复枪团第1营及第8骑兵（坦克）团直属中队。第446团受到了志愿军司令部的通令表扬。

第39军向汉城方向追击，第116师第347团在议政府以西釜谷里歼灭英军第29旅两个连。战斗中，第347团第7连担任阻援任务。该连打退敌增援部队的数次猛烈攻击，干部全部牺牲，全连仅剩7人。在这关键时刻，司号员郑起挺身而出，代理连长指挥全连作战。当敌即将突入阵地时，郑起机智地吹起了冲锋号，敌军误以为志愿军发起冲锋，仓皇溃逃。第7连胜利地完成了阻援任务。郑起荣立特等功，获"二级战斗英雄"称号。

第38、第40军追至议政府东南水落山地区，击溃美第24师第17团，歼敌一部。

志愿军左纵队第42军主力、第66军一个师分别由加平、春川渡过北汉江向洪川方向追击。人民军第2、第5军团继续向洪川、横城方向截击南逃之敌。

志愿军第39军第116师和人民军第1军团于1月4日中午占领汉城。第50军第149师在汉城以北将美第25师及英第29旅一部击退后，于当日晚进入汉城。

由于"联合国军"在撤离汉城时，对这座城市进行了疯狂的破坏，此时的汉城已面目全非，许多建筑物化为瓦砾。

志愿军和人民军进入汉城后，严格遵守政策纪律，受到汉城市民的热烈拥护。

1月5日，北京《人民日报》发表社论，祝贺汉城光复。社论指出：

> 中国人民志愿军之所以在朝鲜能战胜“武装到牙齿”的美国侵略军，主要是因为他们是为正义人道而战，为爱国主义和国际主义而战，为消灭美国野兽而战，为使朝鲜和中国人民免于屠杀而战，为朝鲜和中国妇女儿童的安全而战。因而他们所到之地，救死扶伤，恢复城镇和乡村，恢复朝鲜人民的和平生活。他们的伟大行动，已受到朝鲜人民的热烈欢迎。

为了防止敌人仍据守汉江南岸，控制金浦机场和利用仁川港口，威胁汉城和妨碍志愿军进行春季攻势的准备。彭德怀决定继续歼灭敌人，逼退汉江南岸之敌，控制金浦机场和仁川港口，为准备春季攻势创造更为有利的条件。

1月5日黄昏，志愿军第39军第116师第348团渡过汉江，控制了汉江南岸有利阵地。当晚，志愿军第50军、第40军一个团及人民军第1军团分别渡过汉江、北汉江。

第50军渡过江汉后，继续向南追击，在追击途中于果川、军浦场歼灭南朝鲜军第1师一部，7日分别占领水原、金良场。人民军第1军团渡江后，先后占领金浦、仁川港。

至1月8日，中朝军队已经把“联合国军”赶到37度线附近的平泽、安城、堤川、三陟一线。这时，彭德怀发现：“联合国军”似在有计划的撤退，有诱使志愿军和人民军向南深入，而在我侧后实施登陆，对我进行南北夹击的企图。

为了避免志愿军和人民军前进过远而陷于不利的境地，亦为及时进行下一步的作战准备，彭德怀当机立断，果断决定停止追击，结束第三次战役。

6 空军参与作战

米格飞机在清川江与鸭绿江之间，几乎占了绝对优势。自此，美第5航空队便把这一地区的空域称为“米格走廊”。

刚刚组建的人民空军司令部位于北京灯市口附近。1950年10月底的一天，司令员刘亚楼在这里主持召开中共空军党委常委扩大会议，专门研究组织志愿军空军参加抗美援朝作战的问题。

刘亚楼严肃地说：“美国空军肆无忌惮地对朝中边境狂轰滥炸，占据了朝鲜上空的绝对制空权，对志愿军的后方造成了严重威胁，也对志愿军的战斗行动造成一定的影响。严重的战争形势，要求志愿军空军必须迅速开赴前线，支援志愿军地面部队同美军作战。尽管我们的力量还十分弱，但我们必须树立敢打必胜的信心，坚决同敌人的空军打到底。”

的确，中、美空军的力量悬殊太大。当时，年轻的中国空军仅有新组建的两个歼击航空兵师，一个轰炸机团，一个强击机团，共有各型飞机200架。而美军在朝鲜战场投入了大量空军兵力。到1950年10月底，连同海军舰载机在内，共有14个联（大）队，其中两个战斗截击机联队、两个战斗轰炸机联队、两个轻型轰炸机联队、两个中型轰炸机联队、一个海军陆战队航空兵联队、三个舰载机大队，各型飞机1100余架，其飞行员大部分参加过第二次世界大战，飞行时间多在1000小时以上。

空军党委常委会最后决定，在正式参战之前，以飞行大队为单位进驻前沿机场，在友空军（指苏联帮助中国东北地区防空作战的空军部队）的掩护下，选择有利时机，进行实战练习。

由谁担任志愿军空军司令员？彭德怀和高岗同时想到了一个人——刘震。刘震原为第13兵团副司令员兼第39军军长，刚刚被任命为中南军区空军司令员。

11月4日晚，从武汉抵京的刘震来到刘亚楼的住处。寒暄几句后，刘亚楼开门见山地说："调你去东北军区空军工作的任务是，准备组织志愿军空军参加抗美援朝作战，你将担任志愿军空军司令员。"

刘震犹豫了一下，说："搞陆军建设和作战指挥我还有点办法，而搞空军的作战指挥却毫无经验，还是让我回中南空军工作，待日后空军进入抗美战场，我可以随时去学习。"

刘亚楼用鼓励的口气说："人民空军是刚刚从陆军基础上建立起来的一个技术军种，大家都没有经验，只能摸索着去干。困难肯定是会有的，但也要看到有利的条件。国家向苏联请了一批顾问，帮助我们训练机关和部队；苏联还派了一些空军部队配合我们作战。你去东北后，要尽快抓紧时间着手建立志愿军空军领导机构，我们帮助你一道进行。"

刘震很快到了沈阳，立即抓紧志愿军空军机构的筹建工作。1951年3月15日，志愿军空军机构在安东正式成立，刘震被中央军委任命为志愿军空军司令员。

志愿军空军首批参战部队——空军第4师第10团第28大队，于12月4日进驻安东空军基地，开始进行实战锻炼。

这支部队由空4师师长方子翼直接领导。指挥所就设在安东浪头机场北端西侧山坡上的一个旧木板棚子里。

1951年1月，在朝鲜北部南市地区的上空，爆发了喷气式飞机激烈的空战。从此，年轻的中国人民志愿军空军与实力强大的美国空军在朝鲜展开了持续两年零七个月的激烈空战。这场空战的空间之广阔、规模之大、武器之先进、战斗之剧烈，都是世界空战史上所罕见的。

1月21日，中美空军的首次空战开始了。

这天上午，美国空军出动了20架F-84喷气式轰炸战斗机突击清川江大桥。志愿军第28大队大队长李汉率6架米格-15战斗机拦截美机。

当李汉在空中看见敌机时，顾不得察看敌机的数量，率队直向敌机冲去。这时，20多架美机正在对清川江大桥轰炸扫射，发现志愿军飞机后，立即掉头迎战。

由于敌众我寡，志愿军的6架飞机很快陷入20架敌机的重围。经过一番激战，李汉乘机迂回到4架敌机左侧400米处，对准敌长机按下炮钮，“咚！咚！咚！”就是几炮，敌长机中弹，歪歪斜斜地向南逃去。

这是志愿军空军在朝鲜战场上和美国空军进行的第一次空战，取得了击伤美机1架的战绩，初步揭开了空战之“谜”。空军首长发来贺电：年轻的志愿军空军是能够作战的，是有战斗力的。

8天之后，1月29日，李汉首创志愿军空军击落美机的战绩。

这天下午1时30分，志愿军空军雷达发现了一批美机在安州、定州上空盘旋，企图袭击安州车站和清川江大桥。李汉再次率8架战鹰出征。

李汉率队加大油门，以最大的航速向战区飞驰，1时40分，飞临定州以西上空。

“101注意，目标120度，高度6000米至7000米，距离80公里，注意搜索！”李汉的耳机里传来了师长方子翼的命令。

“101明白！”李汉一边回答，一边率编队迎着美机冲上去。

“左前方发现敌机！”7号机孙脱报告。

李汉向左前方看去，4个，6个，8个，16个！黑点迅速放大，仔细一瞧，敌机是F-84，上下两层，每层8架，都是4机在前，左右侧后各有双机掩护。敌机的高度虽处于劣势，但在数量上占优势，要设法造成敌人的错觉，创造更有利于我而不利于敌的条件，尔后给敌以突然袭击。于是，李汉率编队迅速做好了战斗准备。

“101，敌机向太阳方向转来！”师长通过耳机通报了敌情。

“101明白！”李汉一边回答，一边等待着时机。

当敌机到达右下方时，他立即发出命令：“投副油箱，1中队攻击，2中队掩护。”随后率机群直冲敌机群最上层。

敌人的弱点即刻暴露，企图左转弯摆脱，李汉立即率队追击敌机。他先瞄准敌长机，因角速度太大，前置量拉不出来了，只好改打敌3号机。他稳稳地将敌机套进了瞄准光环，猛地一按炮钮，一串炮弹射向敌机，敌机拖着长长的黑烟栽了下去。

“打掉一架！打掉一架！”耳机里响起了我8号机魏梦云的喝彩声。

打下一架还嫌不够，李汉接着攻敌4号机。由于冲速太大，一下子冲进敌4号机尾喷管处，还没来得及开炮，敌机尾喷管的强大气涡流把他的飞机冲了个大翻转。

李汉立即将飞机放平，向后方警戒，这时敌另外8机正在向1中队机群攻击，李汉掩护中队迅即迎头冲上去，发出了火力截击。敌机慌忙四处逃散，但仍有一架敌机穷追不舍。

这时，李汉由于攻击时动作太猛，僚机全部甩掉了，而且处于被动态势。他立即以最大油门、最有利的迎角直线上升摆脱。

这一招还真灵，敌机被甩得远远的。敌机见追不上了，便掉转机头跑了。李汉立即掉转机头，加大油门，直冲向敌机。

敌机没想到刚刚逃脱自己追击的飞机瞬间又反扑过来，只得直线南逃。李汉紧紧咬住敌机不放，待接近敌机时，按下炮钮，这架敌机尾巴拖着长长的黑烟逃离战区。

志愿军空军首次与美国空军交锋，连战告捷，取得了击落击伤敌机3架的战绩，而我无一损失。

由于1月份的空战，迫使美国空军的活动退到平壤以南，清川江以北便成了米格飞机的天下。美国远东空军承认：米格飞机在清川江与鸭绿江之间，几乎占了绝对优势。自此，美第5航空队便把这一地区的空域称为“米格走廊”。

1951年上半年，敌机到清川江以北活动很少，战机不多。因此，志愿军与美军未进行空战。

第六章
全面战争，还是有限战争

1 先停火后谈判

麦克阿瑟在东京宣布："没有人能把我们赶下海去，本司令打算在朝鲜保持一个军事阵地。"

1951年1月9日，华盛顿满地冰雪。

五角大楼参谋长联席会议办公室。布莱德雷正在起草给麦克阿瑟的回电。麦克阿瑟于12月30日曾提出要求扩大战争，轰炸和封锁中国人，以及使用蒋介石军队。

近段时间，李奇微在战线上平均后撤了60英里，后退到北纬37度线附近的平泽、安城、堤川、三陟一线，南朝鲜首都汉城再次丢失。布莱德雷为之震惊。因为美军差不多花了整整一个月时间在三八线附近构筑了一条自称"固若金汤"的防线，却经不起中国军队数小时的猛攻即彻底崩溃了。但到1月5日，中国军队停止了进攻。参谋长联席会议收到了李奇微鼓舞人心的报告，他当时正在奇迹般地恢复第8集团军的士气和战斗力。

中国军队的进攻很奇特，开始进攻很猛烈，追击时规模有限，然后出现一段平静的时间。李奇微能经得住中国军队的再一次全面进攻吗？布莱德雷正在考虑把4个国民警卫师中的两个师派往日本，迅速武装日本的保安部队，通过断绝贸易形式加强对中国的经济封锁。

于是，布莱德雷正式拒绝了麦克阿瑟的建议，并重申对他的指示：

> 请你按照参谋长联席会议99935号命令，组织梯次阵地实施防御，在优先考虑你部队的安全和保卫日本的基本任务的情况下，最大限度地杀伤在朝鲜的敌军。一旦你判明必须撤退才能避免人员和物资的严重损失时，就从朝鲜撤往日本。

在东京的麦克阿瑟很快发回了一封令人不安的电报，电文称：

> 经过一场长期的艰苦战役之后，部队疲劳了。他们对无耻的宣传感到愤怒，这种宣传对他们在一场被曲解了的撤退行动中所表现的战斗精神，进行了错误的指责，除非明确地说明要求士兵们用生命换取时间的政治意义，使他们充分理解其目的，产生紧迫感，否则，他们是不会甘心情愿地冒险上战场的。部队士气将严重影响战场效果。

在一次特别会议上，布莱德雷宣读了麦克阿瑟的电报，马歇尔听后十分反感地说：

“高级军官抱怨全心全意的部队士气低落时，他们显然没有意识到，士兵们的士气反映了他们对领导人的信心。”

“这份电报简直是一份遗书。麦克阿瑟的目的是：一是在形势一旦恶化时为自己开脱一切责任；二是向华盛顿施加压力，迫使其改变主意接受他扩大战争的建议。”艾奇逊愤愤地说：“麦克阿瑟已经到了顽固不化和完全不服从命令的地步了。”

“看到这份电报深感不安。”杜鲁门忧郁地说：“这种撤退似乎已经强加在我们头上了，但是我仍然认为保持美国‘在亚洲的地位，促进欧洲的防务和团结’的基本政策不能改变，既要不冒扩大战争的危险，又要联合国军尽量留在朝鲜，非到最后关头不言撤退，同时我们要求盟国尽快在联合国通过谴责中国为侵略者的决议。”

根据杜鲁门的指示，布莱德雷致电麦克阿瑟：

> 根据我们所了解的一切情况，特别是你在最近电报中提到的那些情况，我们被迫得出这样的结论：在目前条件下，我们要在朝鲜持久坚守住阵地是不现实的。但是，在你下达从朝鲜开始撤军的正式命令之前，为了我国的利益，也为了联合国的利益，我们有必要再争取一些时间，以便同参加朝鲜战争的联合国成员国在外交和军事上进行磋商。
>
> 除非出于军事方面的考虑，确实迫不得已，否则我们不应放弃朝鲜，我们应该实实在在地最大限度地打击共产主义侵略者，这对于美国在世界上的威信，对于联合国和北约组织的前途，以及对努力在亚洲组织的反共抵抗运动，同样都是十分重要的。

这时，李奇微从朝鲜发来消息，“联合国军”已巩固了防御阵地，他对联合国军守住阵地的能力信心百倍。他正命令第8集团军司令部制订有限进攻的计划。这一计划旨在打乱中国人的部署，破坏他们进攻的计划。

马歇尔建议派陆军参谋长柯林斯和空军参谋长范登堡前往东京和朝鲜，以便进一步地了解第8集团军的真实情况。

柯林斯和范登堡离开华盛顿后，杜鲁门仍然放心不下，于是他亲笔写了一封信，通过参谋长联席会议的通信渠道发给麦克阿瑟。杜鲁门在这封信中写道：

“……我希望在这封信中就在朝鲜继续抵抗侵略的问题，让你了解我对我国和国际上的基本目的的看法。我们希望你统率下的联合国军能支持我们力图在世界基础上迅速组织起来的抵抗侵略的行动，我们需要你就联合国军队能合理地提供的最大力量做出判断。眼下这封信不具任何指令的意义。信的目的是使你对我们对待政治因素的观点有所了解。”

杜鲁门在信中道明了美国在朝鲜抵抗侵略所要达到的目的：要使自由世界的力量动员起来，以应付苏联在世界范围内所发出的威胁；打击共产党中国已被夸大至危险地步的政治和军事威望，这种威望现在大有破坏非共产党的亚洲的抵抗，并且巩固共产主义对中国本身的威胁。杜鲁门还指出：

“我们目前的行动方针应该是团结联合国组织的一部分，而且在苏联向我们发动进攻时，它们也是我们迫切需要依赖的盟国。此外，在我国的力量尚未建立以前，只要涉及扩大战区的问题，我们的行动一定得十分谨慎。除非军事上迫于无奈，我们是不会离开朝鲜的。”

1月13日，联合国大会政治委员会通过了“朝鲜停火三人委员会”提出的有关解决朝鲜战事的五步方案，其主要内容为：（一）在朝鲜立即安排停火；（二）一旦停火实现，则加以利用，以便考虑恢复和平所应采取的进一步步骤；（三）一切非朝鲜的军队将分适当阶段撤出朝鲜，并以各种措施实现联合国建立统一“政府”的决议；（四）在完成第三条的步骤之前，依据联合国原则订立适当的临时措施，管理朝鲜和维护朝鲜和平与安全；（五）由美国、英国、苏联和中华人民共和国四国代表讨论远东问题的解决，其中包括台湾问题和中国在联合国中的代表权问题。

联合国通过的五步方案是美国精心安排的，美国的目的：一方面是借此继续玩弄先停火后谈判的阴谋，为美国军队争取喘息的时间。

另一方面，中国一旦拒绝这个方案，美国就谴责中国为“侵略者”。

在朝鲜战场上，李奇微为了贯彻美国政府确定的政策，积极调整部署，并利用各种手段对志愿军前沿阵地进行侦察。

1月上旬的一天，一架AH-6高级教练机，在朝鲜中部低空飞行。

飞机时而掠树飞行，时而在山谷中盘旋。乘坐这架飞机的李奇微和空军第5航空队司令官厄尔·帕特里奇正在搜寻中国军队的足迹。

李奇微把眼睛瞪得发酸，还是几乎连个人影都没发现。没有营火的烟雾，没有车轮的痕迹，甚至没有被践踏过的雪地能表明大量部队的存在。中国军队到哪里去了？难道藏得如此严实吗？李奇微简直不敢相信自己的眼睛。

为了尽快查明中国军队的情况，1月15日，李奇微发动了一次有限的协同反攻，作战计划的代号是“狼狗行动”。

这天拂晓，美军第1军第25师第27团团长马凯莱斯指挥7个步兵营和约150辆坦克，在3个重炮营的协同下，沿公路北上乌山。

就在李奇微发动“狼狗行动”的当天，柯林斯和范登堡到达东京，与麦克阿瑟会晤。

柯林斯和范登堡交给麦克阿瑟一份参谋长联席会议的文件。参谋长联席会议假设如果朝鲜出现了比现在更为严重的形势，建议麦克阿瑟可采取如下行动。

（1）如果第8集团军能在朝鲜进行卓有成效的防御，可考虑将两个经过部分训练的国民师派往日本。

（2）加强日本的防卫部队。

（3）继续加强对赤色中国的经济封锁。

（4）现在就着手准备对赤色中国进行海上封锁。无论我们是否被赶出朝鲜，根据当时出现的情况，立即进行封锁。

（5）解除对东北地区和中国沿海地区进行空中战斗的限制。

（6）解除对蒋军的限制，向他们提供后勤支援。

（7）派一个军事团去台湾，增加军援。

（8）向在中国的有作战能力的国民党游击队提供一切切实和秘密援助。

（9）一旦中共对我们在朝鲜以外（冲绳、日本等地）的部队发动进攻，就对共产党中国的目标实施毁灭性的海空打击。

参谋长联席会议的文件令麦克阿瑟兴奋不已，他感到当局已经回心转意，并且接受了他的观点。他又找出杜鲁门写给他的信，大声宣读，然后激动地说：

"先生们，这封信终于解决了我们是否撤出朝鲜的问题。不会有什么撤军了。我理解这封信的含义，是要我们永久留在朝鲜。"

告别麦克阿瑟后，柯林斯和范登堡又飞往朝鲜。范登堡视察了空军部队和军事设施。柯林斯在李奇微的陪同下驱车前往前线。

这时，马凯莱斯正率领美军向北推进，沿途看不到中国军队的影子，只在水原以南受到中国军队的顽强抵抗。他用无线电话向李奇微报告侦察的结果：

"中国部队的警戒线，大致在水原—利川一线，目前还不是继续南下的态势。"

李奇微得到这一消息，兴奋地对柯林斯说："中共军队的攻势真好像鼓起的气球，看准只能鼓起一周左右时间的地方，用大头针刺破一点，就会立刻瘪了。"

柯林斯在视察中同前线的军、师指挥官以及许多下级进行了会谈。他不时地夸奖李奇微："将军，在你的感染下，你的部下的精神状况正在发生变化，已经振作起来了。"

1月16日，在大邱举行的一次新闻发布会上，柯林斯和李奇微发表了非同寻常的声明。柯林斯告诉记者：

"我坚信第8集团军将东山再起，进行战斗。从现在起，我们准备留下来，打下去。”

李奇微接过他的话题说道：“在我的脑海里，第8集团军在目前的局势中，毫无疑义地有能力照顾好自己。”

麦克阿瑟也在东京宣布：“没有人能把我们赶下海去，本司令打算在朝鲜保持一个军事阵地，只要联合国的政治家们做出决定，我们一定要这样做。”

柯林斯一回到东京就打电报给布莱德雷说：

“我刚从朝鲜返回东京，第8集团军状态良好，在李奇微的领导下，每天都有提高。考虑到目前的处境，其士气是非常令人满意的，大韩民国的部队缺乏信心，对中国人有一种本能的惧怕心理，但是仍然可以对付北朝鲜军队。没有不满意或精神崩溃的迹象，虽然这也可能在遭受严重挫折时迅速改变。

“除非出现意外的变化，李奇微自信他在不得不开始撤退之前，可以争取到两至三个月的时间。在部队退至过去的桥头堡之前，他不想撤离朝鲜。

“没有发现中国人向汉江以南做任何移动，在我军进行反击时，他们通常已经逃逸。他们供应困难。许多士兵情绪低落……总之，第8集团军现在已进入阵地，准备给任何规模的进攻予以严厉的惩罚。”

1月17日，布莱德雷收到柯林斯的电报，他立即将这封电报交给马歇尔。布莱德雷后来回忆说：“当这个消息传到政府高层的那天，几乎能听见一片松了一口气令人宽慰的声音。”

杜鲁门得到这一消息后，感到十分放心。就在同一天，杜鲁门从联合国得到了中国政府就联合国通过的五步方案的答复。

总理兼外长的周恩来指出：“先停战后谈判的原则，只便利于美国维持侵略和扩张侵略，绝不能导致真正的和平，因之中华人民共和国中央人民政府不能予以同意。”周恩来同时向联合国建议：

甲：在同意从朝鲜撤退一切外国军队及朝鲜内政由朝鲜人民自己

解决的基础上举行有关各国的谈判，以迅速结束朝鲜战争；

乙：谈判的内容，必须包括美国武装力量从台湾及台湾海峡撤退和远东有关问题；

丙：举行谈判的国家应包括中国、苏联、英国、美国、法国、印度和埃及七国，中华人民共和国在联合国的合法地位即从举行七国会议起予以确定；

丁：七国会议的地点，应选在中国。

周恩来外长指出："上述提议，如获得联合国及其有关国家的同意，我们认为及早举行谈判，对于结束朝鲜战争及和平解决亚洲问题是有益的。"

朝鲜战场形势的变化使杜鲁门不再畏首畏尾了。在他的授意下，美国驻联合国代表对中国政府的答复大肆歪曲，诬蔑是"完全拒绝"。

2月1日，美国又操纵联合国通过了诬蔑中国为"侵略者"的美国提案。艾奇逊后来也承认："我们的盟国……有点勉强地于2月1日和我们一起通过了对中国侵略的谴责。"

2月2日，周恩来发表声明，严厉驳斥美国对中国的诬蔑。周恩来指出：

> 美国这一提案完全是颠倒是非，混淆黑白。明明是美国政府制造朝鲜事件，干涉和侵略朝鲜，干涉和侵略中国的台湾，而美国提案却反说中国共产党干涉朝鲜，中华人民共和国中央人民政府在侵略朝鲜。明明是全世界爱好和平民主的人民主张制裁美国侵略，要求美军撤退出朝鲜和台湾，而美国提案却反而要求对中国人民抗美援朝、保家卫国的正义行动采取措施，反而要求中国人民志愿部队自朝鲜撤退。明明是美国政府无数次地拒绝中国和苏联关于和平调处朝鲜问题的各项建议，最后甚至拒绝了十二国关于召开七国会议的提案，而美国提案却反说中华人民共和国政府没有接受联合国关于停止朝鲜战争以求得和平解决的各项建议。……明明是美国侵

略部队要继续侵占朝鲜，侵占台湾，继续大规模地进攻和屠杀，而美国提案却反说中国人民志愿部队在继续侵犯朝鲜，故号召其帮凶国家给它以一切援助而不给中国以什么“任何援助”。

周恩来最后指出，联合国大会通过这一提案，“显然是非法的，诽谤的，无效的，中国人民坚决表示反对”。

在朝鲜战场，“联合国军”每天以多路小股的形式，用汽车搭乘步兵并配合少量坦克，在宽大正面上进行武力搜索。一周之内，“联合国军”的小分队即多次进出乌山里、金良场里和利川。之后，又把这种活动扩大到原州、宁越一带。

经过不断侦察与试探，以及以往同中国军队作战的经验，李奇微发现中国军队越过三八线后，由于运输线延长，补给更加困难的弱点，决定采取“磁性战术”，即倚仗美军现代化装备机动快、火力强的优势，始终同中国军队保持接触，以进行消耗战的办法来制约中国军队。

1月25日，李奇微又发起了“霹雳行动”。李奇微集中5个军16个师3个旅一个空降团共23万兵力，全线发起攻进击。他吸取了过去失败的经验，采用美军和南朝鲜军混合编队，由美军担任主要突击力量，互相靠拢，稳扎稳打的战法，以汉城为主要攻击方向。目的是重占汉城，将中朝军队压回到三八线以北。

二 与金日成的会谈

苏联驻朝鲜大使要求迅速追击敌人；金日成提议缩短休整时间，继续南进。但敌人明明是在引诱我军南下，我们怎么能硬往敌人设下的圈套里钻呢？

1951年1月8日，朝鲜北部白雪皑皑，朔风怒吼。

成川郡君子里志愿军司令部，彭德怀接到柴军武的电报：金首相拟10日晚赴彭总处商谈尔后作战问题。金日成认为部队休整时间不宜过长，有一个月即足，若时间过长，待河川化冰后，增加部队运动困难。

彭德怀看着柴军武的电报，当天与苏联驻朝鲜大使拉佐瓦耶夫的争论历历在目……

拉佐瓦耶夫原是第二次世界大战后期，苏联向日本关东军进攻时，进入朝鲜的苏军集团军司令员，苏军撤回国后，他即改任为苏联驻朝鲜大使，实际上是朝鲜人民军总顾问。当拉佐瓦耶夫得知彭德怀下达结束第三次战役的命令时，立即与彭德怀会晤，指责道：

"哪有打了胜仗却不追击敌人的？哪有这样的司令员？"

彭德怀冷静地回答道："经过三次战役，我军伤亡很大，兵员不足，现已很疲劳，又没有制空权，后方供应上不去。敌人是摩托化，我军是两条腿，这怎么能够追上敌人呢？而且如果再将敌人压缩到朝鲜半岛东南角，敌人集中了，又有洛东江阻隔，更不利于我军歼灭敌人。"

"歼灭不了敌人，我们多占领一些地方也是好的。"拉佐瓦耶夫不服地说。

"歼灭不了敌人的有生力量，占领了地方也保不住，地方还会被敌人夺过去的。因为我军并不占优势，又是疲劳之师，后方空虚，供应也补给不上，增援部队还上不来。"彭德怀反驳道。

"只要我们继续追击，不给敌人喘息时间。敌人肯定会继续败退。敌人为避免被歼灭，肯定会撤出朝鲜。"

"敌人是打着'联合国军'的旗号来侵略朝鲜的，因此肯定不会轻易撤出朝鲜的。你们说，敌人肯定会退出朝鲜，那么就让敌人自动退出，这对美国来说，不是可以留一点面子吗？这比逼着敌人退出不是更好一些吗？何况依我军现在的情况，也不可能逼迫敌人退出朝鲜。"

入朝以后，彭德怀襟怀坦白，处处以身作则，对金日成等朝鲜领导同志和苏联顾问谦逊礼让。中、苏、朝三方之间相敬如宾。但是，在作战问题上，中、苏、朝三方之间曾经产生过分歧和争论。

第一次战役后，中、苏、朝发生了第一次争论。争论的焦点“是关于采取诱敌深入呢，还是采取乘胜追击的战术”。彭德怀进行了耐心的说服，终于使苏联顾问和朝鲜同志接受了采取“诱敌深入的战术”。

彭德怀后来回忆说：“第一次战役是在志愿军不意之中与美李军遭遇，我们利用了志愿军（人民解放军）特有的灵活机动，在北镇、云山地区消灭了李承晚伪军一部。敌人利用机械化迅速退集清川江左岸，并在新安州、价川地区构筑野战工事，严阵固守。当时，敌人技术装备比我军是占绝对优势的，我军如果采取粗鲁的强攻，是毫无取胜把握的，而且很有可能打败仗。我们当时采取了故意示弱，纵敌骄傲和诱敌深入的战术……这是当时进行第二次战役唯一正确的战术方针……但是朝鲜领导同志，当时不同意我们这个作战方针，他们当时忽视了敌优我弱的具体条件，主张乘胜追击。我们当时如果不坚持自己的意见，而同意他们的意见，那是肯定不会取得第二次战役那样大的胜利的。”

中国人民志愿军连战告捷，取得了第一、第二次战役的胜利。在此期间，朝鲜人民军隔在三八线以南的部队逐渐收拢，并补充了大量的兵员，至1950年11月中旬，人民军在北朝鲜地区的部队已有4个军团，计17个师另两个旅两个团，共16.8万人。另外，留在敌人后方进行战斗的第2军团有一个师另一个旅一个团。其中，人民军第1军团4个师计4万人已投入一线作战。人民军刚刚恢复战斗力，情绪很高，积极要求参战。

这时，志愿军在朝鲜参战的部队共有9个军30个师，共38万余人。中朝一线作战的部队共计42万余人。从11月份开始，苏联防空军部分部队出动到鸭绿江的上空作战。此外，朝鲜人民军尚有一部分空军可参加作战，志愿军空军也将参加实战练习。于是，中、朝、苏三方作战部队的协调指挥成了作战中必须解决的问题。

在前两次战役中，中国人民志愿军是在朝鲜人民军零星部队的配合下进行战役行动的，如在第一次战役的东线战场，志愿军第42军在人民军一部的配合下，完成了黄草岭、赴战岭阻击敌人的任务，有力地配合了西线战场作战。但是，中朝两国军队在组织指挥上，还没有形成统一的指挥体系。中朝军队在战役行动中由于缺乏统一的、有效的协调与指挥，造成在作战中有时发生混乱现象，影响了战役行动的顺利展开。例如，11月4日，志愿军第39军正在博川东南围攻美24师，而朝鲜人民军坦克师却奉命向顺川挺进，误击志愿军围攻部队，使被围之敌逃脱。另外，在物资供给、交通运输等方面，由于没有统一的指挥体系，有时形成忙乱的局面。尽管这些现象还没有造成十分严重的后果，但必将给以后的军事行动造成不利的影响。

为了有效地解决朝鲜境内作战的统一指挥问题，11月3日周恩来致电柴军武并告彭德怀、高岗："目前正值战役间隙期间，毛主席向金首相建议，可否于本月10日前后到彭德怀同志处与高岗、彭德怀两同志晤面，商讨在朝作战和供应，朝鲜人民军和机关进入东北后的训练安置及其他一切问题，不知金首相意见如何，请速询告，以便通知高岗同志赶往。"

11月7日，彭德怀就开辟敌后战场、中朝两军如何配合作战、对俘虏兵政策以及对逃避兵役者政策等问题，以协商的方式请朴一禹回满浦面见金日成。11月11日，彭德怀向毛泽东、高岗报告了以上问题的商谈结果。在中朝两军如何配合作战问题上，金日成同意派参谋担任通信联络，交换情报，不同意朝、中两个司令部靠近，更不承认联合形式。彭德怀在电报中强调："事实上现在迫切需要统一指挥。"

11月13日，毛泽东在致斯大林的电报中，将彭德怀提出的中朝两军统一指挥的建议转告斯大林，以征求斯大林对这一问题的意见。彭德怀建议，希望金日成同志、斯蒂科夫（苏联驻朝鲜特命全权大使）、彭德怀组成党的三人小组，负责决定军事政策，包括建军、作战、正面战场和敌后战场以及与作战有关的许多现行政策，求得彼此意见一致，以利战争。毛泽东在电报中最后指出：朝鲜的战局，是可以转变的。现在我志愿军16个师在朝鲜西北战线方面，已给敌人第一个打击，初步地立稳了脚跟，只要能再给该线敌人（8个师）以一个至两个较大的打击，就能将该线的防御局面改变为进攻局面，而这是有可能的。东北战线方面，我志愿军仅有两个师，敌人（5个师）还很猖獗，现正增派8个师去，准备给敌人一个打击，转变该线战局。现在的重要问题是朝、苏、中三国在那里的领导同志们能很好地团结，对各项军事政治政策取得一致的意见，朝鲜人民军和中国志愿军在作战上能有较好的配合，并能按照斯大林的提议，有相当数量的朝鲜军队和中国志愿军混合编制在一起（保存朝鲜军队的建制单位），倘若如此，胜利是有把握的。11月16日斯大林复电，表示完全赞成由中国同志来统一指挥朝鲜境内的作战，并将同一电报发给金日成和斯蒂科夫。

11月15日，金日成、斯蒂科夫前往志愿军司令部，与彭德怀、高岗就中朝两军统一指挥等问题进行了协商。

12月3日，毛泽东、周恩来与前来访问中国的金日成在北京就朝鲜战争的若干重要问题举行友好协商。在会谈中，毛泽东就朝鲜战争发展前途及今后方针，回答金日成：战争有可能迅速解决，但也有可能拖长，我们准备至少打一年。朝鲜方面也应做长期打算，并仍应以自力更生为主，争取外援为辅。敌人有可能要求停战，我们认为必须承认撤出朝鲜，而首先撤至三八线以南，才能谈判停战，最好我们不仅拿下平壤，而且拿下汉城，主要消灭敌人，首先全歼南朝鲜军，对促进美国撤兵会更有力量，美国如承认撤兵，联合国有可能在同意中苏参加的条件下，主张全朝鲜人民在联合国的监督下，选举自己的政府。但美国的诺言和协定不可靠，故应从最坏方面着想。

在中朝两军统一指挥问题上，金日成说：斯大林来电报同意中朝军队统一指挥，因中国志愿军有经验，应由中国同志为正，朝鲜同志为副，朝鲜劳动党政治局会议已同意。最后双方商定：成立中国人民志愿军和朝鲜人民军联合司令部，凡属作战范围及前线一切活动均由其指挥，后方动员、训练、军政、警备等则由朝鲜政府直接管辖，但联合司令部应向后方提出要求和建议。铁路运输修理亦归联合司令部指挥。联合司令部下属两机构，即中国人民志愿军部队司令部和朝鲜人民军总司令部，合驻一处办公；以彭德怀为司令员兼政治委员，朝方金雄为副司令员，朴一禹为副政治委员。联合司令部对外不公开，仅对内行文用之。

12月7日，彭德怀与金日成在朝鲜进行会谈，决定在数日内组成中朝联合司令部。8日，周恩来起草了关于中朝联合司令部成立及其职权范围的协议，拟征求金日成的意见后付诸实施，协议除上述中朝领导人已经商定的内容外，还补充了以下内容：联合司令部有权指挥一切与作战有关之交通运输（公路、铁路、港口、机场、有线无线的电话和电报等）、粮秣筹措、人力物力动员等事宜。联合司令部凡关此类命令，视其管辖关系，分别由朝鲜人民军总司令部或中国人民志愿军司令部下达。凡属朝鲜后方的动员支前、补充训练及地方行政的恢复等工作，联合司令部得根据实际情况和战争需要向朝鲜政府提出报告和建议。凡有关作战的新闻报道，统一由联合司令部指定机关负责编审，然后交朝鲜新闻机关以朝鲜人民军总司令部名义统一发布。

12月上旬，中国人民志愿军和朝鲜人民军联合司令部（简称中朝联合司令部或联司）正式组成，彭德怀任司令员兼政治委员，金雄为副司令员，朴一禹为副政治委员（不久增补邓华为副司令员）。从此，中朝军队在中朝联合司令部的统一指挥下并肩作战。

现在苏联驻朝鲜大使要求迅速追击敌人；金日成提议缩短休整时间，继续南进。中国人民志愿军毕竟是在朝鲜国土上帮助朝鲜人民抵抗美国侵略者，应该尊重朝鲜领导人的意见，但敌人明明是在引诱我军南下，我们怎么能硬往敌人设下的圈套里钻呢？

经过两天两夜的苦思冥想，彭德怀致电毛泽东：由于部队伤亡很大，现兵员不足，供应极差，体力削弱，难以继续作战，必须休整补充。

10日晚，金日成在柴军武的陪同下来到君子里志愿军司令部。在一间简陋的会议室，金日成、彭德怀开始会谈。邓华、洪学智及柴军武参加会谈。

“我先介绍一下志愿军的现状。”性格爽直的彭德怀直截了当地说：“西线志愿军6个军，三个战役的战斗伤亡3万人，冻伤2万人，共5万人；东线3个军，战斗伤亡1.9万人，冻伤及患病2.2万人，总共减员9.1万人。现运输困难，粮弹、棉衣、被毯运不上来，体力削弱，人员极不充实，急需补充休整，改善运输条件，以利再战。”

“现敌军兵力尚有20余万人，已在平泽、安城、堤川、宁越、三陟等线布防就绪。”彭德怀用征询的目光看了金日成一眼，说：“我应进行充分的准备，求得下一战役消灭更多敌人，不让敌人退至釜山狭小地区，此着甚为重要。从各方面考虑，不消灭敌人主力，美军是不会退出朝鲜的。”

接着，金日成和彭德怀就休整的时间、能不能追击等问题，进行了长时间的讨论。会谈一直持续到后半夜。

第二天，彭德怀收到了毛泽东的急电：10日午电悉。人民军一、二、三军团均可置于汉江以南之第一线。中国人民志愿军撤至仁川及汉城以北休整两三个月。仁川及汉城之守备由志愿军担任。人民军应将现在东北训练的新兵加以补充。如朝方认为不必补充休整就可前进，则亦可同意人民军前进击敌，并可由朝鲜政府自己直接指挥。志愿军则担任仁川、汉城及三八线以北之守备。

当日黄昏，彭德怀与金日成、朴宪永继续会谈。邓华、洪学智及柴军武仍参加会谈。

“拉佐瓦耶夫的观点是对的。志愿军不应在此时休整，如志愿军继续南进，美军就肯定退出朝鲜。”会谈一开始，朴宪永就直截了当地说。

“你的愿望是可以理解的。”彭德怀耐心地说，“我军经过三次战役后，减员甚大，疲劳异常。另外，随着运输线的延长，既无空军掩护，又缺高射炮部队掩护，供应非常困难。而美军是全部机械化的，每天只撤退30公里，恰好是我军一夜行程。敌人利用飞机轰炸，使我在无空军掩护的情况下白天根本不能通行，而且敌人的长射程大炮亦昼夜射击。造成我军追击十分困难。志愿军必须休整两个月，才能对敌发起攻势。”

朴宪永坚持己见，双方争执不下。彭德怀见说服不了对方，只好说：“如果你坚持要追击，那就由人民军追击，由你们直接指挥。志愿军担任仁川、汉城及三八线以北的守备。”

经过一场激烈的争论之后，金日成、朴宪永同意志愿军就地休整，暂不向南进攻。双方商定近期召开中朝两军高干会议，以总结交流经验。

1月25日，中朝军队高级干部在朝鲜成川郡君子里召开联席会议。

彭德怀在会议上做了《三个战役的总结和今后的任务》的报告。彭德怀在报告中说：中国人民志愿军和朝鲜人民军携手作战，从1950年10月25日到今年1月6日，已经取得三个战役的伟大胜利。现在正准备下一个战役。他在报告中就三个战役胜利的意义、取得胜利的原因、战术中的几个问题，下次战役的思想准备，加强后勤工作，在新解放区应实施的政策，中国人民志愿军向朝鲜人民学习等七个问题，做了明确而深刻的论述。

这时，“联合国军”发起了大举进攻，中朝领导人立即决定停止休整和转入防御。

1月27日，彭德怀与金日成、朴宪永、高岗、邓华等协商后致电毛泽东：为增加帝国主义内部矛盾，可否播发中朝两军拥护限期停战，人民军与志愿军从乌山、太平里、丹邱里线，向北撤15至30公里的消息，如同意，请由北京播出。敌继续北犯，我保持桥头阵地甚困难，出击将破坏整训计划，推迟春季攻势，且目前兵员、弹药全无补充，最快亦须下月勉强出动。如我暂时放弃仁川及桥头堡阵地，国内外政治情况是否许可？如不能停止敌北进，政治上又不许可放弃汉城、仁川，即须被迫部署反击，但从各方面考虑甚为勉强。

3 横城反击战

“美第2师又一次首当其冲，遭受重大损失，尤其是火炮的损失更为严重。这些损失主要是由于南朝鲜第8师仓皇撤退所造成的。”

志愿军只争取了不到20天的休整时间，部队疲劳没有完全恢复，物资弹药没有得到较好的补充。根据情报，“联合国军”进攻的重点主要放在西面，以美、英军为主力，东面以南朝鲜军为主力。在这种情况下，怎样挫败敌人的攻势呢？

彭德怀与韩先楚、洪学智、解方商定，决定采取“力争停止敌人前进，稳步打开战局，并从各方面加紧准备，仍做长期艰苦打算的方针”。准备以一部兵力在西线进行防御，坚决顶住美军主要集团的进攻；在东线则让南朝鲜军深入，造成有利于我歼灭突入之敌的态势。集中我军主力实施反击，争取歼灭南朝鲜军一两个师，随即向敌纵深突击，从侧翼威胁西线美军主要进攻集团，动摇美军的进攻，迫使敌人停止进攻。

彭德怀将部队分为3个集团：韩先楚指挥由志愿军两个军和人民军一个军团组成的韩集团，在西线抗击敌军主力；邓华指挥由志愿军

4个军组成的邓集团；金雄指挥由人民军3个军团组成的金集团，在东线寻敌弱点，准备反击。

西线志愿军第50军和第38军第112师展开了异常艰苦的防御作战。敌人的飞机贴着山顶尖叫着，炮声隆隆震颤着山岭。在志愿军汉江南岸的防御阵地上，硝烟滚滚，天昏地暗。

从27日起，敌军每天都动用大量兵力，在飞机、大炮、坦克支援下，轮番向第50军第149师兄弟峰、东远里和第148师帽落山、修理山及第150师文衡山发动进攻。

坚守白云山的第447团，英勇地抗击10倍于我之敌的轮番进攻，承受了上百枚汽油弹、炸弹的袭击，阵地几经反复，失而复得，与敌激战一昼夜，毙伤敌1400余名，守住了阵地，被志愿军总部授予“白云山团”的光荣称号。著名作家刘白羽、作曲家郑律成为他们谱写了《歌唱白云山》的赞歌。

敌机对帽落山阵地实施了地毯式轰炸，阵地上每平方米落弹1至2枚，工事被夷为平地。守卫帽落山阵地的第443团指战员在异常艰苦的条件下，顽强地抗击着敌人一次又一次的进攻。

第7连在受到重大伤亡的情况下，沉着应战，激战6小时，打退敌人11次进攻。最后只剩下战士王正冒一人，他端起轻机枪，顶着敌人弹雨，孤胆拼杀。

第9连在连续打退敌人5次进攻后，子弹耗尽了就用石头砸、用镐头与敌进行搏斗，战斗到只剩下两名战士。

守卫修理山的第444团，抗击着10倍于我之敌的进攻。第8连伤亡重大，干部大部伤亡，弹药耗尽。但他们凭借石头连续打退了敌人两次进攻。

第2连的工事全部被摧毁，连长在战斗中牺牲，连队干部大部分负伤。战士们在失去指挥员的情况下，仍与敌苦战两个多小时。当300余名敌人拥到阵地前时，机枪手王英，抱起炸药包，冲向敌群，与敌同归于尽。

彭德怀采取“西顶东放”的战法，打乱了李奇微的进攻步骤。战至2月7日，西线之敌仍被阻击在汉江以南，14昼夜只前进了18公里。

2月9日，东线的南朝鲜军第8、第5师冒进至中部地区的砥平里、横城一线，在整个战线上处于突出位置，因为南朝鲜军战斗力较弱，又处于运动之中，侧翼暴露。

彭德怀果断在东线发起反击，歼灭横城之敌。

2月11日黄昏，在短促的炮火袭击后，志愿军官兵顶着寒风，踏着积雪，向横城地区发起反击。

担任穿插任务的第117师乘着夜色，迅速向鹤谷里猛插，准备截断南朝鲜军第8师的退路。

部队行进在山谷之中，两侧高山峭立，中间夹着一条崎岖的小道。朝鲜的冬夜滴水成冰，山道上的冰雪冻成了坚硬光滑的冰板，队伍中不断有人滑倒。他们越过山谷，又翻过一座800多米高的大山，一夜长驱30公里，终于到达鹤谷里，截断了南朝鲜第8师的退路。

一夜之间，志愿军就对敌军形成了包围，打乱了南朝鲜军第8师的部署。第42军两个师和第39军第117师在西，第40军在北，第66军在东北，向进至横城西北地区、态势突出的南朝鲜军第8师发起了攻击。

12日晨，从正面战场向横城败退下来的敌人越来越多，突围的数量也越来越大。北到新村，南至大谷，约6公里的公路上，突围与反突围的战斗越来越激烈。

敌步兵在航空兵和坦克的掩护下疯狂地突围，同时，敌不断派增援部队接应被围之敌。但是，在第117师的顽强阻击下，牢牢地阻断了敌人的退路，经一天一夜激战，毙伤敌850余人，俘敌2500余人；击毁和缴获坦克、汽车200余辆、各种火炮100余门。第117师获得了中朝联合司令部、政治部通令嘉奖。

在第117师向敌后穿插的同时，第42军第125师阻击横城以南美军的增援，在前进中歼灭横城外逃之敌一部。

第42军第124师和第40军第118、第120师从西向南插进，将南朝鲜军第8师各部间的相互联系完全切断，分割成数块。

第66军从东北方向南进，歼敌一部。

人民军第3、第5军团也在横城以东和东南阻击了南朝鲜军第3、第5师的北进增援。

战至13日晨，横城之战歼灭南朝鲜军第8师3个团和美军第2师一个营及4个炮兵营，共1.2万余人。

李奇微后来回忆说："在中共军队的进攻面前，美第2师又一次首当其冲，遭受重大损失，尤其是火炮的损失更为严重。这些损失主要是由于南朝鲜第8师仓皇撤退所造成的。该师在敌人的一次夜间进攻面前彻底崩溃，致使美第2师的侧翼暴露无遗。南朝鲜军队在中国军队打击下损失惨重，往往对中共士兵怀有非常畏惧的心理，几乎把这些人看成了天兵天将。所以，过了很长的时间才使南朝鲜军队树立起抗击敌军夜间进攻的信心。脚踏胶底鞋的中共士兵如果突然出现在南朝鲜军队的阵地上，总是把许多南朝鲜士兵吓得头也不回地飞快逃命。"

李奇微迅速制定了对付中朝部队突然进攻的作战方针，即确保朝鲜东海岸的南朝鲜军第1军防守区和砥平里，限制中朝军队的进攻正面，待志愿军攻势减弱后转入反击。

横城战役胜利结束后，为扩大战果，彭德怀决定以第39、第40、第42军各一部共8个团的兵力歼灭砥平里地区之敌。

砥平里是朝鲜的重要战略要地，位于横城以西，是美军第9军和第10军接合部的交通汇集点。砥平里四周是一二百米高的小山，各山头筑有野战防御工事，设有铁丝网和地雷等障碍物。

由于志愿军对该敌判断有误，当时侦察判断，该敌为已经逃跑了一部的美军，最多不过4个营的兵力。后来在战斗中才弄清，砥平里之敌为美第23团全部，另指挥法国营和一个炮营、一个坦克中队，总兵力6000余人。

13日晚，志愿军向砥平里发起了进攻，部队英勇顽强，打得十分惨烈。战斗虽然受挫，但指战员们前赴后继，奋勇冲杀。

经过一天一夜激战，美、法军队被压缩在不到2平方公里的狭小地区。就在美、法军队即将崩溃之际，李奇微派出的第9军的坦克赶到，坦克火炮一齐开火，适时赶到的美军飞机也狂轰滥炸，投下了大量凝固汽油弹和燃烧弹，砥平里附近山上烧起熊熊烈火。

2月15日，美军骑兵第1师第5团在30余辆坦克、100余架飞机的掩护下，气势汹汹地推进到砥平里西南的曲水里。

彭德怀命阻援部队予以阻击，经激战击溃美军步兵，但美军坦克倚仗火力优势冲入砥平里与其守军会合。

为避免陷入被动状态，彭德怀命令志愿军于2月16日拂晓撤出战斗，全线转入防御。

志愿军发起第四次战役后，毛泽东和周恩来鉴于朝鲜战场上美军凭借占有绝对优势的武器装备，遭到志愿军攻击时撤退快，而志愿军停止攻击后其反扑也快，以及志愿军得不到较长时间的战场休整等情况，为了保持作战的优势力量，于2月上旬，确定志愿军在朝鲜战场采取轮番作战的方针，以第二番作战部队于2月中旬开始入朝，4月中旬接替第一线作战。同时还计划了第三番作战部队。

为掩护第二番部队入朝参战，彭德怀决定第一线部队以空间换取时间，争取在三八线以南组织两个月左右的防御，掩护第二番部队到三八线地区完成集结，发起第五次战役。

2月21日，彭德怀乘专机抵达北京，向毛泽东汇报朝鲜前线敌我情况和志愿军面临的许多严重困难，请中央设法解决，否则将延长战争时间。

毛泽东听完彭德怀的汇报后，说："根据现在情况看来，朝鲜战争能速胜则速胜，不能速胜则缓胜，不要急于求成。"

3月1日，毛泽东在致斯大林的电报中谈到：从目前朝鲜战场最近进行的战役中可以看出，敌人不被大部消灭，是不会退出朝鲜的，而要大部消灭这些敌人，则需要时间。因此，朝鲜战争有长期化的可能，至少我应做两年的准备。目前敌人的作战意图是企图与我进行消耗战。为粉碎敌人意图、坚持长期作战，达到逐步歼灭敌人之目的，我中国志愿军拟采取轮番作战的方针。我军拟让敌人进至三八线南北地区，在我第二番志愿军部队9个军到齐后，再进行有力的新的战役。我们计划在我第二番部队到齐后，在4月15日至6月底两个半月内，在三八线南北地区消灭美军及南朝鲜军建制部队数万人，然后向南汉江以南推进，最为有利。

彭德怀从北京回到朝鲜后，致电柴军武转金日成：现将在北京商谈各项摘告如下：毛泽东与政治局同志均认为朝战带长期性，我应积极增加在朝作战力量，尤其加紧修建机场，以便空军参战。除按三番作战部署兵力外，再抽老兵5万人朝，以便随战补充。作战方针以消灭敌人为主，不必顾虑城市之暂时得失。抗美援朝运动已在中国全面展开，动员参军人数各地均超过。

2月18日，朝鲜前线炮声隆隆，硝烟弥漫。

李奇微为美军在砥平里战斗中打退中国军队而沾沾自喜，又在酝酿下一步计划：准备发动一次强大的进攻，以两个师的兵力在汉城以东强渡汉江，旨在切断敌军的补给线，并包围在西部地区集结的敌部队。

原先，李奇微认为，收复汉城在军事上没有什么价值，因为他感到背靠一条无法徒涉的河流无法进行有效的战斗。但是，麦克阿瑟告诉李奇微，如果能夺得汉城，能使“联合国军”士气大振。同时，美国在外交上也能取胜。

当时，李奇微了解到，位于平壤一带有中国军队4个军，但他对中国军队的实力、武器状况、士气以及作战企图等方面的情况依然不明。他判断中国增援部队很可能在源源不断地由该地区南下，以加强当面之敌。

李奇微制订计划的企图是：给敌人以最大限度的杀伤，同时尽量减少我们的伤亡；保持各主要部队建制的完整性；小心谨慎，避免因敌之诡计或我之贸然行动而陷入敌人包围，被其各个击破。我们的追击要有限度，只能在仍可获得强大支援的情况下才继续追击，或者至少要在部队能及时与敌脱离接触、进行局部后撤的情况下才实施追击。他将这次进攻计划命名为“屠夫行动”。

2月18日夜晚，李奇微召集第9军军长、第10军军长和第1陆战师师长，向他们简要介绍了“屠夫行动”的内容。李奇微后来说，这次恢复攻势使我的计划终于。从接任第8集团军指挥职务那一刻起，我就一直在酝酿这个计划，而且，可以说，计划的酝酿工作是在包括总司令在内的各级指挥官普遍存在撤退思想的情况下进行的。

但是，令李奇微感到不快的是，麦克阿瑟听了他的汇报后，即在实施该计划的前夕，眉飞色舞地告诉记者：“我刚刚命令恢复攻势。”

麦克阿瑟出风头的表现，不仅使李奇微的自尊心受到严重的伤害，而且使李奇微感到麦克阿瑟的这种做法肯定会给这次作战带来危险的后果。

麦克阿瑟有这样一个老习惯，即每当一次大规模进攻快要发起之时，他总是要视察他的部队中担负进攻任务的那些部队。每当一次大规模作战行动即将开始之前，麦克阿瑟就会由东京飞来，在前线抛头露面。而且，他在空中飞行时的那种讲究排场的架势本身，就几乎肯定会把他的每次飞行暴露给敌人。

当李奇微“屠夫行动”计划向五角大楼汇报时，柯林斯马上很有礼貌地提出了反对意见。他指出，“屠夫”一词肯定会给公众造成一种不舒服的印象，要求改换名称。

李奇微不明白承认战争就在于杀死敌人这样一个事实有什么可反对

的，他立即给柯林斯回电不同意改变作战名称，华盛顿当局只得作罢。

李奇微坚持战争就意味着杀人，对于任何企图使人民相信打仗是件流血甚少、只是稍微有些令人不快的做法，他是从内心反对的。

这时，志愿军采取了以时间换空间的运动防御。李奇微的新攻势已经拉直了“联合国军”在朝鲜蜂腰部的战线。

3月7日凌晨，李奇微又下令发起一场代号为“撕裂者行动”的新攻势。集中5个军共14个师3个旅又两个团的兵力，在强大炮火的支援下，在全线发起大规模进攻。企图以第9、第10军为主要突击力量，从战线中央突破，尔后与西线第1军分别从汉城东北及西南两个方向围攻汉城，进而向三八线推进。

3月14日，志愿军为争取主动，待机歼敌，主动撤离汉城。15日，美军第3师和南朝鲜军第1师进占汉城。

“联合国军”继续向北推进。志愿军邓华集团、韩先楚集团和人民军金雄集团在三八线以南漫长的战线上，英勇顽强，节节抗击，大量杀伤和迟滞敌人，掩护了第二番部队进入朝鲜。

3月27日，南朝鲜军首都师沿着东海岸公路进入北朝鲜，美军第25师和第24师也分别于3月31日和4月1日越过三八线。到4月中旬，第8集团军的整个攻击线已经深入北朝鲜境内，攻击线沿着汉城西北的临津江向后弯曲。

4 麦克阿瑟被解职

麦克阿瑟抬起头来看着他的妻子，温柔地说：“珍妮，我们终于可以回家了。”

1951年3月中旬，“联合国军”占领汉城，并向三八线开进。这时，美国参谋长联席会议建议国防部长对中国实行海军封锁，取消对中国沿海地区和东北空军侦察的限制，同时取消对动用中国国民党军队的限制。李奇微也给柯林斯写信，迫切要求他允许用中国国民党军队来增援第8集团军。

但是，参谋长联席会议的建议被驳回，李奇微的要求也同样被拒绝。3月20日，参谋长联席会议告诉麦克阿瑟："国务院即将准备由总统宣布，在侵略者已被从南朝鲜大部分地区赶出去的情况下，联合国准备讨论解决朝鲜问题的条件。"

3月24日，麦克阿瑟发表了一项声明：

> 如果联合国决定放弃将战争限制在朝鲜的容忍态度，把军事作战行动扩大到它的沿海地区和内陆基地的话，那必将会使赤色中国面临极大的危险。这些基本事实确定之后，假使这些问题是根据其本身的性质加以解决，而不是受到诸如台湾或中国在联合国的席位等与朝鲜无直接关系的题外问题的干扰，就不应再有任何不可克服的困难妨碍做出有关朝鲜问题的决定。

这一声明使华盛顿当局大为吃惊。因为它直接违反了参谋长联席会议12月6日发布的，未经五角大楼事先批准不得公开发表任何有关外交政策声明的训令。

杜鲁门听到麦克阿瑟的声明后，生气地说："麦克阿瑟的这一举动逼得我无可选择。我再无法容忍他的抗上行为了。"

第二天上午，杜鲁门召集艾奇逊、国防部副部长罗伯特·A.洛维特、迪安·腊斯克等到白宫开会。

洛维特首先发言："昨天收到麦克阿瑟的声明后，我感到非常愤怒。我们一定要撤销麦克阿瑟的职务，而且要立即撤职。"

"麦克阿瑟的这一声明可以说完全是对参谋长联席会议的无视，

是对他已被告知的一项行动的破坏，是对他的总司令的公然违抗。”艾奇逊也愤怒地说。

“我唯一能说的是我深感震惊。我从未估计过我同麦克阿瑟之间的困难，但自威克岛会晤之后，我曾指望他能尊重总统的职权。我认识到我本人除了解除这位国家的最高战场指挥官外没有别的选择。”杜鲁门虽然此刻十分冷静，似乎是处于一种难以置信，同时又压抑着怒火的心理状态之中。

如果马上解除麦克阿瑟的职务，必定会使在美国人民中早已不得人心的政府处于风雨飘摇之中。杜鲁门以异乎寻常的谨慎小心来完成这个任务，这一天他并没有提出撤职的问题，也没有透露他的想法，他只是口述了给麦克阿瑟的下述信件：

> 总统批示提请你注意他1950年12月6日发出的命令。鉴于1951年3月20日发给你的通知，你发表的任何进一步声明一定要与12月6日的命令协调一致。
>
> 总统还批示一旦共产党的军事领导人要求在战场上停火，你应立即将这一情况向参谋长联席会议报告，以得到指示。

在此期间，麦克阿瑟点燃了另一枚炸弹的导火索。3月初，众议院少数党领袖，一位保守派分子约瑟夫·W.马丁（马萨诸塞州共和党人），给麦克阿瑟写了一封信：

> 在目前的外交政策和总战略的讨论中，我们当中许多人一直感到烦恼，因为尽管欧洲地区得到了非同一般的重视，但我们一直不了解作为远东司令部总司令的你本人的观点。
>
> 我认为对于我们国家安全和世界战略来说，有一点十分必要，那就是美国在政策上应采取尽可能广泛的战略，而且我们真

诚地希望保护欧洲的同时，我们不应削弱我们在亚洲的地位。

随信寄去我于2月12日在纽约布鲁克林发表的讲话副本，其中强调了这一重要观点，并建议蒋介石大元帅在台湾的军队也许可以用于在亚洲开辟第二战场，以减轻我们的部队在朝鲜受到的压力。

我此后又在其他讲话中反复讲了这一观点的要点，而且我还打算于3月28日在全国无线电广播节目里再次提及。

如果我能得到你对这一观点的看法，不管是以机密的还是别的形式，我都视之为巨大的帮助。你的崇拜者成千上万，你赢得了人们莫大的尊重。祝你在你所指引的伟大事业中成功。

麦克阿瑟说过，他总是感到有责任坦率地回答每一位国会成员的询问。于是，他在3月20日回复了马丁的信。他没有将复信列为机密：

我十分感谢你8日的来信和信中寄来的一份你于2月12日讲话的副本。我以极大的兴趣拜读了你的讲话，我发现尽管岁月流逝，但你昔日的魄力无疑没有消失。

赤色中国在朝鲜与我们交战，我关于因此产生的局势的观点和建议已极为详尽地向华盛顿做了报告。总的来讲，这些观点是众所周知的，并得到了普遍的理解。这些观点主张走传统的路子，那就是像我们过去所成功做到的那样，用最大限度的武力去对付武力。你关于使用台湾的中国军队的观点，既符合逻辑，也符合这一传统。

有些人似乎令人奇怪地难以相信，亚洲这里是共产党阴谋家们进行征服全球活动的地方，而我们所介入的是因此在战场上引起的问题；他们难以理解的是我们这里用武器打的是欧洲式的战争，而那里的外交家们仍在进行着舌战；他们难以理解，如果我们在亚洲把这场战争输给共产党，欧洲的陷落就不可避免，而如果我们赢得这场战争，欧洲就完全可能避免战争，保住自由。正如你所指出的，我们必须要赢；胜利不是别的东西可以替代。

马丁于4月5日在众议院宣读了这封信，称他“有责任告诉美国人民我从这位伟大而可靠的人士那里得到的情况，此事又轰动了全世界”。虽然，麦克阿瑟说马丁“因为某些未加解释的原因和未同我磋商”就发表了那封信，但似乎很明显麦克阿瑟希望这封信公诸于世，决定要在公开辩论中同杜鲁门政府对抗。

第二天，4月6日，杜鲁门再次召集他的高级顾问马歇尔、艾奇逊、艾夫里尔·哈里曼和奥马尔·布莱德雷。他们用一个小时讨论了对麦克阿瑟该怎么办？以何种方式和何时解除他的职务。

艾奇逊发言说：“关于麦克阿瑟的下场已毫无疑问，唯一的问题是用最明智的方式处理他。”

“麦克阿瑟两年前就应撤职，那时他纵容日本国会通过了一项与华盛顿对日经济政策相矛盾的法律。”哈里曼振振有词地说。

“关于撤销麦克阿瑟的职务，应该谨慎从事，并要同参谋长联席会议磋商。”马歇尔不失时机地提出建议。

“总统先生，”艾奇逊也表示同意，“如果您解除麦克阿瑟的职务，您这届政府将面临一场恶战。”

“现在休会，请马歇尔查阅五角大楼档案中麦克阿瑟同华盛顿之间在过去两年中所有的来往信件。”杜鲁门仍然没有明确表示意见。但他已打定了主意，但并不想影响别人。

第二天，4月7日，星期六，同班人马再次会晤商议，马歇尔已经查阅了所有来往信件，并在会上宣读了有关部分。

杜鲁门听完马歇尔的汇报后说：“麦克阿瑟两年前就应撤职，我想，待参谋长联席会议讨论的结果再做出最后的决定。”

4月9日，星期一，他们再次在椭圆形办公室开会。

马歇尔将军首先宣布："参谋长联席会议在布莱德雷将军的主持下开了会，全体一致建议解除麦克阿瑟将军的一切职务，我和布莱德雷将军都同意这一建议。"

艾奇逊和哈里曼也表示同意参谋长联席会议的建议。最后，杜鲁门透露了他自己的想法：

"当麦克阿瑟3月24日发表声明时，我就下决心要罢免麦克阿瑟。那么由谁来接替麦克阿瑟呢？"

"总统先生，"布莱德雷说，"我和柯林斯已经推荐李奇微为接替这一职务的必然人选。詹姆斯·范佛里特应接任第8集团军司令官。"

杜鲁门对这两个人选表示赞同。由谁向麦克阿瑟传达这一命令呢？会议决定由当时在朝鲜访问的陆军部长弗兰克·佩斯去执行这一难堪的任务。杜鲁门要艾奇逊通过加密的通信系统向美国驻朝鲜大使发出命令，把指示传达给佩斯，由佩斯亲自去东京向麦克阿瑟传达命令。

但是，国务院的通信系统耽搁了这一电报，而此时，佩斯和李奇微一起上前线去了。

布莱德雷得知有人向新闻界泄露了这一消息后，急忙到白宫报告说：这一消息将于第二天，即4月11日上午由《芝加哥论坛报》发表，这是一家对政府不友好的报纸。

杜鲁门听完布莱德雷的报告，无可奈何地说："我再也无法做到由佩斯部长亲自传达命令，以表示礼貌了。"

杜鲁门决定立即向麦克阿瑟传达这项命令：

> 我深感遗憾的是，我不得不尽我作为总统和美国武装部队总司令之职，撤销你盟军总司令、联合国军总司令、远东总司令和远东美陆军总司令的职务。
>
> 你的指挥权将交给马修·B.李奇微中将，立即生效。你有权

发布为完成计划前往你选择的地点而必需的命令。

关于撤换你的原因将在你发布上述命令的同时公诸于众。

消息首先是通过商业无线电广播到达东京，以特急新闻的形式在全日本进行了广播。当收到这些新闻消息时，麦克阿瑟正在他的大使馆官邸招待客人进午餐。

当麦克阿瑟得到这一消息时，面部表情一下子呆滞了，没有闪过一丝激动的神情。他像石雕一样地沉默，然后抬起头来看着他的妻子，温柔地说："珍妮，我们终于可以回家了。"

第七章
“汉城面临第二次危机”

1 范佛里特的到来

在处理好与范佛里特以及其他军长们的关系上，李奇微有意克服麦克阿瑟在他指挥第8集团军之前做的那样大权独揽。

1951年春，和煦的春风慢慢唤醒了朝鲜这块饱经风霜的土地。漫山遍野的金达莱花含苞吐蕾，争妍斗艳，竞相向人们报告春天的讯息。

4月14日，一架飞机徐徐降落在南朝鲜大邱机场，从飞机的舷梯走下了一位身材粗壮的将军。他就是将要接替李奇微职务的范佛里特。

几位迎候多时的军官将范佛里特引向通道上停靠的几辆轿车旁，范佛里特钻进了头一辆轿车，驱车奔向第8集团军司令部。

范佛里特比李奇微早两年入西点军校，与艾森豪威尔、布莱德雷是同班同学。在第一次世界大战中，范佛里特是一名机枪营营长。和平时期，他在本宁堡服役，担任预备军官队的教官，同时兼任佛罗里达大学橄榄球队的教练。第二次世界大战期间，他连升数级。在诺曼底进攻的最前线犹他海滩登陆时，他是名团长，后升为师长。二战结束前，他已经成为第3军军长。范佛里特在希腊内战中，因打败了共产党游击队而享有盛名。他率领美国驻希腊联合军事顾问与计划团，在两年半的时间里，克服了政治和经济障碍，重建了希腊军队并帮助扑灭了共产党领导的少数民族叛乱。范佛里特与李奇微一样，同属于好战的人。

在大邱的豪华住宅里，李奇微举行了非正式的告别宴会。在宴会上，李奇微向新闻界介绍了范佛里特。他们两人迥然不同。李奇微文质彬彬、精明强干，显然生来就有高官厚禄的天命；范佛里特性情温厚，身强体壮，不善辞令。李奇微谈笑风生，举着酒杯频频与客人们碰杯。范佛里特则端着一杯“可口可乐”站在一旁，显得心明口拙。

宴会结束后，李奇微与范佛里特在一间小会客厅进行会谈。

“詹姆斯，向你表示祝贺，你是唯一能指挥第8集团军的人选。”李奇微微笑地看着比自己年长3岁的下属，恭维地说。

“请将军放心，我将尽力领导好这支优秀的部队。”

“考虑到中国大规模攻势的危险迫在眉睫，参谋长联席会议希望我暂时保留对战场的直接指挥，直到具有威胁性的敌人进攻被打败为止。但我已经拟定好了对付中国人进攻的作战计划，完全可以放心地让陆军参谋人员和下级军官辅助你渡过困难的阶段。”

李奇微向范佛里特交代完任务后，于当晚离开朝鲜飞赴东京，接替麦克阿瑟的远东司令部总司令和“联合国军”总司令的职务。

李奇微一下飞机，就到美国大使馆看望麦克阿瑟。李奇微后来回忆说：

> 我从羽田机场直接前往他的办公室。他以非常谦恭的态度立刻接见了我，我怀着像常人一样的好奇心，想看一看解除他高级职务的命令对他产生什么影响。他完全保持着已往的神态——镇定自若，平静、稳健，乐于帮助他的继任者。他几次谈到他被突

然解职的事实，但他的语调中几乎没有流露出丝毫苦恼或愤怒。我认为，他如此镇静地、不在外表流露出一丝惊愕地，接受了对于处在事业顶峰的一名职业军人来说，不啻为致命的一个打击，这很好地帮助这位伟人迅速恢复了愉快的心情。

4月16日早晨，厚木机场。麦克阿瑟的座机“巴丹”号停在机场中间。一支乐队和一支仪仗队静静地列队站立。李奇微、海军中将乔埃和空军上将斯特拉特迈耶及夫人们，同外交使团和日本国会的成员们站在一边，准备送别麦克阿瑟。

刚到7时，一辆轿车徐徐开进机场，麦克阿瑟夫妇走下车。珍妮走向军官们的夫人时，麦克阿瑟检阅仪仗队，然后向高级官员们走过来，同他们一一握手。

李奇微后来回忆说：“他握着我的手不加掩饰地说：‘我希望当你离开东京时，你会成为（美国陆军）参谋长。如果我被允许选择我本人（在盟军最高司令部）的继任者的话，我也会选你。’对一位伟大政治家来说，这一番简单很难说不是肺腑之言的话，是非常慷慨的举动。它对我来说意味深长……”

麦克阿瑟一行登上“巴丹”号。乐队奏起了《美好的往日》乐曲。在优美的乐声中，“巴丹”号飞上蓝天。

送别麦克阿瑟后，李奇微搬进了麦克阿瑟的办公室。他做的第一件事就是向华盛顿报告：“虽然敌军自2月中旬以来一直处于防御状态，但他们动用了其富有极大潜力的60多个师中的一部分兵力，他们仍具有随时发起进攻的能力。”

李奇微仔细分析了麦克阿瑟之所以公开声称不能理解或违抗给他的指示的原因。远东司令部总司令和“联合国军”总司令的两项职责，虽然在名义上是不同的，但实际上却是紧密相关的，而且还有可能混杂在一起以致互相干扰。第二天，他要求参谋长联席会议授权给他，即一旦苏联发起进攻的话，要由他自行斟酌决定是否把“联合国军”撤出朝鲜以保卫日本。

参谋长联席会议对这个问题很快做出了答复，他们拒绝了李奇微的要求。参谋长联席会议虽原则上同意一旦苏联发起进攻可以从朝鲜撤出联合国军队，但控制这种撤退行动的权力仍由他们掌握。参谋长联席会议指示：“当我们从你处获悉撤退条件已成熟的情报时，我们会根据你在朝鲜和日本的军队的直接安危状况，给你发出指示。你只能根据这些指示指挥部队从朝鲜进行大规模撤退。”

在处理好与范佛里特以及其他军长们的关系上，李奇微有意克服麦克阿瑟在他指挥第8集团军之前做的那样大权独揽。他决定将根据集团军司令范佛里特的声望和出色的才干给他以适当的行动自由，但对他的主要作战方案仍然保留批准权和否决权。

在接到华盛顿的有关最新任务和方针的指示之前，李奇微对第8集团军和南朝鲜军的进攻行动采取了适当的限制。4月19日，他明确限制了范佛里特所属师的推进，因为他相信中国人不久就可能发起进攻，而范佛里特若是越出自己的战线发动进攻，则可能遭到危险。这样，范佛里特在事先没有得到李奇微的许可时，是不能向“怀俄明线”（即西起铁原西南的263.4高地，东到北汉江西岸的小高飞云伊一线）以远派遣任何大部队的。

在李奇微的催促下，参谋长联席会议责成陆军参谋长为李奇微准备了一份关于如何指挥朝鲜行动的指示。经杜鲁门批准，5月1日，陆军作战部给李奇微下达了最新指示：联合国军总司令的总的使命是帮助南朝鲜击退侵略并恢复这一地区的和平与安全。他要达到的目标是摧毁在南朝鲜地理边界及其邻近水域作战的北朝鲜和中共武装力量。不能侵犯中共或苏联领土。倘若中国在朝鲜领土以外的海上或空中攻击美军，例如在日本，则允许对中国大陆进行报复。这种报复仍须征得参联会的特别准许方可实施。

“参联会”第一次限制了“联合国军”的推进，在未经得到事先许可的情况下，李奇微不得超越“堪萨斯—怀俄明线”（“堪萨斯线”即西起汉江口，沿临津江，再经三八线以北附近地区至襄阳一线）。最初的经始线进行大规模推进。但参联会给了李奇微一些限制较小的行动指挥权。他在该线以北可根据情况自行决定，实施一些有限作战行动，包括两栖作战和空中作战，以造成敌军的不平衡态势并保持与敌军的接触，或者是达到保证所属部队安全的目的。

大邱第8集团军司令部。范佛里特走马上任，按捺不住内心的兴奋。第二次世界大战造就了美国一大批军人，使这些军人在二战中脱颖而出，叱咤风云。范佛里特虽然在二战中不像艾森豪威尔、巴顿、布莱德雷、麦克阿瑟那样名声远扬，但也屡立战功，平步高升。当战争再次需要他的时候，他挺身而出，决计要干得有声有色。

第8集团军原定的作战计划是，万不得已就再后退到北纬37度线阵地，并且再次以同前次大体一样的方法转入攻势。就是说，要把这次攻势看成新年攻势的再现，再次利用中朝军队可能暴露的攻势的顶点实施反击，而且要多次反复，直到中朝军队的战斗力完全消耗尽为止。范佛里特开始重新考虑这一计划。

他考虑到有两点值得担心：一是放弃汉城在战术上非常正确，但如此轻率地对待一个国家的首都是否合适呢？二是把好容易才得到加强的汉城地区的补给设施再次向后撤退，会使战斗力暂时出现空白点，而且反复地后退和反击会使部队的士气变得沮丧。

如果轻率地放弃汉城，恐怕会严重地影响南朝鲜军队的斗志，进而很可能大大地波及华盛顿正在考虑的停战建议。南朝鲜人民对汉城依依不舍的感情越发加深了，确保这个南朝鲜的象征，将成为南朝鲜军队士气的源泉。如果轻易放弃这个象征，南朝鲜人民就会失去了“保卫什么”的信念，弄得不好会降低他们的士气。而且，中朝军队很可能由于轻易夺回汉城，士气大振，不会那么容易同意停战。

如果确保汉城，就能使部队官兵树立防御信心。因此，范佛里特对原计划做了部分修改，决定在既定战略的范围内，努力确保汉城，并且从第9军抽出第1骑兵师作为军的预备队，随时参加汉城的防御作战。

范佛里特在接到李奇微明确限制他所属师推进的指示的当天，就向李奇微报告了他的计划：计划在4月21日开始向“怀俄明线”进行一次大规模的推进。他请示李奇微批准他从4月23日开始对东边一个次要的有限目标发起进攻，以便夺占从杨口到松岘里的所谓“亚拉巴马线”，以确保杆城—麟蹄路的安全。

在东京的李奇微确实佩服范佛里特的魄力，才上任几天就敢于发起进攻。因为还没有得到华盛顿新的指示，李奇微当即批准了范佛里特防卫杆城—麟蹄路安全的计划，但对“亚拉巴马线”做了一些修改，该线经过标定后的位置比范佛里特提出的在东、西方向上都做了进一步延伸。夺占这条线将给三八线以北的第8集团军前沿东部地域造成有利态势。李奇微命令说：不要让敌大部队迂回通过，各军内部及各军相互之间务必组织好横向协同。

4月19日，美军第1军和第9军控制了“犹他线”，范佛里特下达命令，准备向“怀俄明线”进攻。

4月21日，“联合国军”开始向“怀俄明线”展开进攻。

二 第五次战役

一名战士突然跳起来嚷道：“咦，真怪！怎么他们帽子上有两个帽徽呢？”

3月底，当“联合国军”向三八线逼近时，彭德怀考虑敌人会趁我军疲劳，再次越过三八线吗？还是在三八线暂停，待阵地巩固后再北进？我军的反击以何时最有利？

这时，志愿军司令部从各方面得到情报，美国已从国内增兵朝鲜，并有两个师运到日本。南朝鲜军新组建的3个师正在日本组编训练。美军为了配合正面进攻，很可能要重演仁川登陆、截断进至洛东江的朝鲜人民军的故技。美军可能企图首先从朝鲜东海岸元山一带登陆，从侧后向志愿军东线部队进攻，尔后从西海岸镇南浦一带登陆，东西对进，截断朝鲜蜂腰（即安州到元山一线），企图与正面之敌夹击志愿军。

根据对以上情况的了解和分析判断，彭德怀开始考虑对敌进行大规模反击，即进行第五次战役。

一天下午，彭德怀召集邓华、洪学智、解方、杜平，商讨第五次战役的作战方案。大家纷纷发表自己的看法，彭德怀坐在一旁细心地听着，见争论激烈时偶尔一笑。

“我觉得敌人会再次越过三八线北进，而且正准备从海上登陆配合，逼我两面作战，那对我军是很不利的。”彭德怀等大家都发言完后，说：“我军必须在敌人很疲劳，伤亡还未补充，部队不甚充实，且后备部队尚未到来之前，进行反击。我军反击时机以现在为最好。但现在我第二番入朝部队尚未集结完毕，可考虑5月上旬开始反击。若再推迟，待敌人登陆和增援来后再打，可能增加我军的困难。”

邓华、洪学智、解方、杜平都同意彭德怀的看法，决定召开中共志愿军党委第5次扩大会议。

4月6日，在金化郡上甘岭，彭德怀主持志愿军党委第五次扩大会议。参加会议的有邓华、朴一禹、洪学智、韩先楚、解方、杜平、第9兵团司令员兼政治委员宋时轮、第19兵团司令员杨得志、政委李志民、第3兵团副司令员王近山，以及有关军首长。

彭德怀在会上传达了中共中央、毛泽东主席关于“战争准备长期，尽量争取短期”的战争指导方针，总结了前4次战役的经验，提出了实施第五次战役的方针和部署。他说：

“现在敌人在朝鲜前线的兵力为14个师、3个旅，共24万人左右。另有南朝鲜军第2、第8、第11师共3万多人，分布在春阳、大邱、大田、马山等地。敌人在四五月份可能获得后备兵力不下12万人。从各方面情报及种种迹象判断，敌军进占三八线以后还要继续北进，而且很可能从侧后登陆，配合正面进攻，对我造成极大威胁。我们必须在4月20日左右，至迟5月上旬，举行战役反击，消灭敌人几个师，粉碎敌人的计划，夺回主动权。在打法上，由于敌人这次兵力比较靠拢，战役纵深不大，我军必须实行战役分割和战术分割相结合，从金化至加平线劈开一个缺口，将敌人东西割裂，然后各个包围歼灭之。”

彭德怀于4月10日把他的设想和部署电告中央军委和毛泽东主席。4月13日，毛泽东回电表示：“（一）完全同意你的预定部署，望依情况坚决执行之。（二）为防敌从元山登陆，似须以四十二军主力位于元山城内及其附近，确保元山，请酌定。”

4月18日，彭德怀致电第3、第9、第19兵团及各军并报中央军委，下达反击作战命令：我春季攻势决以歼灭北汉江以西美军3个师，英、土3个旅，南朝鲜军1、6两师为目的。首先集中歼灭南朝鲜军第6师、英27旅、美3师、土耳其旅、英29旅、南朝鲜军1师，然后会歼美24师、25师。

4月22日，一个非常宁静的星期天。当夜幕刚要降临的时候，绿色信号弹划破了昏暗的天空，志愿军炮兵突然怒吼起来，万发炮弹泻向敌阵。霎时，在三八线附近的200多公里宽的战线仿佛变成了火山，隆隆的炮声惊天动地，军号声、喊杀声响彻云霄。接着，中朝军队14个军同时发起全线攻击——第五次战役。

训练有素的美军迅速做出了反应。敌机昼夜不停地轰炸、扫射，浓密的炮火疯狂地轰击。

在空寺洞志愿军司令部，彭德怀脸色冷峻，密切地注视着战局的发展。战况不断传来：

左翼突击集团迅速突破了敌军防御。第40军发展迅速，打乱了南朝鲜军第6师在白云山以东的部署。

中央突击集团突破后，在涟川周围地区受到美军第3师、土耳其旅的抵抗。第60军一举攻克敌前沿要点地藏峰，突破了土耳其旅的防线，割断了美军第25师和土耳其旅的联系，抗击第25师的西援。

右翼突击集团在扫清了临津江西岸之敌后，第一梯队于23日凌晨突过临津江。

当时，南朝鲜军第6师在中部战场向北推进，穿过华川以西地区，其左侧的美第24师和右侧的美陆战第1师也从两翼赶上，齐头并进。南朝鲜军第1师位于临津江下游，在它的右侧是英军第29旅。美军第25师和土耳其旅在铁原正南、汉江以北地区。

志愿军第40军冲向美军第24师和陆战第1师暴露的侧翼，向南朝鲜军第6师正面进攻。

南朝鲜军第6师像潮水一样向南退去，有的乘车，有的步行，扔下枪炮和给养。美陆战第1师试图用枪口阻止他们后撤，可是无济于事。配属南朝鲜军第6师的炮兵营也卷进了这场雪崩似的败退之中。

南朝鲜军被打得晕头转向，一名中尉吞吞吐吐地告诉一个狂怒的美陆战队员："到春川去——休假——到春川。"

南朝鲜军溃不成军，仓皇南逃，李奇微对此深感头痛，他亲笔记下令他苦恼的一幕：

> 只是南朝鲜军队的所作所为使我感到苦恼。实施进攻的中国军队再次将一支又一支的南朝鲜部队追赶得抱头逃窜。溃逃之中，这些部队又丢弃了大量贵重且难以补充的武器装备……中国人狠狠打击南朝鲜军队，迫使其仓皇逃回"犹他线"以南。

迅速突破南朝鲜军第6师防线的是志愿军第40军。第40军动作勇猛迅速，发展很快，一夜之间打乱了南朝鲜军第6师在白云山以东的部署，前进十余里，占领了敌第一线主阵地。

接着，第118师分两路直插敌纵深。第354团第3营在团参谋长刘玉珠率领下，冒着敌机、炮火的封锁，大胆穿插，翻越矗立在三八线上的云霄岘，沿途打垮了敌人五次拦阻，歼灭南朝鲜军第6师和美军第24师一部。23日24时，插到了加平东北沐洞里。此时，英军第28旅和加拿大军第25旅一部正向西北机动，与3营遭遇。敌人依靠优势的兵力、火力四面向3营压来。

刘玉珠临危不乱，与营长李德章商量说："我们楔入敌军纵深就是要割断敌军的横向支援，保证西线兄弟部队各个歼灭敌人。现在既然与敌遭遇，就要血战到底，即使付出重大牺牲，也决不能放英军西去。"

第3营在刘玉珠的指挥下，死打硬拼，杀得英军横尸遍野，寸步难行。由于弹尽粮绝，伤亡重大，刘玉珠决定部队分两路突围。刘玉珠在掩护营长突围时，壮烈牺牲。

第3营虽然伤亡较大，但给敌以很大杀伤，阻止了敌人的西援，该营第7、第8连均荣立集体一等功。

第40军后续部队迅速跟进至加平附近，25日又打退加平之敌多次反扑，胜利完成了战役割裂任务。

第39军前出到华川以南之满月岘、原川里一线，将美军陆战第1师隔于北汉江以东，不得西援。

担任中央突击的第3兵团，突破后在涟川以北受到美军第3师、土耳其旅顽强抵抗，进展比较缓慢，于23日午后前出到涟川东西地区，之后又继续向永平、哨城里方向进攻。

右翼第19兵团第63、第64军和朝鲜人民军第1军团强渡临津江。敌机昼夜不停地轰炸扫射，密集的炮火疯狂地向江岸、江心射击。每一个桥梁、渡口和徒涉点都被严密地封锁了。临津江两岸弥漫着一片硝烟和炮弹的烟柱。

指战员们冒着敌人的炮火，涉过齐胸深的江水，向对岸冲去。一发发炮弹落在江中，在勇士们的身旁掀起了一根根巨大的水柱。

这时，第63军先遣支队率先渡过临津江。他们的任务是插到议政府西南的道峰山，截断敌军的后路。

先遣支队片刻不停地前进，到了后半夜，背后的枪炮声渐渐远去，穿插部队已经进到敌人的大后方。刚刚天亮的时候，他们占领了锦屏山。在这儿把溃退的敌人截住了以后，接着就赶到道峰山，跟另一支部队会合在一起。

他们截断了从议政府通往汉城的公路大桥，把仓皇溃逃的美军拦在桥北，黑压压拥挤在那里。先遣支队与美军激战三天四夜，对敌侧后造成了威胁。

志愿军第63军先头部队冲到临津江东岸后，像楔子一样插在英军第29旅和南朝鲜军第1师中间。接着，又从两翼向英军格洛斯特郡团第1营冲过去。

格洛斯特郡团第1营被包围了，英国兵正慌乱地四处逃奔，枪支扔得遍地皆是。

“冲啊！抓活的啊！”志愿军战士们呼喊着从四面冲向英军。

英国兵彻底崩溃了，他们纷纷举起白旗，成了志愿军的俘虏。团长兼第1营营长卡恩思躺在同伴的尸堆中装死，但最终还是走进了俘虏的行列。

志愿军战士们押着英军俘虏。一名战士突然跳起来嚷道：“咦，真怪！怎么他们帽子上有两个帽徽呢？”

大家这才注意到，这些英国“皇家陆军”士兵的帽子上果然前后都有帽徽。事后才知道，这支英军部队早在1801年，在远征埃及的殖民战争中，因为突破包围、转败为胜，受到英皇赏赐，从此格洛斯特郡团每个士兵帽子前后都缀有“皇家陆军”的帽徽。

在空寺洞，彭德怀炯炯有神的目光紧紧盯着作战地图，中朝军队已经连续作战三昼夜，虽在加平方向打开了战役缺口，对敌侧翼造成了严重威胁，并使南朝鲜军第6、第1师、英军第29旅及其他当面之敌遭到较大损伤，但就整个战役行动来说，没有取得理想的歼敌效果，战役形成平推，歼敌不多。

彭德怀考虑了下一步作战，并立即致电中央军委、毛泽东主席：

> 此役原拟5月上旬开始，但为推迟敌之登陆，避免同时两面作战，因此提前于4月22日开始。故我准备均不充分，特别是粮弹准备不够，运输条件没有改善。现敌兵力齐头靠拢，没有空隙，技术条件绝优于我。敌前进时步步为营，后退时节节抗击，我插入敌纵深，必经激烈战斗才能打开缺口。故作战三昼夜，没有达到迂回议政府断敌后路，估计战果有限，不足以打破敌之登陆企图。因此我主力目前不宜南进过远。只有粉碎敌登陆企图，才能取得最后胜利。根据以上所述，此次我军拟在打破敌之抵抗后，即以5个军继续追击至“三七线”为止。如敌扼守汉城桥头阵地。我以小部队监视袭击之，主力拟对付敌西岸登陆。我不采取死守海岸，但尽可能给敌以杀伤，待敌离开海岸后予以包围歼灭之。

中央军委于28日复电彭德怀，同意上述作战方针和部署，并指出目前应以敌人很快登陆做准备，免陷被动。当日，彭德怀发现“联合国军”在汉城周围组成了绵密的火网地带，企图引诱中朝部队进攻汉城，遂令主力部队停止进攻，转入休整，第五次战役的第一阶段便告结束。

3 汉城第二次危机

李奇微被中朝军队的佯动所迷惑，惊呼“汉城面临第二次危机”。

4月30日，整个朝鲜战线又恢复了平静，中朝军队再次消失在朝鲜的崇山峻岭之中。

设在大邱的第8集团军司令部，范佛里特与一班参谋正紧张地忙碌着。

中国军队的攻势一结束，范佛里特就认为反击的时刻到了。于是，他决定请示李奇微转入反击，不给中朝军队休整的时间，抓住中朝军队战斗“枯竭之机”，第三次恢复三八线。

李奇微对此完全赞成，并从东京飞往朝鲜大邱，要亲自与范佛里特研究对策。李奇微一见范佛里特，就迫不及待地问道：

“将军对这次反击有多大把握？”

“司令官，敌人刚刚丧失进攻的势头，我们只要不失时机，立即恢复攻势，必将取胜。我想尽可能利用火与铁而不是血与肉同敌人作战，因此，我们要充分利用美军在空中力量和地面火力所拥有的绝对优势！”

“好！讲下去！”

“我们在防御中，要以钢铁和火力屏障进行战斗；在反冲击和进攻中，要充分利用炮兵的突击效果打击敌人。总之，不让敌人侵占一寸土地，要以全部火力和兵力固守现在的战线。”

李奇微十分赏识范佛里特的勇气和才干。他同意范佛里特的建议，强调说：

“敌人补给品还在源源不断地由东北地区运往铁三角地区。铁三角这一坦荡的平原完全被嶙峋的花岗岩山岭所包围，其顶是平康，底线则从铁原伸向金化。如果可能，我们就推回到‘堪萨斯线’，威逼铁三角地区，甚至夺占该地区，而且在任何情况下，都要充分利用较为有利的防御地形。”

最后，李奇微补充说：“从敌人的部署情况预测，敌人可能以中共5个军为主力从中、西部战线发起进攻，以中共3个军和北朝鲜一个军团为助攻向汉城方向进攻。”

为了查明中朝军队动向，5月初，“联合国军”一部分兵力开始发起进攻。坦克巡逻队插入“无名防线”（即西起汉城以北地区，向东延伸到东海岸的大浦里之线）以北地区，南朝鲜军第1师朝临津江推进，美骑兵第1师重新夺回议政府，封闭了通向汉城的近路。

从汉城西北的汶山到朝鲜东部的山区，“联合国军”架起了一条千里长的铁丝网，在所有路口要径埋设了反坦克地雷、防步兵地雷和绊索照明弹。在每一个炮兵阵地上，堆满了成吨的炮弹。

在中部防线上，一个个装满凝固汽油的鼓形油桶装上了铝热剂高爆炸药，密密麻麻地埋在两边的山坡上。如果中朝军队从这里进攻，汽油的洪流就会燃烧着向他们涌去。

为了贯彻李奇微的战役思想，范佛里特将美军主力集中在中、西部战线，东线则以南朝鲜军为主。

一份份敌情通报从不同的途径传递到空寺洞，彭德怀、邓华、韩先楚、解方正在研究下一步作战方案。

“范佛里特把南朝鲜军放在一个方向，真是一个愚蠢的部署！”彭德怀用粗壮的手指在地图上指点着，说：“他知道我的主力在西线，就判断我会从西线进攻，我偏要反其道而行之，打他个措手不及！”

彭德怀决定集中志愿军东线第9兵团和朝鲜人民军前指3个军团，第一步包围歼灭在县里地区的南朝鲜军3个师后，再歼灭南朝鲜军第7师；第3兵团割裂美军与南朝鲜军的联系，积极牵制、阻击美军第10军不得东援，并力求歼灭美军第2师一部。西线第19兵团和朝鲜人民军第1军团为迷惑敌人，提前于5月上旬即开始行动，进逼汉城附近。

西线第19兵团和人民军第1军团开始在汉城方向和汉江下游实施佯动，不断地袭扰敌人，同时，还在清平川、磨石隅里及汉城以西，公开调查汉江以南地形等情况，摆出中朝军队迂回汉城及渡江南进的姿态。

李奇微被中朝军队的佯动所迷惑，惊呼“汉城面临第二次危机”。

范佛里特也信以为真，立即下令取消“联合国军”的进攻行动。

彭德怀见诱敌之计已获成功，便下令5月16日向敌人发动猛烈攻击。

这时，南朝鲜军第5师和第7师占据了阿尔蒙德第10军的右翼，而其右邻是南朝鲜军第9师，该师属于刘载兴准将指挥的南朝鲜军第3军团。对美军第9师来说，唯一的补给线是一条山路，这条山路在转回到南朝鲜军第3军团防线之前，有几英里的路线蜿蜒在美军第10军的防区内。

阿尔蒙德不顾刘载兴的恳请，坚持要控制这一狭窄的地段，并且命令刘载兴的一个营保卫山路所经过的那个向外突出的地区。

正在美军和南朝鲜军出现矛盾时，志愿军第9兵团发起猛烈攻击。第20军迅速渡过昭阳江。该军第60师向敌纵深勇猛穿插，其前卫第178团第5连，在连长毛张苗带领下连续突破，沿途打垮敌五次阻击，经大小战斗13次，12小时内前进30公里，及时抢占了合围要点五马峙，为主力部队开辟了前进道路。

至第二天凌晨，第60师突入敌纵深25公里，攻占后坪里、美山里地区，切断了县里地区南朝鲜军第3、第9师南逃退路。

第27军第81师于第二天凌晨突入敌纵深28公里，切断了县里之敌西南退路，并会同第60师在上南里地区全歼南朝鲜军5个营，将南朝鲜军第5、第7师击溃。南朝鲜军第3师和第7师土崩瓦解，在一片混乱中仓促撤退。为了封闭这一缺口，范佛里特急忙将美军第2师、陆战第1师和第9军调来堵塞。

5月19日，李奇微飞往朝鲜，在第10军指挥所会见了范佛里特、阿尔蒙德和第9军军长霍格。

李奇微与几位指挥官研究了下一步作战方案。他们决定第8集团军应于5月20日发起进攻。第10军应制止敌人在其右翼达成突破，并协同第9军右翼部队发起进攻，第9军右翼由第10军负责保障；第9军应进攻并夺占春川盆地以西的高地；第1军应沿汉城—铁原轴线发起进攻，并负责保障第9军的左（西）翼。第8集团军司令应密切注意这次进攻的进展情况。

第二天下午，“联合国军”发起了反攻。这次进攻的规模不大，没有给中朝军队造成多大威胁。

这时，中朝军队在一个月内已连续进行了两次作战，部队相当疲劳，且粮弹将尽。5月21日，彭德怀发出了结束第五次战役的指示：

> 一、第五次战役经东西两线出击，取得了歼敌4万人的胜利，破坏了敌企图登陆夹击我军之阴谋，同时锻炼了我新入朝部队的作战经验，争取了准备时间。二、目前由于我运输困难，西线美军又已东援，使我继续进攻增加困难。为此，第五次战役即告结束。三、为争取主力集结休整，总结经验，决将各兵团主力转移至渭川里、朔宁、文惠里、山阳里、元通里之线以北。各兵团留一个师至一个军的兵力，从现地采取机动防御，节节阻击，杀伤敌人。

位于华川以南的马迹山北侧的山坡上，第60军军长韦杰和政委袁子钦等军领导正围着地图，研究下一步作战行动。

第3兵团已接到转移命令，准备23日晚即开始向涟川、铁原、金化、华川一带转移。兵团决定留第60军从加平、春川（不含）开始布防，节节阻击敌人，掩护3兵团主力进至铁原、金化休整。

韦杰、袁子钦接到命令后，感到非常棘手。当时，第60军3个师中的第179、第181师分属第12、第15军指挥，无法在短时间内归建。但命令就是命令，必须执行。他们立即向所属各师发出迅速归建执行掩护任务的电令。

22日，美第7师在飞机的支援下向第60军第180师猛烈攻击，第538团、第539团并肩抗击敌人，伤亡很大，扼守通谷里以北393.1高地被敌占领，第539团防御分队全部牺牲。团长王至诚严令一营坚决反击，夺回阵地。一营三连一排迅速接近敌人，将占领阵地的敌人消灭，夺回阵地。

23日凌晨，范佛里特集中了4个军14个师1个旅的兵力，以摩托化步兵、坦克、炮兵组成的“特遣队”为先导并有大量的航空兵和远程炮兵支援，主要沿汉城至涟川、春川至华川、洪川至麟蹄公路两侧地区，多路实施反扑。

这时，第180师位于北汉江以南之汗谷、正屏山地区坚持阻敌作战，该师两翼暴露。

当日上午，第60军接到兵团的电报：

由于运输缺乏，现战地伤员尚未运走，12军5000伤员全部未运，15军除已运走者外现水泗洞附近尚有2000不能行动之伤员，60军亦有伤员千余人，为此决定各部暂不撤收，并于前沿构筑工事，阻击敌人，运走伤员后再行撤收。

韦杰、袁子钦等军领导一致认为，应立即按兵团首长指示执行，令第180师在北汉江以南坚守3至5天。

此时，第180师右邻部队已经联系不上，敌人已从该师右翼迂回突进十多公里，该师撤出阵地，正准备转移，突然接到了军部的命令。

“把主力撤过江北，江南只留少数部队掩护，以免陷于被动。”师参谋长王振邦建议。

“我们仍留在江南，势必三面受敌，而且背水作战是兵家的大忌呀！”副师长段龙章也担心地说。

“你们所说的问题，我也想到了，问题是这么多伤员还没有运完，上级要求暂不撤收。因此，没有上级新的指示，我无权改变就地掩护的命令。”师长郑其贵否定了两位师首长的建议。

就这样，第180师失去了摆脱危局的最好时机，并且越陷越深。

24日晚，第60军首长意识到第180师已处于危险境地，立即下令该师北渡。当夜，第180师利用夜暗偷渡过了北汉江，于天亮前全部到达春川西北之鸡冠山、驾德山、北培山地区，继阻击北犯敌人，此时接援部队未能到达。

26日，敌人已形成对第180师的包围，师长郑其贵命令各团开始突围。27日，第180师除师长郑其贵、副师长段龙章、参谋长王振邦、第539团团长和第538团参谋长等撤出及突围共4000余人外，损失7000余人。其中，突围牺牲2000人，被俘5000多人，部分人员吃野菜、野草中毒，还有部分人员失散。

随着中朝军队全线防御部署的完成，“联合国军”的追击行动已被阻止。整个战局已趋于稳定，“联合国军”被阻止在三八线附近之汶山、高浪浦里、三串里、铁原、杨口、明波里一线，敌我双方均转入防御，第五次战役遂告结束。

4 零敲牛皮糖战术

毛泽东说：“像我们湖南家乡卖牛皮糖，用铁锤一小块一小块地敲下来，一毛钱也卖，一分钱也卖，卖多少敲多少，‘零敲牛皮糖’。”

5月下旬的中南海，阳光明媚，春色满园。望着窗外的秀美风光，毛泽东又点燃了一支香烟，深深地吸一口。

中国人民志愿军与朝鲜人民军并肩作战，连续进行了5次大规模的战役。经过近8个月的浴血奋战，志愿军同人民军一起共歼敌23万余人，将以美国为首的“联合国军”从鸭绿江边打退到三八线南北附近地区，收复了朝鲜北半部领土，为抗美援朝战争的胜利奠定了基础。

5次战役的实践表明，中国人民志愿军在没有海军、空军的支援配合和装备极为落后的情况下，是可以同现代化装备的美军进行作战的。但是由于敌我技术装备悬殊，特别是志愿军无空军掩护的情况下，在作战中出现了许多困难。志愿军实行战略或战役性的大迂回，难以大量歼灭敌人的重兵集团，在作战中可以一次包围美军一个或几个师，但都难以达成歼灭任务，因为，美军全系摩托化装备，有大量的炮兵、坦克和航空兵，机动快，火力强。我军则主要靠步兵和少量炮兵作战，而且主要是在夜间，后方供应又受到很大限制。

在这种情况下，志愿军实施大的迂回包围，向敌深远的战役纵深发展突击，歼敌重兵集团，客观上是困难的。在发起战役进攻后，如不能在第一个夜晚基本上完成战役迂回任务，打乱敌人战役布势，而在战术上又未能完成分割包围敌人，则尔后战役的发展将十分困难。因为敌人可以利用其优越的技术装备条件迅速改变其不利态势：或迅速增援其被围部队，凭借其优势的炮兵火力在大量坦克、飞机掩护下进行突围；或将已被打开的缺口迅速堵塞；或收缩兵力形成新的防御。而这些，依志愿军当时的条件又难以制约敌人。

想到这里，毛泽东提起笔，起草了一份给彭德怀的电文：

> 历次战役证明我军实行战略或战役性的大迂回，一次包围美军几个师，或一个师，甚至一个整团，都难达到歼灭任务。这是因为美军在现时还有颇强的战斗意志和自信心。为了打落敌人的这种自信心以达最后大围歼的目的，似宜每次作战野心不要太大，只要求我军每一个军在一次作战中歼灭美英土军一个整营，至多两个营，也就够了……打美英军和打伪军不同，打伪军可以实行战略或战役的大包围，打美英军则在几个月内还不要实行这种大包围，只实行战术的小包围，即每军每次只精心选择敌军一个营或略多一点为对象而全部地包围歼灭之。

这时，毛泽东听说志愿军参谋长解方已经回国，准备向中共中央汇报朝鲜战场的情况；准备担任志愿军副司令员的陈赓即将赴朝鲜战场。毛泽东立即约见了他们。

在中南海，陈赓和解方两位将军走进菊香书屋。正在读书的毛泽东看到他们进来，站起身子，微笑着向他们走来，紧紧地握着他们的手风趣地说：

“两位大将军，一位远征归来，一位将赴前线。今天我既欢迎解方远道而来汇报情况，也欢送陈赓奔赴前线，给彭老总增加个得力助手。”

毛泽东说着，请解方和陈赓就座，接着说：

“解方同志，你是志愿军的参谋长，请你来，是想更进一步了解朝鲜战场的情况。陈赓也可以了解一下情况，也好心中有数。”

解方打开文件夹，详细地汇报了朝鲜战场的形势，我军下一步行动的设想，以及目前迫切需要解决的问题等。

毛泽东一边仔细地听着解方的汇报，一边用铅笔在一张纸上记着要点。

解方刚汇报完情况，陈赓补充说：

“美军不像国民党军那样笨拙地计较地方的得失，必要时大步地撤退，甚至不惜放弃汉城。李奇微就是针对我军粮弹补给困难的弱点，采取‘磁性战术’同我军保持接触，使我军吃不掉他们又甩不掉他们，以达到疲惫和消耗我军力量的目的。”

毛泽东听完他们的话，站起身子，边踱着步子边说道：

“历次战役证明，我军实行战略或战役性的大迂回，一次包围美军几个师，或一个整师，甚至一个整团，都难以达成歼灭任务。我已告诉彭德怀司令员，对美、英军暂时不要实行这种大包围，只实行战术的小包围，打小歼灭战。”

毛泽东接着说：“像我们湖南家乡卖牛皮糖，用铁锤一小块一小块地敲下来，一毛钱也卖，一分钱也卖，卖多少敲多少，‘零敲牛皮糖’。”

6月初，志愿军副司令员邓华回北京，毛泽东接见邓华时又强调志愿军在打法上要轮番作战，可以“零敲牛皮糖”。我军一个军每次以干净彻底地消灭敌人一个营为目标，积少成多，逐步消耗敌人的有生力量，才能使美国知难而退，朝鲜问题才有希望得到解决。

6月25日，志愿军司令部在空寺洞驻地召开高干会议。在会议上，邓华传达了毛泽东主席关于持久作战、积极防御的指示。并要求志愿军官兵贯彻毛泽东主席提出的打小歼灭战思想，通过积小胜为大胜，逐步削弱敌人，最后达到战争胜利。

第八章

和谈序曲

1 停战前奏

“是啊！于是我们就像一群猎狗那样到处寻找线索。”

1951年5月的华盛顿白宫，高级官员们紧张地忙碌着。尽管这座白色建筑物的四周已是春光融融，万木竞秀，但他们无心欣赏窗外的美景。

国家安全委员会在这里连续召开会议，研究解决朝鲜问题的途径。

与会者认为，朝鲜战争的发展明显地趋向持久。美国的人力、物力长期陷于朝鲜战争，同以欧洲为重点的全球战略明显地发生了深刻的矛盾，同时，经过与中朝军队的较量，不得不承认单纯依靠军事手段解决朝鲜问题已不可能。因此，不得不重新考虑解决朝鲜问题的途径。

经过几天的热烈讨论，终于于5月16日形成了新的政策。

这一政策确定“关于朝鲜问题，我们将政治目的（建立一个统一的、独立的、民主的朝鲜）和军事目的（击退侵略并按停战协定结束敌对行为）区分开来”。

5月31日，根据国家安全委员会5月16日决定，对5月1日发给李奇微的命令稍加修改又重新发给李奇微。这个命令的主要内容是：

> 作为联合国军最高司令官，你要始终以你的部队安危为重，迫使在朝鲜境内及其附近水域作战的北朝鲜军队和中共军队在人员和物资上付出重大牺牲，至少完成下列几项任务，而为解决朝鲜冲突创造有利条件：
>
> 1.缔结合理的停战协定，终止敌对行动。
>
> 2.在适于行政管理和军事防卫的北部边界线以南地区，建立领导整个朝鲜的大韩民国政权，而这条边界线不得划在三八线以南。
>
> 3.为分阶段从朝鲜撤出所有非朝鲜籍武装部队做好准备。
>
> 4.强化南朝鲜武装力量，使之足以阻止或击退北朝鲜的再次侵略。

大政方针已定，寻找谈判的门路却成了问题。正如艾奇逊后来在其回忆录里所说：“是啊！于是我们就像一群猎狗那样到处寻找线索。”

驻巴黎的查尔斯·波伦奉命向驻德国的苏联管制委员会主席的政治顾问弗拉基米尔·西蒙诺夫进行试探，结果一无所获。国务院政策设计室的查尔斯·伯顿·马歇尔前往香港，准备同中国人进行接触，但没有成功。

正在无计可施的时候，艾奇逊突然想起了乔治·凯南。

凯南是苏联问题专家，也是美国“遏制”战略的专家。他于去年8月底离开国务院，去普林斯顿大学执教。离开国务院时，他写了一封长信给艾奇逊，从全球战略的角度分析了朝鲜问题，认为与其由美军占领朝鲜不如通过装备日本，恢复历史上日本在朝鲜抗衡苏联的作用。凯南在信中写道：

> 我们的力量做不到把朝鲜永远排除在苏联影响之外。在俄国与日本这两家压力下，朝鲜不可能真正取得独立。为我们利益计，日本统治朝鲜比俄国统治朝鲜有利。但目前日本太弱，无法与俄国竞争。我们必须寄望于日本。日本的实力和声望恢复以后，它将重新在朝鲜取得影响。

凯南建议当时用解决柏林封锁的办法，“与俄国建立真正的外交接触”，“北朝鲜军队和美军撤退（出南朝鲜），同意联合国至少对朝鲜实行一至两年的有效控制，为此，联合国可只使用其他亚洲国家部队来执行这一任务”。

对于这样极富远见的建议，艾奇逊当时竟毫不犹豫地大笔一挥：“此文不分发”，存档了事。现在看来，凯南确实有先见之明。如果当时听其劝告，美国就不会在朝鲜战争的泥潭中越陷越深。

在艾奇逊的邀请下，正在休假的凯南来到国务卿的办公室，与艾奇逊进行了会晤。

几句客套话之后，艾奇逊将话题引入正题：“目前朝鲜战争已进入僵持状态。我们深知仅凭武力美国是很难赢得这场战争的胜利的，因为我们不能动员足够的力量对付具有极大潜力的中国人。最重要的是美国的战略重点是在欧洲，而不是在亚洲。美国的主要敌人正端坐在克里姆里宫里。只要这一敌人还没有卷入战场而只在幕后拉线，我们就决不能将我们再度动员起来的力量浪费掉。”

“我非常同意您的意见。”凯南赞许地点点头，说，“即使我们已经意识到这场战争的严重后果，为什么我们不去试一试，尽快结束这场战争。”

“这正是要你来的目的。”艾奇逊见凯南很快就明白了他的意图，高兴地说："我们希望你通过马立克尽快向苏联人转告，我们两个国家在朝鲜问题上似乎正在走向一场可能是最危险的冲突。这肯定不是美国的行动和政策的目的。我们也很难相信这是苏联人所希望的。要制止这个引向严重麻烦的趋势，看来唯一的办法是使在朝鲜的双方军队就地停战和停火。你的任务不是谈判，只是要他弄清楚我们的目的和意图。"

凯南欣然同意了国务卿的要求，接受这个使命。

在纽约海滨长岛格伦克福庄园，凯南与马立克进行会谈。凯南试探地说："美国准备在联合国，或在任何一个委员会，或是以其他方式与中国共产党会面，讨论结束朝鲜战争的问题。"

马立克回答道："苏联政府希望和平，并且希望尽快和平解决朝鲜问题。但是，我们不便参加停火讨论。我建议去找北朝鲜和中国人谈。"

2 初次谈判中断

谈判刚刚拉开序幕，美方就提出由于他们的海、空军占有优势，要求在地面上给予补偿。

中南海，毛泽东很快得到了凯南与马立克会谈的消息。

朝鲜战争的长期性已充分显露出来了。志愿军依靠现有装备和条件，虽然可以同敌人作战，并可以取胜，但是困难很多，难以在短时间内大量歼灭敌人，完全解决朝鲜问题。

同时，中国支援朝鲜战争的财力是有限的。新中国刚刚成立，经济基础甚为薄弱。1950年军费开支就占财政决算的41.1%，而经济建议费用开支仅占财政决算的25.5%。1951年财政预算拨款在数量上和比重上都比1950年有所增加。这样，战争长期打下去，国内的经济建设和其他各项建设事业必将受到影响。

现在战线已稳定在三八线附近地区，美国也暂时放弃其侵占全朝鲜的企图，并且做出了希望谈判停火的表示。如果能通过和平方式解决朝鲜问题，于中国人民和朝鲜人民乃至世界人民都是有利的。但是，也不能放松对美国人的警惕。

6月3日，毛泽东、周恩来同金日成在北京举行会谈，讨论了战争的方针问题，确定政治斗争和军事斗争双管齐下，一方面同敌人举行停战谈判，另一方面以坚决的军事行动粉碎敌人的任何进攻，以配合谈判的顺利进行。为此，中共中央为中国人民志愿军确定了“充分准备持久作战和争取和谈达到结束战争”的总方针，在军事上则确定了“持久作战，积极防御”的方针。

经中国、朝鲜、苏联三国政府商议后，6月23日，马立克在联合国提出和平解决朝鲜问题的建议：“交战双方应该谈判停火与休战，双方把军队撤离三八线。”25日，《人民日报》发表朝鲜战争一周年的社论，支持马立克的建议。

当得到马立克的和平建议和中国《人民日报》拥护马立克的和平建议的消息后，经杜鲁门批准，参谋长联席会议立即发给李奇微一项训令：

> 1.在这次停战中，我们的主要军事用意在于停止在朝鲜的冲突，保证制止战斗的再起和保卫联合国部队的安全。……
>
> 2.不论关于苏联和共产党中国对合理的和可以接受的停战部署的态度是否认真，或者他们是否准备同意订立解决朝鲜问题的可以接受的永久性办法，我们都缺乏确切的保证。……
>
> 3.你和敌方部队司令员之间的谈判应严格限于军事问题，尤其不应进行关于最后解决朝鲜问题的谈判，或考虑与朝鲜问题无

关的问题，如福摩萨问题和中国在联合国的席位问题；这些问题必须由政府处理。……

训令要求李奇微在谈判问题上要极其谨慎小心，不要涉及政治问题，而且也不要提到三八线，这些问题需要政治谈判加以考虑。

6月30日，“联合国军”司令李奇微奉美国政府之命发表声明，同意进行停战谈判。7月1日，朝鲜人民军最高司令金日成和中国人民志愿军司令员彭德怀通知李奇微，同意派代表与美方会晤。7月10日，朝鲜停战谈判在开城正式开始。

1951年7月10日，天气晴朗，开城的市民们早早把大街小巷打扫得干干净净，准备迎接姗姗来迟的“和平使者”。

开城是朝鲜文化名城，位于三八线南侧。公元919年起成为高丽王朝首都，始称开京，即开国都城之意，是当时政治、经济和文化中心。今天，这座古老的城市成了朝鲜人民、中国人民、美国人民、全世界渴望和平反对战争的人们关注的焦点。

上午10时，双方代表在开城来凤庄的过厅会晤，然后步入会场就座，互递证书。双方代表分别是——

朝中方面：

朝鲜人民军参谋长南日（首席代表）

朝鲜人民军前方司令部参谋长李朝相少将

朝鲜人民军第1军团参谋长张平山少将

志愿军副司令员邓华将军

志愿军参谋长解方将军

“联合国军”方面：

美国远东海军司令特纳·乔埃中将（首席代表）

远东海军副参谋长勃克少将

远东空军副司令克雷奇少将

美第8集团军副参谋长霍治少将

南朝鲜军第1军军团长白善烨少将

双方代表背后，各坐着人数大体相当的参谋、翻译和记录人员。乔埃首先发言：

“我们双方代表都是军人，希望能直率地解决面临的问题。”接着，乔埃讲了一番有关谈判的重要性的大道理，在发言将要结束时提出：“我们谈判所讨论的范围仅仅限于有关韩境纯粹的军事问题，如果你方同意，请就此签字作为我们谈判的第一个协议。”

谈判刚刚开始，就急着签字，而且美方并未拿出任何实质性的主张。

中朝方面代表对美方的问题没有理会，南日将军郑重发言，他说：“朝、中人民历来主张、现在仍然主张朝鲜战争应迅速结束，因此赞同苏联驻联合国代表马立克先生于6月23日提出的建议——交战双方应该谈判、停火与休战，并且双方把军队撤离‘三八线’。”接着，南日正式提出3条原则建议：

一、在相互协议的基础上，双方同时下令停止一切敌对军事行动。

二、确定三八线为军事分界线，双方武装部队同时撤离三八线10公里，并于一定时限内完成以双方撤离的地区为非军事地区，这里的民政恢复1950年6月25日以前的原状。同时立即进行关于交换战俘的商谈。

三、在尽可能短的时间内撤退一切外国军队。外国军队撤退了，朝鲜战争的停止与朝鲜问题的和平解决便有了基本保证。

南日发言后，志愿军代表邓华将军接着发言：

“我们认为，商讨在公平合理的基础上实现在朝鲜境内停火与休战，这是和平解决朝鲜问题的重大一步。在朝鲜作战双方停火、确定‘三八线’为双方军事分界线及撤退一切外国军队是符合朝鲜人民、中国人民以及全世界人民的愿望和要求的。中国人民志愿军完全支持南日将军所提出的3项原则建议。”

对方在听完朝、中方面的发言后，却提出了9项议程草案，这9项议程，真正要讨论的问题实际上都已包括在朝中方面的3项原则建议之内。而朝、中方面提出的需要谈判解决的要害问题，关于撤退外国军队等项却只字不提。上午的谈判就这样结束了。

下午谈判会议一开始，南日发言，他说：

“……我方认为，贵方提出的9项议程，在某些方面，是与我方相一致的。但是，贵方所提出的议程却忽视了一个重要的问题，也是我们需要在谈判中亟待解决的问题——关于从朝鲜撤退一切外国军队。如果这么重要的问题我们都不列入谈判议程，那我们的谈判又从何谈起呢？”

接着，南日也提出了一个5项议程的方案：

一、通过议程。

二、作为在朝鲜停止敌对行动的基本条件，以38度线为双方军事分界线并建立非军事地区，作为停战的条件。

三、从朝鲜境内撤出一切外国军队问题。

四、在朝鲜境内实现停火与休战的具体安排问题。

五、关于战争俘虏的安排问题。

第一次正式谈判没有任何结果，双方只是提出了各自的观点。

在第二天的谈判桌上，乔埃提出应让新闻记者采访会议，并要求允许他明天带领20名记者前来采访。

第三天上午6时45分，朝、中方面通知对方：一俟停战谈判达成某项协议，即欢迎记者采访。乔埃却在当天就带着20名记者前来采访，在遭到阻拦后，他竟命令其代表团拒绝参加以后的会谈。

7月13日李奇微致函金日成、彭德怀要求将开城划为中立区。金日成、彭德怀同意了李奇微的要求。双方代表于14日又回到了谈判桌上。

谈判一开始，美方就拒绝将撤退外国军队的问题列入议程，并且在自己提出的议程中将了解战俘营的地点和确定红十字国际委员会的代表访问战俘营的权力以及限制谈判会议的讨论范围等问题列为首要议程。

7月19日，美国国务卿艾奇逊发表声明，无理地拒绝从朝鲜撤退一切外国军队。

朝、中方面为了不使停战谈判一开始就在谈判议程上搁浅，同意将从朝鲜撤退一切外国军队问题，留待停战实现后另一次会议去解决。这样谈判议程于7月26日才达成协议。确定的谈判议程共5项：

一、通过议程。

二、作为在朝鲜停止敌对行动的基本条件，确定双方军事分界线以建立非军事地区。

三、在朝鲜境内实现停火与休战的具体安排。

四、关于俘虏的安排问题。

五、向双方有关各国政府建议事项。

当天，会议即进入第二项议程的讨论。南日提出以三八线为军事分界线，双方武装部队同时撤离三八线10公里，并以撤离地带为非军事区的建议。但是，美方拒绝了这一建议。

第二天上午，乔埃在会上首先发言，说：

“从历史和军事的立场看，以‘三八线’为军事分界线是没有基础的。联合国军保持着整个朝鲜空中优势，控制着围绕朝鲜的全部两面洋，因此确定军事分界线要把海空军的效力联系在一起来考虑。如果仅考虑地面部队，这只会停止敌对行为的一部分，而美军海军仍然会有自由封锁与轰击北朝鲜两侧沿海，空军仍然会有自由侦察全部北朝鲜并造成军事损害。因此，我方在地面上要求给予‘补偿’。”

接着，乔埃从皮包里掏出一张朝鲜地图，将地图推给对面的南日。乔埃指点着地图提出了一个深入朝、中方面阵地的非军事区方案。这个方案规定非军事区宽为20英里，其中军事分界线大大深入实际战线以北朝、中方地区，即从东海岸朝、中方阵地明坡里以北约20公里处之西峨里起，向西南经朝、中方平康前线阵地以北约30公里处之道修岱，向朝、中方涟川前线阵地以北约20公里处之月岩里，然后穿过临津江向西经金川附近至瓮津半岛。很显然，美方这个方案是企图要朝、中方自现有阵地后退，妄图将军事分界线划入朝、中阵地后方，从而唾手可得朝、中方1.2万平方公里的土地。这一无理要求，立即遭到朝、中方严厉的驳斥。

志愿军代表解方参谋长立即站了起来，严厉地指出："我们在这里到底是在讨论停止战争以和平解决朝鲜问题，还是在讨论停火一下再打更大的战争呢？"弄得美方代表哑口无言。

代表团会议谈了十几次也毫无结果。从8月15日开始，谈判转入小组会进行。双方各派两名代表出席：朝、中方是解方将军和朝鲜人民军李相朝将军，美方是霍治和勃克。

小组会议开始后，美方仍然为他们的"海空军优势补偿论"寻找理由。解方将军立即回敬道：

"我承认你们的海空军优势，你们是陆海空三军参战，你们海空军确实有优势，但是，你们不要忘了，我们'一军对三军'就把你们从鸭绿江赶到三八线，如果是'三军对三军'早就把你们赶到大海了，还有什么谈的余地呢？"

接着，他又幽默地说："既然你方说你海空军强，我方说我陆军强，我们是否同样可做这样的设想：在停战时，只让双方数目相等的陆军停火，而我方多余的陆军不停火，你们的海空军也不停止行动。这样好不好？"

霍治在谈判桌上谈不赢，就狂妄地叫嚷："让炸弹、大炮和机关枪去辩论吧！你们今天不给，将来我们自然会有。"

解方针锋相对地说："炸弹、大炮和机关枪有什么可怕，在谈判桌得不到的，你们在战场上也休想得到！"

8月18日，美军第8集团军在东部战线发动"夏季攻势"，挑起了"大炮与机关枪的辩论"。

三 夏季攻势

坐镇东京遥控指挥的李奇微宣称："用我们'联合国军'的威力，可以达到'联合国军'代表团所要求的分界线位置。"

敌人在谈判桌上失败后，于8月18日发动了夏季攻势，并对中朝后方交通运输实施所谓"绞杀战"，企图以军事压力夺取在谈判桌上得不到的东西。同时，开始加紧对开城中立区进行挑衅活动，破坏停战谈判。

8月19日，美方武装人员侵入开城中立区，打死中朝保卫会场安全的军事警察排长姚庆祥，打伤军事警察王仁元。当天上午，根据朝、中方面要求，双方联络官以及新闻记者赶到出事地点。血迹斑斑，铁证如山，"联合国军"的联络员哑口无言，朝、中方面当即提出强烈抗议。

这天下午，谈判刚结束，李相朝、解方两位代表就赶到烈士遗体停放处致哀。李相朝悲痛地说：

"姚庆祥烈士为保卫和平谈判而牺牲，他永远活在我们朝鲜人民心中。"

解方也激动地说："姚排长为保卫世界和平献出了宝贵的青春，这一事件必将激励中国人民志愿军全体将士战胜敌人的决心。"

8月22日夜晚，一架美方飞机突然侵入中立区，向我代表团住地进行轰炸、扫射。

彭德怀闻讯愤怒地说："这是蓄意谋杀和挑衅！"

22日，朝、中方面正式以金日成和彭德怀的名义，发出了致李奇微的抗议信，严正指出：

> 你们在会外既如此肆无忌惮地进行挑衅，在会内又一贯坚持你们把军事分界线推到我方阵地之内的狂妄主张，以拖延谈判的进行……我们是希望你我双方的停战谈判能够顺利进行，并获得双方都能接受的公平合理协议的，但你方于谋杀我方军事警察之后，竟又以我方代表为目标施行有目的的谋杀轰炸，这样的希望如何实现呢？因此我方代表团不能不从8月23日起宣告停会，以等待你对于你方这一严重挑衅事件做负责的处理。

李奇微于8月25日复信，拒不承认美军犯下的所有罪行，称：

> 这个最近所谓联合国军方面造成的事件，是如此虚假透顶，如此荒谬绝伦，显然是为了你方自己值得怀疑的目的而制造的，其本身没有答复的价值。与你方所列举的联合国军蓄意破坏开城中立区其他事一样，如果不是你方为了宣传需要而制造出来的话，也已证明这是与我控制下的任何部队或机构没有一丝一毫关系的非正规集团（反对谈判的南朝鲜过激分子）的行动。
>
> 你方最近几次照会中说到所谓射击板门店事件，所谓联合国军队在8月19日进行伏击的事件，以及所谓8月22日星期三晚间的轰炸扫射事件，这种说法已被斥为完全没有事实根据的恶毒谎言。

开城谈判开始以后，战场上一度比较平静。战争双方的作战行动多属于小部队进行的前哨战斗，战线无大的变化。为了争取政治上的主动和军事上的有利态势，双方均利用相对稳定的时机，积极进行各种作战准备。

这时，敌人在战场上的行动方针是，在谈判期间“不实施大规模的进攻行动，而力求通过有力的巡逻和局部进攻来保持主动”，以对中朝军队施加威力，破坏中朝军队可能发动的进攻。同时，视停战谈判进展情况，随时准备恢复全面攻势作战，并预先制订了向朝鲜蜂腰部队平壤、元山一线推进的所谓“势不可当行动计划”。

为此，敌人一面加强防御阵地，一面积极做好发动局部进攻的准备。到8月中旬，先后建成3道防线，并在后方增建海、空军基地，频繁地轮换休整部队、加强战略预备队，扩充南朝鲜军队。所以谈判桌上刚讨论到第2项议程就僵住了，对方公然宣称：“那就让飞机大炮去辩论吧。”

坐镇东京遥控指挥的李奇微也狂妄地宣称：“用我们联合国军的威力，可以达到联合国军代表团所要求的分界线位置。”

8月18日开始，范佛里特指挥美军两个师和南朝鲜军5个师的兵力，在大量炮兵、航空兵的火力支援下，向东线朝鲜人民军防守的北汉江以东至东海岸约80公里防御正面发动了猛烈进攻。企图夺取中朝军队东线突出阵地，拉平金化以东登大里、五味里至芦田坪战线，与其中部战线取齐，控制有利地势。

美军第10军军长巴亚斯少将指挥第2师和南朝鲜军第5师第36团，向位于大愚山和白石山之间的983高地发起了猛烈的进攻。

8月18日晚6时，首先由美军第2师进行了半个小时的火力准备，在4公里的攻击正面上一字摆开200门火炮，炮弹像倾盆大雨一样倾泻到983高地上，高地顿时被爆炸的烟尘遮盖了。

半个小时后，敌军向高地发起进攻，没冲上多远，就遇到了人民军的地雷阵，随着一阵阵轰响，敌军倒下了一片。接着，人民军的手榴弹在敌群中开花，机枪向敌人扫射，敌军不得不退了下去。

人民军战士们一次又一次地打退了敌军的进攻，敌人在人民军阵地前丢下了一具具尸体。血流成河，远远望去，仿佛整个山顶都被染红了。

随同美军第2师行动的美国随军记者看到这种惨状，不由得失声喊出了“Bloody Ridge”（血染岭）。

血战7天，人民军在志愿军的配合下顶住了敌军的疯狂进攻，毙伤俘敌1.6万余人。

9月初，敌军又向851高地猛扑，损失惨重。美军曾伤心地称呼这个高地为“伤心岭”。

851高地在杨口以北文登里东南3公里，地形险要。美军第8集团军司令范佛里特指挥第2师从9月初至10月初，不断以营或团的兵力连续猛攻，企图夺取该高地。

朝鲜人民军依托野战工事，在雨季粮弹运输极端困难的情况下，进行顽强抗击。并且在战斗中巧妙地组织了各种火器，特别是发挥了迫击炮的威力，炮手们在距敌数十米的前沿实施抵近射击，给密集冲锋的敌人以大量杀伤。有效地阻止了美第2师的疯狂进攻。

据美国新闻报道，在9月23日的一次争夺战中，美军一个营伤亡了1/4，其中有一个排，最后冲过人民军的迫击炮和手榴弹封锁地区的仅剩3人。进攻该地区的美第2师伤亡4000余人。

为了东线配合人民军作战，打击敌人，志愿军组织第一线各军积极进行了战术反击作战。

这时，志愿军在第一线共展开6个军，西起礼成江口东至北汉江展开的各军依次为第65、第64、第47、第42、第26、第27军。

9月1日至3日，位于东线朝鲜人民军右翼的志愿军第27军以3个团的兵力，在5个炮兵营火力的支援下，向金城以南注坡里地区之敌实施反击，共毙伤俘敌1900余人。

9月5日和6日，第64、第47、第42、第26军各一部，分别向涟川以西德寺里、铁原西北中马山、平康东南西方山和斗流峰等敌军阵地实施反击。共毙伤敌2000余人，收复了西方山、斗流峰等点，改善了平康地区的防御态势。

朝鲜人民军和中国人民志愿军经过一个月的英勇奋战，胜利地粉碎了“联合国军”的夏季攻势。敌军虽突入东线阵地2至8公里，占去179平方公里土地，却付出了死伤7.8万余人（美军2.2万余人）的代价。

4 秋季攻势

“用这种战法，李奇微至少要用20年的光景才能到达鸭绿江。”

“联合国军”不甘心夏季攻势的失败，又于9月29日发动了秋季攻势，将进攻重点转向志愿军阵地。“联合国军”采取逐段进攻、逐步推进的战法，并投入大量的坦克，在西线开始发动攻势。

9月29日，位于铁原地区的美军第3师两个团，首先在100门火炮和60辆坦克配合下，向志愿军第47军防守的夜月山、天德山至大马里地段进攻，并以夜月山突出阵地为重点，以数万发炮弹猛烈轰击。激战终日，志愿军防守夜月山的第423团第6连，连续击退敌军14次冲击，杀伤敌800余人。在天德山方向，志愿军阵地屹立未动。

从10月3日开始，“联合国军”集中美军骑兵第1师、第3师两个团、英联邦第1师，在200余辆坦克、300余门105毫米以上口径的火炮和大量飞机支援下，向志愿军第64、第47军防守的朔宁以南防内洞、高旺山、马良山、高作洞至铁原以西大马里40公里正面，发动了猛烈进攻。

志愿军防守部队在积极防御、节节抗击、反复争夺、歼灭敌人的原则指导下，有重点地部署兵力、火力，以坚决阻击和连续反冲击，英勇顽强地同敌进行战斗。每一个阵地均经十余次反复争夺。有的连队只剩下十余人，仍顽强地坚守阵地。

在志愿军第64军防御正面，英联邦第1师及美骑兵第1师一部重点进攻高旺山和马良山阵地，每天均以一至两个团的兵力实施进攻。战至10月4日，志愿军予敌大量杀伤后，主动撤离高旺山及其以西227.0高地。

10月5日6时，敌人以4个营的兵力，在坦克50余辆，飞机40余架及炮火的支援下发起进攻，首先以一个多营兵力向马良山冲击数次均被志愿军击退。

敌另外两个连兵力向216.8高地志愿军第191师第571团第7连冲击5次，该阵地曾两度易手，防守分队在炮火的有力支援下，以顽强的反冲击夺回。

英联邦师一个多营继续向马良山正面连续冲击，另美军骑兵第1师两个营从马良山侧后进攻。坚守马良山的第571团第1、第5连击退敌7次冲击，战至下午3时05分，马良山主峰被敌占领，当晚师组织4个连的兵力，在炮火的有力支援下，向马良山之敌进行反冲击，恢复了该师阵地。当日战斗毙伤敌800余人，击毁敌坦克3辆。

6日7时20分，敌军以一个团的兵力复向马良山主峰第571团第1、第5连及216.8高地第571团第7连进攻，马良山阵地曾一度陷入敌手，当即为1连、5连反冲击夺回。敌向216.8高地以猛烈炮火轰击数万发炮弹，冲击13次，终因7连工事被毁三面受敌，在敌众我寡的情况下，该阵地曾一度失守，后该连又在炮火支援下反冲击夺回。

10月7日5时30分，敌军以5日以来前所未有的大量炮火，对216.8高地和马良山主峰连续轰击达3~9小时，并以8架飞机轮番轰炸扫射，使第571团阵地变成了一片焦土，但仍不能迫使志愿军后退半步。战士们幽默地说："敌人给我们垦荒来了。"

8时30分，敌又以步兵一个团的兵力，在60余辆坦克的支援下向第571团发起进攻，其一路约两个营轮番向马良山主峰冲击，阵地两次失守，均被571团反冲击夺回。另一路约一个营的兵力向216.8高地先后冲击6次，均被击退。

为保存实力，继续阻击敌人，7日夜第571团奉命主动撤离马良山和216.8高地，该地区遂为敌人占领。

战至10月8日，第64军在给敌以大量杀伤后，主动撤至黄鸡山、基谷山、白石洞、伍炭里一线继续坚守防御。这时，英联邦第1师因伤亡过大，被迫停止进攻。经过5昼夜激战，敌人伤亡2600余人，只前进3公里。

在西线之敌转入重点进攻之时，10月5日，美军第2师和南朝鲜军第8师集中3个团的兵力向东线人民军防守的文登里以南公路两侧高地发起进攻，并于次日先后占领了公路两侧的部分高地。

这时，人民军第5军团久战疲劳，亟待休整，志愿军第68军接替北汉江以东人民军第5军团的防御任务。从10月8日起，敌人的攻势转向东线第67、第68军防御正面，即北汉江东西地区。

10月8日，美军第2师和南朝鲜军第8师及法国营，趁第68军接防之际，在40辆坦克的配合下，向文登公路至北汉江地段发起进攻。敌集中大量坦克沿文登公路向北猛突，实施所谓“坦克劈入战”。

第68军在敌情、地形不熟、工事薄弱的情况下，一面接防，一面抗击敌军的进攻。至10月10日接防完毕，文登公路以西阵地被敌突入6公里。

为了阻止敌军坦克集群的进攻，担任文登公路防守的第204师在全师范围内抽调人员和反坦克火器，包括12门野炮、49门（具）无后坐力炮和火箭筒，以及一个工兵连，组成坚强的反坦克大队。反坦克大队由第610团副团长姚希同任队长。

10月12日上午，文登公路上烟尘滚滚，马达声震动山谷，敌以49

辆坦克向文登公路防守阵地开进。

当敌坦克开进到离前沿阵地2公里时，美国驾驶员打开炮塔的顶盖，探出头来观察四周的动静。这时，隐蔽在公路两旁的反坦克大队，立即射出密集的炮火，敌9辆坦克被击毁，其余的立即掉头逃跑。

第二天天刚亮，敌人又以18辆坦克开到第204师阵地前沿不远处，盲目地发射了数千发炮弹，然后有7辆坦克越过文登小桥，企图把昨天被志愿军打毁的坦克拖回去。不料，志愿军战士们早在坏坦克周围埋设了地雷，一下又将敌军坦克炸毁4辆。

在粉碎敌“秋季攻势”中，第67军与68军共击毁敌坦克67辆，击伤8辆，从而提高了志愿军打坦克的技术与战术，沉重地打击了敌军坦克进攻的气焰。

“坦克劈入战”宣告失败后，“联合国军”将进攻重点转向文登公路以西地区，南朝鲜军第8师以两个团的兵力向第68军第612团第1连坚守的938.2高地实施猛烈进攻。

938.2高地是志愿军阵地防线上突入敌方的一个楔子，东线制高点鱼隐山紧靠着它的脊背。敌人企图拔掉它以夺取鱼隐山，以便长驱直达元山实现“到元山过冬”的梦想。

10月15日夜，第612团第1营营参谋长开俊杰来到刚刚驻守938.2高地的1连。在掩蔽部里，连长高成山向参谋长汇报了近日战况，以及连队的情况。参谋长向1连下达了团的作战命令。

“团长命令你连坚守938.2高地！”参谋长下达完命令后对高成山说。

高成山深知，1连担负的任务是十分艰巨的。敌人集结了两个团的兵力，部署了数十门火炮。而1连又刚刚接替阵地，情况还不十分熟悉。但他相信自己的连队，能胜任这项光荣而艰巨的任务。他代表全连官兵庄严表示：“请转告团首长，我们坚决完成任务，哪怕战到只剩下一人一枪，也决不后退一步，保证做到人在阵地在。”

第二天黎明前，高成山到了前沿阵地，认真检查了战士们的准备情况，鼓励他们要沉住气。当他来到第4班阵地时，敌人的进攻开始了。

一阵猛烈的炮火之后敌人慢慢向高地爬行着，机枪手孙金榜有点沉不住气了。

“连长，开火吧？敌人离我们不远啦！”

“等敌人靠近点再开枪。”

战士们屏住呼吸，静静地等待着敌人的来到。

敌军距离4班阵地只有30米时，高成山大声喊道：“打！”

几十颗手榴弹同时投向先头的敌群，炸得敌人鬼哭狼嚎。但是，后面的敌人继续向上涌来。敌人的机枪压住了4班阵地的火力。

高成山命令：“压制敌人的机枪！”

机枪手孙金榜将枪口对向敌机枪处，扣动扳机，敌人的机枪哑巴了。

“瞄准敌人的指挥官打！”

孙金榜的枪口瞄向敌指挥官，随着一阵枪响，敌指挥官应声倒下。

敌人慌乱逃走了，攻上来的大约一个排的敌人，除7人侥幸逃走外，其余都在阵地前沿的山坡上倒下了。

黄昏，高成山向营长汇报了第一天的战果。这一天，第1连打退了敌人的7次冲击，单是敌军拖走的敌人死尸就有140多具。营长向他们表示祝贺，并告诫他们不要松懈，防止敌人进行报复，准备迎击敌人更猛烈的进攻。

次日清早，敌军猛烈的攻击又开始了。7架飞机在阵地上空轮番投掷炸弹和凝固汽油弹，数十门大炮的炮弹倾泻到阵地上。在不到2平方公里的三角形阵地上，敌人进行了毁灭性的轰炸，足足持续了3个小时。整个山岭被烟尘遮盖着，烟火四起，昨天抢修的工事被摧平，战士们的脸上全被烟灰熏得漆黑。

敌机的怪叫声消失了，敌步兵向阵地接近。战士们用步枪、冲锋枪、手榴弹，一次次把敌人打下去。

高成山指挥着战斗，哪里出现险情，他就战斗和指挥在哪里。敌人由一个排逐次增加到一个营，进行了无数次的冲击，但在志愿军勇士们的猛烈打击下，退却了。

激烈的战斗持续到下午，高成山回到了观察所。

“连长，5班的阵地被敌人占领了！”刚刚到第2排传达命令的通信员跑回来报告。

“你立刻到1排去告诉指导员，1排由他完全负责，无论如何不能让敌人占领我们的阵地。我马上到5班去组织反冲击。”话音未落，高成山已经冲出了观察所。

第5班守卫在一条被打得不成形的堑壕里。有的战士头部缠满了绷带，有的还穿着燃烧弹烧过的棉衣。但是他们的战斗意志丝毫没有减退，一个个仍像战斗开始那样。在这里，他们打退了数十倍于己的敌人的十多次冲击。

高成山一跃跳进堑壕，战士们一看到连长，就增加了胜利的希望和力量。高成山问了问当前的情况，决定从全班挑选出最精干的5个战士组成反击小组，由班长郭德志带领。为了加强反击小组的火力，除配给他们一挺机枪外，所有的人员都用自动步枪，并从其班里抽调给他们足够的弹药。

战士们表示一定要把失去的阵地从敌人手中夺回。高成山布置完一切后就离开了5班。

高成山回到观察所的时候，5班阵地响起了激烈的枪声。反击已经开始了。

机枪手占据了有利地形，向失去的阵地上的敌人猛烈地扫射着，压住了敌人的火力，郭德志带着5名战士分两路绕向敌人的侧后。他们在敌人密集的枪弹中迅速前进，很快地从敌人的背后猛扑上去。

突然，一阵手榴弹向他们飞了过来，郭德志又一次负伤。他支撑起身子，连续向敌人扔了几颗手榴弹，就往上冲去，战士们紧跟着班长，趁着手榴弹爆炸的烟雾冲了上去。

这一天，郭德志率领全班消灭了100多个敌人。他自己身负重伤，从昏迷中醒来时，仍拒绝战友们送他下去，他要留在阵地上看着战友们打击敌人。直到生命的最后时刻，他还嘱咐战友们："好好打，阵地要紧，胜利是咱们的！"

当日黄昏，师首长通过电话嘉奖第1连，并且告诉他们，上级已批准了带领全班反冲击取得成功的5班长郭德志记一等功。

第四天上午，当高成山正在指挥第1排战斗时，第8班战士打完了最后一颗子弹，在班长张占其的带领下同敌人展开了拼刺刀的战斗。全班同志壮烈牺牲。高成山得知后，不禁心里一阵剧痛，但他更为勇敢的战士们感到骄傲。

激战的第五天，高成山把各排阵地上的人都撤到连的主峰上。这时全连仅剩下30多人了。他决心指挥这些从烈火中锻炼出来的勇士，坚守938.2高地。

天刚破晓，敌人向主峰发射了1000多发炮弹，敌人把两个团的残部拼凑起来，全力攻取主峰。战斗从早打到傍晚，高成山带着37名战士连续打退敌人多次进攻。在山头周围堆满了敌军的尸体。数十倍的敌人靠着飞机和炮火的掩护，整整一个白天，始终不能接近山峰。

傍晚，敌军又疯狂地扑上来了，子弹打光了的战士，就用铁锹和拳头同敌人扭打。战士们一个一个倒下去，敌人一步一步攻上来。高成山看着敌人的疯狂气焰，看着倒在血泊里的战友，无比愤怒。他向无人守卫的重机枪阵地飞奔前去。但是，就在这一刹那，在他刚刚踏进了前面的一个步枪小组工事里的时候，一颗子弹击中了他，他倒下了。

正在激战中的战士余献荣，看到在血火中倒下去的连长，悲痛的泪花从眼眶中涌出来。

“为连长报仇！”一股复仇的怒火在他身上燃烧着。他端起机枪把敌人击毙，随后又跟着刚刚冲上来的增援部队，一起向敌人冲去……五天来，敌人以两个团的兵力，在每天40余架飞机配合下，用死伤1800多人的代价才攻到主峰的敌人，又被英勇的战士们冲下去了。

高成山牺牲时年仅29岁。他带领全连坚守阵地五天四夜，毙伤敌人1800余人。1952年11月25日，中国人民志愿军领导机关给高成山追记特等功，追授“一级英雄”称号。

“联合国军”向第68军正面进攻的同时，从10月13日开始集中美军第7、第24师、南朝鲜军第2、第6师及哥伦比亚营，在14个榴弹炮营、7个工兵营、200余辆坦克及数十架飞机的配合下，向金城以南志愿军第67军西起芳通里、东至旧垡24公里防御正面发动了猛烈的进攻。

敌军利用这一地区道路、山沟较多，便于机械化部队行动的条件，广泛采取了以大量坦克引导步兵实施战术性迂回的战法。对志愿军每一个连的阵地均以密集火力，以营团兵力进行轮番攻击，每天向志愿军阵地发射炮弹5万至10万发，出动飞机最多时达130架次，战斗十分激烈。

第67军防守部队依托阵地顽强阻击，特别注意了对敌坦克的作战。该军第1梯队师、团均组织了反坦克分队，并在便于敌坦克通行的道路设置大量的防坦克障碍物，从而有效地抗击了敌人的进攻，迫使敌坦克不敢大胆揳入。

经三昼夜激战，毙伤敌1.7万余人，创造了朝鲜战场日歼敌最高纪录，敌前进不足2公里。美第7师伤亡惨重。

“联合国军”攻势连连受挫后，转为集中兵力、火力对志愿军第67军防守的金城以南若干要点逐个进行重点攻击，主要目标为月峰山、602.2北无名高地，梨船洞东北无名高地、芦洞里北山要点。

10月15日早上4点，敌军开始向第67军某团第4连防守的月峰山阵地攻击，敌机在山顶上轰鸣，装甲车开始向山边爬过来。但因山势陡峭，笨重的战车无法爬上山来。

天一亮，敌军的装甲车已增加到30辆，在山脚的公路上一字排开，用密集的炮火向山上轰击。这时，隐藏在战车后面的敌军步兵，在战车火力的掩护下，开始冲击，但很快就被第4连的勇士们打垮了。

不久，敌军开始了第二次攻击，人数从一个排增加到一个连。守卫在前沿阵地上的第4连的一个战斗小组的战士们，在打退敌人第一次攻击后，机智地利用山石和树枝做掩护，绕到左边的山坡上。

当敌军爬上他们原来那个前沿阵地时，组长周瑞一声喊打，子弹猛烈地射向爬在最前面的敌人身上，一下子就打倒了20多个。敌人一看势头不对，扭转身就向后逃走了。

接着，敌军又进行了两次攻击。但这两次每当冲到半山腰时，就赶紧伏下来，不敢向前冒进，一听到山顶有子弹飞来，就赶紧往后退缩。

第二天敌人对月峰山的轰击更加猛烈。敌机向月峰山狂轰滥炸，大量的炮弹倾泻到山峰，阵地上硝烟弥漫，这是敌人将要发起更疯狂攻击的预兆。

第4连的勇士们更严密地组织火力，准备迎击来敌。上午11时，敌人果然发起疯狂攻击，成排成连的人往上冲，但冲上来的敌人都被他们猛烈的火力打下去了。仅10分钟，一个连的敌人就伤亡了一大半。

不一会儿，敌人又以一个营的兵力分左右向月峰山发起连续冲锋。勇士们就和敌人展开了勇敢机智的搏斗。机枪组提着轻机枪沿着山头转，哪边有敌人就向哪边打。

战士张北旺的一挺轻机枪守卫在阵地的左侧，用火力封锁主峰、山沟，一群敌人往上冲，迎头就被他打倒了8个。

后来敌人又从左边山沟里往上冲，张北旺一看地形不利，机枪不易发挥火力，便提着机枪迅速地跑到交通沟外边去打。当敌人发觉他的机枪阵地并以猛烈炮火向他轰击时，他又转移到前方的交通沟里，以侧射火力打得敌人连滚带爬地向后逃。在这次战斗中，他一个人就杀伤了50多个敌人。

在战斗中轻炮手们也有力地配合着步兵作战。他们为了游动射击，拆去了炮架，用手抱住灼热的炮筒在前沿阵地上来回寻找战机。

荣获“神炮手”称号的谢太龙刚进入阵地就看好了6个预备阵地，当一个排的敌人走向月峰山左面的山时，他赶紧选择了有利地形，连放两发，炮弹准确地在敌群中爆炸开来。

接着，他又在左侧方600米处发现一个班的敌人。当敌刚抬起头来时，谢太龙的第一发炮弹已经飞过去了，吓得两个敌人向一个地堡逃去。

谢太龙用他的迫击炮跟踪追击，三发三中，地堡被打塌了，两个敌人也被打死了。躲在其他地堡里的20多个敌人，吓得向左边的高粱地里乱窜。谢太龙连发数炮，把20多个敌人都打倒了。

这时，阵地上的步兵已英勇地打垮了敌人一个营的进攻，胜利地结束了这次战斗。

“联合国军”转入重点进攻后，在志愿军的严厉打击下，进攻能力减弱，便集中火力、兵力进攻烽火山、轿岩山等少数要点。

10月16日，敌军又向志愿军第67军第199师防御正面进攻。守卫在轿岩山阵地前沿的一个小山包上的一个班，坚守阵地4天4夜，战至最后一个人，也未放弃阵地。

10月19日，这个班已经跟敌人激战3天，打退了敌人数十次冲锋，和连部的联络中断了。班里只剩下4人了。

清晨，敌人的炮火就向阵地猛烈地轰击着，却久久不见敌步兵冲击。战士叶良成警惕地观察着。

这时，班长拖着负伤的右腿从掩蔽部里走了过来。

“叶良成，我来替你观察一会儿，你现在去休息，到10点钟再来换我。”

叶良成心痛地望着班长，班长的脸上一点血色也没有，疲倦的眼睛深陷着，腿还负着伤。

“班长，我能挺住，你回去休息吧！”

班长生气了，严厉地对小叶说：“叶良成，要听从命令。别看敌人现在没动静，大的进攻一定在后面，你不休息一会儿，怎么能抗得住？”

叶良成回到掩蔽部，坐了下来，迷迷糊糊打起盹来……

突然，“轰隆隆”一阵剧烈的炮弹爆炸声把他震醒，浓浓的硝烟冲进掩蔽部。他立即跑了出去。

“班长负伤了！”只听潘英达大声喊道。

叶良成赶紧向观察哨位跑去。到了观察哨位，只见班长的头上、胸前全是血，下身埋在沙土里。叶良成和潘英达跑上前去，扒开土，抱起班长，连声喊道：“班长！班长！”

班长好半天才睁开眼睛，费了好大劲才说出几个字：“狠狠地……打……敌人！”话没说完，就紧闭了双眼，班长牺牲了。

敌人的炮火向他们背后延伸了，紧紧地封锁着通向连主阵地的那条山梁，跟着，一个多排的敌人，分三路攻上来了。

“马贵元，叶良成！”战士潘英达跳起来，用红红的眼睛望着他们俩。“现在，我代理班长！我们一定要替班长报仇！狠狠地打击敌人。马贵元在右边，叶良成在中间，我在左边迎击敌人！”他们3个迅速散开，各自独当一面，互相支援。

三天来，敌人损失惨重，现在有点害怕了。他们慢腾腾地朝上爬，爬一会儿，停一停。叶良成守在阵地中部，左手提着冲锋枪，右手握着手榴弹，两眼紧紧盯住敌人，耐心地等待着越来越靠近的敌人。

敌人爬到离他大约20米远近时，他两侧的冲锋枪、手榴弹先响了。敌人吓得连忙趴在地上。过了一会儿，他们看看上面没有动静，便站起来，涌了上来。

叶良成一口气扔出好几颗手榴弹，又端起冲锋枪，向敌人扫射。敌人倒下了一大片，剩下的几个没命地朝山下跑。

正在这时，叶良成与潘英达之间的山坡上冒出来两个敌人，他们架起机枪，向叶良成瞄准。还没等叶良成调转枪口，就听左边“啪”的一声，端机枪的敌人应声倒下，剩下的那个敌人，朝潘英达那边扔了一颗手榴弹，拔腿就跑，叶良成端起冲锋枪朝他开了两枪，他一头栽倒在地。

“潘英达，谢谢你的支援！”叶良成向左边喊了一声。

没有回音，叶良成见势不好，赶紧跑了过去，潘英达已经倒在血泊之中，他是被敌人的手榴弹炸牺牲的。叶良成冲了上去，抱起战友的遗体，沉重地走进了掩蔽部，轻轻放好，擦干眼泪，紧紧握着拳头走出了掩体。

阵地上只剩下叶良成和马贵元两人，情况越来越严重：同上级的通信联络完全中断，工事几乎全被摧毁，弹药也不多了。而敌人却一次又一次地冲击着。他们要不惜一切代价，从这里打开一条通往轿岩山的通道。

叶良成和马贵元，腰上掖满手榴弹、挂着冲锋枪来回跑着打。打了一会儿就觉得太疲劳，他们又在牺牲了的战友们身边和敌人尸堆里，找出所有能够使用的武器弹药，分别放在几处便于作战的地方，敌人从哪里上来。他们就在哪里消灭他！他们忙得互相之间顾不上说话。

下午2点多钟，他们在一个大炮弹坑里碰到了。马贵元对叶良成说了几句话，叶良成一点反应都没有，马贵元又大声喊了几声，叶良成望着马贵元，还是没有听见。原来，叶良成的耳朵已经被敌人的炮火震聋，他们只好用手势“说话”了。

太阳快要落山，夕阳照在阵地上，阵地前堆满敌人的尸体。敌人的炮声逐渐稀下来，进攻暂时停止了。

叶良成坐在战壕里准备弹药；马贵元站在坍塌的掩体里，监视敌人。不时地向叶良成做手势，告诉他山下的敌人在干什么。

天色渐渐黑了下来，阵地上一片寂静。突然，马贵元把手猛一抬，叶良成马上探出身向下看去，敌人趁着黄昏又摸上来了。

他们立即分头跑开，一个向左，一个向右，来到了各自的岗位，准备好武器弹药。

敌人三人一伙，五人一群，悄悄地往上爬，似乎怕惊动他们。他们也伏着不动，等敌人逼近了再打。

敌人逼近了，手榴弹、冲锋枪猛烈地打向敌人，他们互相配合，打得敌人连连败退。

敌人终于溃退下去了。叶良成累得坐了下来直喘气，过了一会儿，马贵元还没有过来，他马上沿着只剩下一点痕迹的交通沟，向左边跑去。拐了一个弯，忽然看见几个人影在前面交通沟里站着，一个个东张西望的，一见叶良成马上蹲了下去。

不对！这是敌人！叶良成迅速扔出两颗手榴弹，又用冲锋枪扫了一梭子。

天黑了，敌人已经摸上来了，马贵元到哪去了呢？叶良成四处寻找着。往前走了不远，隐约看见通向主峰的山梁左侧，有一片黑糊糊的东西。他用尽全身力气向那里跑去，跑过去一看，这是好几具敌人尸体，他认真地翻找着。

忽然，他发现两个抱在一块的尸体，上面那一个两手紧掐着下面那个人的脖子。他走近仔细看了看，上面的那个人正是马贵元。原来，当敌人摸上了阵地，马贵元一个人在通向主峰的路上拦住了敌人，一直战斗到与敌人同归于尽。

叶良成一下扑上去，将马贵元紧紧抱在怀里……

现在阵地上只剩下叶良成一个人了，他安置好战友的遗体，暗下决心，一定要守住阵地。一定要为战友报仇！他摸着黑，向前沿爬去！就在这时，主阵地上空升起了两发信号弹，两侧阵地上响起激烈的枪炮声，升起了冲天的火光，友邻阵地反击了。支援部队从主峰上飞奔下来，牢牢地守住了轿岩山。

战至10月22日，在志愿军顽强阻击下，“联合国军”停止了对金城地区的进攻。至此，志愿军经过一个月的英勇奋战，粉碎了“联合国军”的秋季攻势，毙伤俘敌7.9万余人。其中在金城以南地区与敌激战10昼夜，毙伤俘敌2.3万余人，击毁击伤敌坦克47辆。“联合国军”在秋季攻势中付出惨重代价，失去土地467平方公里。

中国人民志愿军和朝鲜人民军在1951年夏秋季防御作战的胜利，有力地打击了“联合国军”的嚣张气焰。美国参谋长联席会议主席布莱德雷认为“联合国军”这种攻势在战略上是失败的。他在给杜鲁门的报告中说：“李奇微所施行的占领个别高地的战术，不符合美国在远东的全盘战略……用这种战法，李奇微至少要用20年的光景才能到达鸭绿江。”

此后，“联合国军”在长期的对峙作战中，再也不敢冒险发动全线大规模进攻了。同时，美方企图以军事压力迫使朝、中方面在军事分界线问题谈判中屈服的妄想破灭了，不得不放弃原来的无理要求，重新恢复停战谈判。

5 停战谈判恢复

美方又重提他们的海、空军优势。解方拍案而起，我们地面部队的优势要不要补偿？

停战谈判由于美方的破坏于8月23日被迫中断后，“联合国军”不断在开城中立区制造事端。8月30日，南朝鲜部队侵入中立区打死朝、中方面军事警察2人，打伤1人。9月1日，美军飞机侵入中立区上空对朝、中方面首席代表住所实施轰炸。

9月10日凌晨，又一架美军飞机侵入中立区上空进行射击，对准一个叫满月里的地方进行扫射，几处民房中弹，房屋遭到损坏。朝、中代表团立即向对方提出抗议，并要求进行现场调查。

第二天早上，对方派了一位名叫戴罗的上校，他在朝、中方面联络官张春山的陪同下，仔细地察看每一处弹痕，听取房屋主人的证词。

“人证、物证俱在，你方违反协议的事实不是很清楚了吗？”张春山满有把握地说。

戴罗摇晃着脑袋说：“现在还不能肯定。”

“这些证据还不够吗？”

戴罗继续狡辩地说：“我并没有看见是我们的飞机。”

张春山讽刺说：“如此说来，你只有看见你们的飞机到达这里，从空中掉下来才能证明是你们的飞机啦。”

正好在这时，从远处传来飞机的轰鸣声，不一会儿飞临开城中立区上空，从下面可以清楚地看到，是美军轰炸机、战斗机编队。

张春山指了指上空，严肃地对戴罗说：“这还不能证明吗？”

戴罗仰望着天空，无奈地耸耸肩膀，显得十分尴尬。

由于“联合国军”发动的夏季攻势遭到失败，美方的态度不得不有所改变。

当天晚上，美军电台承认此次事件是“联合国军”飞机所为。第二天，对方首席代表乔埃正式致函朝、中方面首席代表南日，承认满月里事件是美方飞机造成的，并表示遗憾。

9月17日，李奇微向朝、中方面承认9月10日扫射中立区的事实，并表示愿意对实施中立区的协议持负责态度。

9月18日，金日成和彭德怀联名致函李奇微：

> 鉴于你方已经对最近一次联合国军破坏开城中立区的事件表示遗憾，并愿对于开城中立区协议的破坏持负责态度，因此，为了不使上述那些未了事件继续妨碍双方谈判的进行，我们建议：你我双方代表应即恢复在开城的停战谈判。

朝、中方面于9月19日表示可以恢复谈判，由双方联络官讨论复会问题。但美方仍在复会问题上纠缠，要求更换会址。为了立即恢复停战谈判，10月7日朝、中方面建议将会场移至开城东南的板门店，由双方共同负责保护。

10月22日，双方联络官就双方代表团复会事宜达成了协议。此后，停战谈判会场区由双方军事警察共同维持安全和秩序，中立区由开城扩大到汶山。

10月25日上午，双方代表又坐到了谈判桌前。这一天，朝、中方面出席会议的代表有南日、边章伍、李相朝、解方、郑斗焕。对方代表是乔埃、克雷奇、霍治、勃克、李亨根。会议批准了双方联络官达成的关于中立区的协定。接着，开始继续讨论中断前的谈判，即讨论第二项议程。

李相朝首先问道：“贵方带来关于军事分界线的新方案了吗？”

霍治慢腾腾地从公文包里拿出来一份新方案：

“在宣读我方新的方案之前，我还想提醒各位，‘联合国军’的海、空军占有极大的优势……”

这个方案仍要求朝、中军队退出1500平方公里土地，包括撤出开城地区。

朝、中方拍案而起，反驳道：“我劝你们还是不要再谈那套刺激感情的什么补偿论吧！如果一定要谈，那么地面部队的优势要不要补偿？现在的问题是你们不同意以三八线为军事分界线，我们决不能接受你方的无理主张，难道我们就这样僵持下去，无所作为吗？”

霍治强硬地说：“开城离我们太近，不利于防御，不利于保卫汉城。”

朝、中方驳斥道：“你们借口防御，这种论据是说不通的。”

这一天的谈判毫无结果。

10月26日，朝、中方面提出了根据实际接触线加全面调整作为军事分界线的新方案，双方互有进退，而各自撤退的区域大体相当。但美方仍坚持无理主张，企图占有开城地区。

不仅如此，李奇微还命令在开城前线施加压力，每当代表们走进会场，美军就开始发射恐吓的炮弹。

为了粉碎敌人的阴谋，志愿军总部于10月29日命令第65军坚决防守开城地区，不得放弃一寸土地。

第63军进至开城东北的长和洞、华藏洞地区，第40军之第119师也严阵以待，随时准备参加开城保卫战。同时，为了打击敌人的嚣张气焰，促进停战谈判，志愿军总部决定乘敌疲惫之际举行局部战术反击，再给敌以打击，收回部分已失阵地。

志愿军第一线第64、第47、第42、第26、第67、第68军和接替第67军防务的第12军，遵照志愿军司令部的指示，经过充分准备，自10月30日至11月底，均分别在各自正面，选择敌人突出、暴露或防守薄弱的营以下阵地进行了连续不断的攻击。

11月4日，第47军以2个步兵团11个连的兵力，在114门火炮、11辆坦克支援下，向美骑兵第1师3个连防守的正洞西山（铁原西）发动进攻。经过3个小时激战，全歼守敌，攻占阵地。

次日，美骑兵第1师以2个营的兵力反扑。第47军在打击敌反扑中，给敌以大量杀伤后主动撤离阵地。在敌重新占领该阵地后，第47军又乘敌立足未稳，以3个营兵力再次反击，全歼美骑兵第1师一个营又一个连大部。

此次反击作战，志愿军取得了很大成功，歼敌1万余人，攻占敌阵地21处，经过与敌反复争夺，巩固地占领了9处，有力配合了停战谈判。

6 陆、空协同作战

中国革命军事史上首次陆、空军协同作战。

在进行战术反击的同时，志愿军为肃清清川江至鸭绿江口沿海一带盘踞岛屿搜集情报的武装特务，并配合在板门店“关于岛屿部队撤退问题”的谈判，决心收复这些岛屿。

位于鸭绿江口外朝鲜西海面的大、小和岛，是美军和南朝鲜军的一个重要前哨阵地。岛上驻有南朝鲜军的“白马部队”及美国情报人员1200余人，利用雷达、电台和窃听设备搜集和窃听中朝方面的军事情报，并进行骚扰破坏活动。

为了歼灭岛上之敌，1951年10月底，志愿军总部决定：志愿军空军第2、第3、第8、第10师各一部，配合志愿军陆军第50军部队攻占大、小和岛及其附近的岛屿。志愿军空军司令员刘震和志愿军陆军第50军领导一起商定了协同作战计划。志愿军空军的主要任务是：对大、小和岛、椴岛进行航空照相侦察；保障攻岛部队在集结地域不受空袭；摧毁大、小和岛上的军事设施，轰炸在附近活动的敌舰。

这是中国革命军事史上首次陆、空军协同作战。

11月1日，志愿军空军第3、第4师分别出动飞机对岛上敌军的部署和工事情况进行了照相侦察，为地面部队登陆作战提供了情报。

5日夜，地面部队攻占了椴岛。为巩固登陆成果，6日，志愿军空军第8师第22团起飞图–2型轰炸机9架，由大队长韩明阳带队。在第2师第4团拉–11型驱逐机16架和第3师第7团米格–15型驱逐机24架的掩护下，对大、小和岛上的敌指挥机构进行了轰炸。

这次作战，由于行动突然，配合默契，未遭美机拦阻，轰炸命中率达90%，有力地配合了志愿军登陆部队巩固椴岛的任务。

29日夜间，第10师第28团起飞图–2型轰炸机10架，在大队长姚长川率领下，对大、小和岛附近海面的敌军舰艇进行了轰炸，为攻占大、小和岛创造了有利条件。

30日下午，为了配合担任主攻任务的志愿军地面部队攻占大、小和岛，志愿军空军第8师第24团第1大队大队长高明月率9架图–2型轰炸机，由第2师第4团16架拉–11型驱逐机护航，组成联合机群向大、小和岛飞去。按预定与掩护的第3师米格–15歼击机编队会合时间提前5分钟。

当联合机群刚飞入海面上空时，突然迎面飞来美空军30多架F–86型战斗机。

“轰！轰！轰！”敌机开炮了。敌机群对志愿军空军混合编队凶猛扑来。

混合机群在大队长高明月的指挥下，一面组织火力反击敌群，一面冲破拦阻飞向目标。

拉–11是第二次世界大战时的活塞式螺旋桨驱逐机，最高时速为700

公里，而号称“佩刀式”的F–86是最新式喷气战斗机，时速为1100公里。无论时速、升限、攻击能力，拉–11都远远落后于F–86型。

敌机形成强大的交叉火网，向志愿军空军轰炸机群袭来。志愿军轰炸机用机上航炮构成火力网奋力反击。敌人见编队攻击不成，又改为单机连续交叉攻击，企图各个击破。

“注意，队形靠近，要沉住气，坚决地打！”大队长高明月通过无线话筒果断地指挥着战友们。

在拉–11的掩护下，轰炸机群一面还击，一面编队向大、小和岛方向飞去。

敌机开始攻击轰炸机尾后的第3中队。中队长邢高科叮嘱中队的同志们：“要坚决顶住！把敌人的火力吸引过来，支援前面机组去完成任务！”

邢高科凭着熟练的驾驶技术，与敌机周旋着。8架敌机组成强大的火力网，凶猛地攻击着第3中队的3架轰炸机。

宋凤声驾驶的右僚机中弹坠落，接着，梁志坚驾驶的左僚机也被击落。

中队长邢高科驾驶的图–2又成为敌机的攻击目标。8架飞机同时向这架飞机连续攻击。“哗啦”飞机的后舱盖被敌机打得粉碎。射击长吴良功身负重伤，通讯长刘绍基的头部、脸上被舱盖碎片击破，鲜血直流。刘绍基看着两架友机坠落，接过吴良功的航炮，愤怒的眼睛紧盯着敌机，瞄准了一架F–86。“嗒嗒嗒……”打得敌机翻了个跟头，凌空爆炸了。

刘绍基开创了空军史上用活塞式轰炸机击落敌喷气式飞机的先例。

在轰炸机与敌机激战的同时，担任护航任务的歼击机正在与敌机进行着你死我活的搏斗。活塞式战斗机与先进的喷气式战斗机在空中进行着较量，这也是一场意志的较量。

护航歼击机在轰炸机周围，一面同敌机格斗，一面掩护轰炸机前进。副大队长王天保发现一架敌机向轰炸机俯冲，立即对准敌机发射几炮。这时，又有两架敌机向王天保飞机扑来。王天保毫不畏惧，加速向敌机冲去。敌机见势不妙，慌忙右转逃开了。

当王天保驾驶飞机向轰炸机群靠拢时，又有7架飞机凶猛地扑了过来。

王天保单机对7架F-86，上下翻飞，左击右攻，但毕竟拉-11速度慢，一下子就被敌机包围了。

王天保咬住一架飞机冲去，同时，按动炮钮，敌机冒出一股黑烟，迅即变成一团火球，向大海坠去。接着，王天保冲出敌机包围。后来，王天保又击伤3架敌机。

拉-11驱逐机在血战中，周宗汉、何岳新、于长富为掩护轰炸机群壮烈牺牲，大队长徐怀堂击落F-86飞机1架，飞行员王勇、刘卓生各击伤F-86飞机1架。

轰炸机群在拉-11战斗机的掩护下，向大、小和岛逼近。

第1中队右僚机飞行员毕武斌驾驶的飞机多处负伤，在接近目标时，又被击中起火，他驾驶着燃起熊熊烈火的飞机，将炸弹投向目标后飞机坠海，机组成员全部光荣牺牲。其余机组怀着为战友报仇的决心，且战且进，到达目标上空，把全部炸弹倾泻在大、小和岛上。美军和南朝鲜军驻地立刻变成了一片火海。

11月30日，第50军某部开进到攻击出发地，紧张地等待着登船的命令。随着空军轰炸任务的进行，海岸上响起了激昂嘹亮的进军号声。

一眨眼，几十只大船离开海岸。渐渐地，风浪大起来了，船乘风破浪地前进着。就在这时，背后又响起巨大的重炮声，一道道闪光划破海上的夜空，炮弹呼啸着，一个接一个地在大、小和岛爆炸了，大、小和岛立即燃起了熊熊大火。

离岛还有1000多米，岛上的敌人打起一排排照明弹，照得海面白森森的。紧接着，各种口径的炮火向船队轰击。

船工们瞪大眼睛，满头大汗地忙着，船，飞一般地往前闯，后面的船只也箭一般地紧紧相跟着。

敌军的炮弹在船前船后激起了高大的水柱，海湾里的轻重机枪也一排排地向船队扫射过来。

船队冲向登陆的海湾，离敌人滩头阵地只有400米了，连长一声命令：

“对准敌人的机枪，射击！”

顿时，船上吐出了一道道红色的火舌，紧接着，后面火力船上的无后坐力炮也向敌人轰过去。海面上响起了一片密集的枪声和炮声，爆炸的闪光和飞溅的水沫交织在一起，好像在喷水池旁点放着花炮。

呼的一声，船靠在一块大岩石旁，连长高举着枪，大声喊着：

“同志们！登陆啊！冲啊！”

伴随正在怒吼着的海浪，同志们呐喊了一声，就冲上了敌人的滩头阵地，沿着陡峭的崖壁，攀着小树丛向滩头高地爬去。手榴弹随即在敌人的火力点上爆炸了，敌人丢下了他们的火炮和机枪向后溃逃了。连长向天空射出两颗红色的信号弹，它告诉陆上的指挥所，已经胜利地登上大、小和岛。

在志愿军攻岛作战的同时，朝鲜人民军海防部队第26旅和第23旅，也相继攻占了大同江避岛、青羊岛及瓮津半岛附近的龙湖岛、昌麟岛等岛屿，歼灭武装特务200余人。至此，敌人深入在朝鲜西北部各海岛的情报基地被志愿军和人民军清除。

在志愿军和人民军局部反击战和攻岛战胜利的形势下，11月27日美方同朝、中方面就军事分界线及非军事区问题（即第2项议程）达成协议。协议中规定：以双方现有实际接触线为军事分界线，双方各自由此线后退2公里以建立停战期间的非军事地区。如军事停战协议在本协议批准后30天之后签字，则应按将来双方实际接触线的变化修正上述军事分界线与非军事区。

第九章
全面较量

1 李奇微的绞杀战

李奇微兴奋地说："我要把朝鲜半岛变成当年的亚平宁半岛。发动当今的绞杀战！"

1951年7月，朝鲜北部地区连降暴雨，清川江、大同江、临津江等主要河流洪涛滚滚，河水暴涨7~9米。朝鲜发生了40年来罕见的特大洪水，并持续到月底，造成严重灾害，主要江河上的铁路桥梁毁坏94座，中断运输最久时竟达一个半月；公路桥梁也被冲毁50%。

"真是千载难逢的好机会。"李奇微站在一幅巨大的朝鲜地图旁边，自言自语道。

望着地图上朝鲜北方纵横交错的铁路线，李奇微不由得想起了1944年3月他作为空降兵军长，指挥空降军参加意大利境内的一次空战，出动空军大规模轰炸意大利的铁路线，终于把墨索里尼赶下了台，又迫使意大利法西斯宣布投降。那次陆海空协同攻势，后来被称为“绞杀战”。

想到这里，李奇微用双手狠狠地做了一个卡脖子的动作，兴奋地说：“我要把朝鲜半岛变成当年的亚平宁半岛。发动当今的绞杀战！”

美国远东空军司令部，新任司令奥托·威兰正在主持作战会议。

威兰严肃地扫视了一下会场，用命令的口吻说：“现在朝鲜停战谈判已经开始，为了配合谈判，对志愿军和人民军施加压力，地面部队正在发动夏季攻势。总司令官要求远东空军立即行动起来，发动大规模空中攻势，切断敌后方交通线，阻滞敌前后方联系，窒息敌人的作战力量。这次行动被称为‘绞杀战’。现在朝鲜北部洪水泛滥，正是我空军大显身手的好时机。”

威兰向站在地图旁边的一位参谋做了一个手势。这位参谋心领神会，立即结合地图，详细地介绍了这次行动的计划：

计划以90天左右的时间摧毁朝鲜北方铁路系统，尽可能做到使其铁路运输陷于完全停顿的地步，同时攻击中朝军队的运输卡车。要炸断铁路桥梁、摧毁铁路车辆或破坏铁轨和路基。

进行“绞杀战”的任务区分为：海军飞机负责对三德里与高原之间横贯朝鲜的铁路线，以及从吉州经兴南、元山到平康的沿东海岸而下的铁路线进行空中封锁。轰炸机指挥部负责轰炸位于平壤、宣川、顺川、新安州等地的主要铁路桥梁。第5航空队对朝鲜西北部的北朝鲜主要的双轨铁路线进行空中封锁。第5航空队的轻型轰炸机将主要力量放在攻击朝、中军队的运输卡车上。

为了阻止朝、中军民运送重型铁路设备来修理铁轨被炸断处，美远东空军还制订了炸毁北朝鲜几座主要铁路桥梁的计划。

会议结束后，远东空军开始每天以数十架到上百架的大机群，对朝鲜北方尚存的铁路桥梁和铁路路基逐段实行毁灭性的轰炸。

第5航空队司令部，司令官埃佛勒斯特中将下达完“绞杀战”的命令后，傲慢地说：

"对铁路实施全面的阻滞突击，将能削弱敌人到如此程度，以致第8集团军发动一次地面攻势即可将其击溃，或者将能使敌人主动撤至东北地区境内附近，以缩短其补给线。如果南北的铁路干线遭到破坏，那么在'H'形铁路网上的横向铁路线就会失去作用，因此，以最主要的力量对宣川和沙里院之间的双轨铁路线进行攻击，同时也攻击熙川到军隅里和军隅里到顺川之间的单轨铁路线。"

埃佛勒斯特在每天的战斗命令中，给每个战斗轰炸机联队规定炸毁一段长度为15~30英里的铁路线。各战斗轰炸机联队在F-86的掩护下，每天通常出动两次对所规定的铁路线进行轰炸。大多数的联队长都使用32机到64机的"大队编组"方式，并根据对方的抗击情况和天气情况改变他们的活动方法。他们采用的是下滑和俯冲等轰炸方法，而下滑轰炸的命中率较高。

远东空军轰炸机指挥部的B-29也对北朝鲜的机场进行持续轰炸，并轰炸了平壤、新安州、顺川和宣川等地的重要铁路桥梁。轰炸结束后，通过空中侦察机侦察，一旦知道这些桥梁还能使用时，轰炸机指挥部的B-29就再去进行轰炸。

轰炸机指挥部在每次遂行切断铁路线任务时，通常派出两个四机小队轰炸两座桥梁。每个小队均使其轰炸航路和桥的轴线尽可能垂直，这样就能使轰炸员用桥梁的长轴线作为瞄准点。

二 大空战

美国空军参谋长范登堡闻讯大惊失色地说："共产党中国几乎在一夜之间就变成了世界上主要空军强国之一。"

志愿军空军以安东为基地，在刘震司令员的指挥下，奉命于9月中旬起采取以师为单位轮番作战的方针出动作战。

年轻的志愿军空军在反“绞杀战”斗争中，为了保卫后方运输线，勇敢地同老牌美国空军进行着殊死的搏斗。志愿军空军同美国空军的空中较量，使中国空军在世界空军中声名大振。

从1951年9月至1952年5月，志愿军空军以师为单位轮番参战。首批参战的仍是志愿军空军第4师，但这一次是全师出动。9月份在朝鲜上空发生了大规模空战，从中旬开始，敌我双方都采用数十架至100多架飞机的大机群作战。9月25、26、27日三天的空战最为激烈。

9月25日，大规模的激烈空战开始进入高潮。当日，志空4师出动100余架飞机，同袭击清川江桥的100余架美机激战。

第4师第12团出动16机协同苏联空军作战，编队飞到安州地区上空，与20多架F-86遭遇。

第1大队在李永泰的指挥下首先接敌。由于发现敌机晚，被迫投入战斗，队形拉散，形成单机作战。

新飞行员刘涌新单机与敌6架F-86激战，击落其中1架，首开打下美国最新式的F-86“佩刀”式飞机的纪录，后遭5架美机围攻，飞机被击落，壮烈牺牲。

大队长李永泰遭4架F-86飞机围攻，飞机的各个部位均中弹，但李永泰临危不惧，大胆与敌周旋，最后安全返航。经地勤同志检查，飞机中弹30余发，受伤56处而脱离战场。飞行员们看着这架飞机，风趣地说：“这哪里是飞机，简直是坦克！”自此，战友们便称誉李永泰为“空中坦克”。

9月26、27日双方又进行了两天的大空战。美国空军连连受挫，大为震动。第5航空队惊呼：“这3天的战斗是历史上时间最长、规模最大的喷气式飞机的战役……”并说：志愿军空军“严重地阻碍着联合国军的空中封锁铁路线的活动”。“战斗轰炸机除了扔掉炸弹四处逃命之外，别无其他办法。”

至10月19日，空4师共出动29批508架次，参加双方200多架的大机群空战达7次，击落美机20架，击伤10架。

志愿军空军的出动作战，给美国空军造成了巨大威胁。对这一点，美国空军战史做了明确记述："1951年10月整个一个月内，共产党空军在北朝鲜的活动达到了高潮，而联合国军的空中优势则陷于危险境地。……远东空军在空战中也损失了7架F-86、5架B-29、2架F-84和1架F-80。这个月，轰炸机指挥部的老式的B-29遭到了朝鲜战争以来最大的损失。在10月以前，轰炸机指挥部在空战中一共只损失了6架B-29，然而在10月的最后一个星期内，就有5架B-29被敌人的高射炮或战斗机击毁，另外还有8架受了重伤。在这一个星期内，有55名B-29的乘员牺牲或失踪，另外有12人负伤。"

美国空军参谋长范登堡闻讯大惊失色地说："共产党中国几乎在一夜之间就变成了世界上主要空军强国之一。"

由于志愿军空军的打击，1951年10月，美军第5航空队只好决定"他的战斗轰炸机以后不在米格走廊（鸭绿江至清川江之间地区上空是米格-15飞机活动的主要空域，因此，美国空军称这一地区为"米格走廊"）内进行封锁交通线的活动，此后只能对清川江与平壤之间地区的铁路交通线实施攻击"。美国远东空军司令威兰决定，全部取消B-29飞机在昼间的大规模轰炸活动。

从10月29日起，B-29的轰炸活动转入夜间进行。美国空军当局决定提前将其在朝鲜作战的一个F-80战斗截击机大队，改装成F-86大队，以加强其空战能力。

1951年10月20日，志愿军空军第3师接替第4师参战。11月，第2师和第14师也先后到一线参战。11月2日至10日，空3师在5次小规模空战中击落美机8架。

空3师在激烈的空战中，越战越勇，从与敌小机群作战，发展到执行与敌大机群作战的任务。在空3师，有一支威名远扬的大队，他们参加空战80多次，击落击伤敌机29架。这就是由大队长王海指挥的“王海大队”，他们的名字、战绩和荣誉称号是：

王海，击落击伤敌机9架，“一级战斗英雄”，特等功臣。

孙生禄，击落击伤敌机7架，“二级战斗英雄”，特等功臣。

焦景文，击落击伤敌机4架，“二级战斗英雄”，特等功臣。

刘德林，击落击伤敌机3架，一等人民功臣。

马保堂，击落敌机1架，一等人民功臣。

周凤性，击落击伤敌机2架，二等人民功臣。

张滋，击落敌机1架，二等人民功臣。

马连玉，击落敌机1架，二等人民功臣。

鄢俊武，击落敌机1架，三等人民功臣。

11月9日，空3师第9团第1大队接到团里命令：“一等战斗准备。”

“做好一等战斗准备！”大队长王海立即向全大队传达命令。

第1大队的飞行员们终于盼到这个时刻！他们马上向停机坪飞快地跑去。刺骨的寒风，夹着沙粒迎面刮来。可是他们谁也没在意，很快就进到座舱里。

王海在座舱里按捺不住激动的心情，记得这段时间，大队飞行了好几次，可是连敌机的影子都搜索不到。他一直盼着与敌人交手的时刻，大队的飞行员们白天、黑夜，向往的是这个，议论的也是这个，甚至在睡梦中也梦见自己在蓝天打击敌机。

啪！啪！啪！机场上空升起了3颗信号弹，这是起飞的信号。飞机吼叫着冲向蓝天，向着平壤上空奔去。

晴朗的天空，无边无涯，一览无余。王海睁大眼睛，仔细地观察着前方。可是蔚蓝色的广阔无垠的天空中，没有一星半点可疑的痕迹。

“注意，‘小狼’在你们前面！”地面指挥员提醒着王海。

“真见鬼了，它能藏在哪里呢？”王海瞪大眼睛，盯着前面，就是没发现目标。

“找不到敌人，有劲也使不上啊！怕是我的眼睛没使到家，好吧！再仔细搜索搜索。”

王海又睁大眼睛，由远而近，从右到左，一个空域一个空域逐次搜索……忽然，一个苍蝇般的黑点从南向北移动。

“一〇二，一〇二，我是一〇三，左前方发现‘小狼’，拉着白烟，拉着白烟！”耳机里传来焦景文的声音。

“一〇二明白，一〇二明白。”王海在送话器里回话。

可不是吗！敌机正拉着两条白烟，准是对机。他将飞机往右一侧，转个小弯，追近敌机。只见敌机往左一转，机身远远闪过，一切都看清楚了，原来是一架战斗轰炸机，两个管喷气。

“轰炸机，来得正好！这号子大家伙飞机，大家还没有击落过，让我们开它第一炮。”

王海盯着敌机喊道：“还想溜，你跑不了！追！加油门，追！”

王海带领战斗机向敌机追去，敌机越来越近，王海紧紧握着操纵杆……

“开始攻击！”王海发出了第一道命令，手却早就放在炮钮上了。当敌机在远处侧转掉头南飞时，机身在王海的座舱盖前一闪。王海立即使用拇指紧扣炮钮，炮弹嗤嗤嗤地飞出炮口。他满以为，射出一长串炮弹，敌机就会着火冒烟。但是，敌机像条滑溜溜的泥鳅，平稳地飞着，像是故意在向王海挑衅，这一串炮弹连敌机的尾巴梢也没碰着。

看到敌机还在飞行，王海又急又恼火，恨不得将敌机炸成两段。他拉起机头，冲过去，咚咚地开炮攻击，一团团火球穿过碧空，在敌机的机翼上扑扑地跳跃。

“这回打中啦！”话还没说出口，只见敌机抖抖翅膀，扭头又飞走了。还是没有击中，王海对自己的射击技术实在不能满意。他一急，汗珠子一颗颗从头发里冒出来。他忽然记起，刚才没有使用光环瞄准。真是光顾着打炮，别的全都忘了。他拉起操纵杆，操纵杆滑溜溜的，掌心的汗水早就把它浸湿了。

王海定了定神，把稳操纵杆，专心一意地注视着光环，一会儿，光环里敌机的投影越来越近，越来越大。

“这回可跑不了吧！”他很有把握地想着，指头猛按炮钮。可是炮口却没有响。他猛的一怔，过了一会儿，他才醒悟过来，弹舱里的炮弹全都打光了！

“你们攻击！”王海立即把任务交给了战友们。

焦景文、周凤性听到大队长的命令，立即狠狠地按动炮钮，一连串炮弹射向敌机。那家伙摇晃了一下，又飞走了。

这时，刘德林驾着战斗机紧紧地咬上了敌机，一边追一边开着炮，不一会儿，这架敌机屁股后冒着一股浓烟，栽到山沟里了。

4架战斗机胜利地返航了。

王海率领的大队在团里击落了第一架敌机，他心里有着说不出的高兴。在讲评会上，他让大家充分发言，总结了许多经验教训。最后，他对同志们说：

“我这个空中指挥员，没当好啊！”

自从王海带领大队击落第一架敌机后，他和战友们在实战中处处用心琢磨技术和战术。他们深深地懂得，在空中面对的是参加过第二次世界大战的老牌飞行员，有相当的飞行经验，飞行时间最多的达3000小时，仅凭勇敢精神，硬拼硬撞，是很难战胜对手的。只有苦练过硬的本领，才能在空战中掌握主动，立于不败之地。

11月18日，王海指挥大队打了个漂亮战。

那天下午，前沿雷达情报站发现有9批100多架敌机在永柔地区活动，有的正在对安州、清川江一带铁路目标轰炸、扫射。中朝空军联合司令部命令空3师第9团截击北犯之敌机。

王海奉命带领第1大队6架飞机，随团升空作战。当临近战区时，他发现左前方有60多架F-86，敌机有的在盘旋，有的正向清川江大桥投炸弹，江面上不时激起冲天的水柱，一段大桥被炸弹摧毁。王海愤怒极了，他大喊一声：

“跟我攻击！”

6架战机猛冲直下，从6000米高处一直冲到1500米，敌机遭到这突如其来的攻击，十分惊慌，急忙抢占有利位置，仓促应战。刹那间，一场激烈的空战展开了。

敌机片刻惊慌之后，马上采取了“拉弗伯雷圆圈”，即8架敌机围成一个圆圈。采用这一战术，一可以互相掩护，二能逐步脱离，三可以寻机咬尾攻击。

起初，王海率领的6架战机也和敌机混在一起转了一阵圈，双方靠得太近，都没有攻击的机会。

王海一面与敌机转着圈子，一面寻思着，这样下去行吗？肯定不行！他果断地下达命令：

“爬高占位！”随即率领6架战机在敌圆圈阵中忽而急冲直下，忽而垂直上升，搅乱了敌机的圆形阵队形。他们抓住这个机会，各自寻找目标，向敌机猛烈攻击。

王海和他的僚机焦景文迅速咬住敌机，互相掩护，2分钟内各击落敌机两架；4号机孙生禄以步兵拼刺刀的精神，抵近敌机，在300米的近距离内以猛烈的炮火将一架敌机摧毁。

就这样，60多架敌机被王海带领的6架战机勇猛的攻击吓傻了，打懵了，摸不清他们出动了多少飞机，一个个惊恐万分，纷纷逃走了。

这次空战，王海带领的大队创造了击落敌机5架，而自己无一伤亡的辉煌战果。

30年后的1985年10月，中国军事博物馆。正在中国访问的美国空军参谋长加里布埃上将特意来参观，他看到当年王海驾驶的那架飞机绘着9颗红星，驻足凝视了许久。

他当年也参加了朝鲜空战。他对王海说：“我早就认识你了。有名的王海大队，我当年就是被你击落的。”

王海诙谐地说：“你们如果以后再打我，我还得把你打下来。”引起满堂大笑。

1952年1月16日，志愿军空军第4师第3次投入一线作战。他们一面带领部队打击美空军战斗轰炸机和分散活动的小机群，一面协同友空军与美空军大机群作战并创造了出色的战绩。

当时，美国从国内调来一批少校、中校飞行员充实远东空军，同时加强第5航空队，其中一半飞行员参加过第二次世界大战。由于美空军在志愿军空军和高射炮兵的沉重打击下，伤亡惨重，便加强了夜间轰炸，使朝、中后方遭受严重损失。

2月10日清晨，乔治·A. 戴维斯少校率领第4联队的战斗机为战斗轰炸机护航，轰炸军隅里附近的铁路目标。

戴维斯有约3000小时的飞行经历，在第二次世界大战中飞行266次。从1951年11月，他作为“老牌驾驶员”到朝鲜战场，到他被击毙为止，据称已在朝鲜执行60次战斗任务，击落11架歼击机，3架轰炸机，成为朝鲜战场上“成绩最高的喷气机王牌飞行员”。美军空军称他是“百战不倦”的、“特别勇敢善战”的“空中英雄”。

戴维斯率领18架F-86战斗机，掩护16架F-84、F80战斗轰炸机，即将到达目标区，阵容庞大，旁若无人。

这时，空4师第10团团长阮济舟率领两个团34架米格-15型歼击机，采用师编队、团“品”字队形，至战区迎敌。

天空布着薄云。地面指挥员不时用无线电提醒飞行员，注意敌机利用云层隐蔽，攻击和偷袭我机。

机群飞到战区上空。忽然，飞行员张积慧隐约发现，远处有一道道白烟。这是飞机拉烟！肯定有敌机！也许敌机发现了我们？也许还没有发现。谁都知道，在空战中，敌我双方如果谁先发现对方，谁就能争取战机，多一分胜利的把握。张积慧立即报告带队长机："发现敌机！"

敌机群正在向我机群接近。带队长机阮济舟立即命令："投掉副油箱，准备战斗！"

张积慧接到命令后，立即投掉了副油箱，率僚机单志玉爬上了1万米高空，准备攻击。可是，忽然不见敌机的踪影。这样一来，丢失了目标，又脱离了编队。

张积慧一看，一时找不到目标，干脆加大油门，追赶编队。他率僚机一边往前飞行，一边搜索目标。

突然，从张积慧左前方的云层中闪出几架敌机，直扑下来。好狡猾的敌人啊！原来躲进了云层里，趁我不备偷袭我机。

为首的2架敌机以泰山压顶之势猛扑过来，很快就到开炮距离了。紧接其后还有2架、3架……一共8架！张积慧不由一怔，但很快就镇静下来，沉着地提醒僚机："注意保持编队！"随即猛一推操纵杆，将战机右转上升，一下子将敌机压到了自己的右下方。本来正要开炮攻击的敌机冷不防扑了个空，从张积慧的后下方冲过去了。就在敌机刚冲过去右转的瞬间，张积慧没有机械地继续右转，而是机智地率领僚机利用高度优势，急速向左反扣，适时巧妙地使敌机不得不冲前，而自己处于敌机右后上方的位置，形成了对敌机咬尾攻击的有利态势。僚机单志玉不顾尾后其他敌机的威胁，紧紧掩护着张积慧。

敌长机戴维斯毕竟是空中老手。他见势不妙，立即拼命摆脱，先是急俯冲，接着又朝太阳方向做迅速垂直上升，企图利用阳光隐蔽自己，再借机进行反扑。

张积慧被阳光刺得无法进行瞄准，只好暂不攻击，咬住敌机不放。他率领僚机再次向敌机冲过去，敌长机被冲了下来。张积慧逼近敌长机，抓住时机猛一按炮钮，一发炮弹飞出，但没有击中。他紧追不舍，又对准敌长机，连放三炮。这个美国“空中英雄”驾驶的当时最先进的F-86战斗机，拖着长长的浓烟，坠毁到地面。当日上午，志愿军战地巡逻队在朝鲜三光里北面的山坡上，发现了这架四分五裂的F-86飞机残骸和戴维斯的尸体。

张积慧击落敌长机后，迅速向另一架敌机冲去。这架飞机见长机坠落，本来就惊慌得不知所措，又见我机冲来，连忙掉转机头，以不规则的飞行动作，极力摆脱攻击。

张积慧紧紧咬住敌机，瞄准敌机开了一炮。这一炮不偏不倚，正好击中敌机，随着一声巨响，敌机在空中爆炸了。

前后不到1分钟时间，张积慧在他的僚机单志玉紧密配合下，击落2架美机，旗开得胜。

美国远东空军司令威兰得知戴维斯被击毙的消息后，沉痛地说：“戴维斯的死亡，是对远东空军的一大打击，是一个悲惨的损失。我们是在空战中和一个厉害而熟练的敌人作战，需要我们拿出每一分技能、领导经验和决心。”

戴维斯被美国空军界公认为“最了不起的喷气机王牌飞行员”，他的战死在远东空军人员中引起了不小的反响，惶恐和不安迅速地感染到每一个飞行员。

法新社评论说：“共产党的喷气机飞行员都是出色的空军人员，美国飞行员也普遍赞赏他们的表现。被称为美国第一流空军健将的加布利斯基上校在承认中国志愿军的飞机精良后说：‘他们驾驶员更娴熟，他们的方法也更好了。’”一个英国随军记者采访了空战回来的高级驾驶员后，在文章中写道：“盟军飞行员承认共军在空战中的战术技巧给了他们以深刻的印象。”一个名叫阿米德的澳大利亚飞行员被米格-15击伤后侥幸逃回基地，一位荷兰随军记者报道：“这位阿米德惊魂未定，说：‘那些共产党都是头等的飞行员’……”

朝鲜民主主义人民共和国把军功章授予击毙美国“空中英雄”戴

维斯的张积慧。

志愿军空军首长致电各部，表彰张积慧的功绩，并给张积慧记特等功，授予“二级自由独立勋章”。

3 “绞杀战”失败

远东空军的军官们认为，如果早将“绞杀战”这个不太妙的代号从文件中删掉就好了。

担任朝鲜北方铁路抢修任务的部队，主要是由李寿轩副司令员和崔田民副政委率领的志愿军铁道兵团，辖4个师和一个独立团，一个援朝铁路工程总队。此外，还有朝鲜人民军的一个铁道工程旅。全部抢修力量共7万余人。当时管区铁路为1200公里，平均每6个人负责1公里的抢修。

志愿军铁道抢修部队采取了“以集中对集中，以机动对机动”的方针。为重点保证平壤以北“三角铁路”的抢修，铁道兵团把一半的兵力投入这一地区。

1951年11~12月，在敌机轰炸最严重的三角铁路地区，最多时平均每公里集中244人抢修。为减少桥梁被炸，桥梁部队采取了许多迷惑敌机的办法，如架设活动桥梁，拂晓时拆除几个孔，黄昏后再架好，使敌机误认为不必轰炸。

铁道兵抢修任务重、困难大、而且冒着生命危险，除防敌机空袭外，还必须排除敌机投下但未爆炸的炸弹，其中大量的是定时炸弹。仅1951年10月，在三角铁路地区就排除定时炸弹108枚。铁道兵战士不怕牺牲、排除万难，以勇敢的精神和科学的态度排除定时炸弹，涌现出许多功臣和英雄。

铁道兵第4师司令部见习参谋钟英，3天连续排除定时炸弹16枚，荣立一等功；第4师战士吴青山，在几天内排除定时炸弹22枚，荣立一等功；第1师第3团战士李云龙从1951年11月至1952年3月，拆卸定时炸弹34枚，并教会13名战士拆卸定时炸弹47枚，荣立一等功，被授予“二级战斗英雄”称号。

全国著名的登高英雄铁道兵第1师第1桥梁团第1连副连长杨连第，在抢修铁路桥梁中屡建功勋，1952年5月15日，当他正指挥抢修清川江大桥时，被美机投掷的定时炸弹弹片击中头部，光荣牺牲。朝鲜最高人民会议授予他“朝鲜民主主义人民共和国英雄”称号。志愿军总部命名他生前所在连为“杨连第连”。

在志愿军空军和高射炮兵的掩护下，铁道兵奋力抢修，从1951年12月初起，即保证了三角地区铁路的连续通车。

与此同时，志愿军掩护铁路运输的高炮部队积极作战，予美国空军以沉重打击。美国空军史承认：“志愿军地面的炮火也使第5航空队的战斗轰炸机遭到了很大损失。由于这种原因，9月，被击落32架、击伤233架；10月被击落33架、击伤238架；11月，被击落24架，被击伤255架。”

在朝鲜的东北海岸，美海军第77特混舰队的3艘航空母舰上的舰载机部队，持续不断地轰炸了沿海岸的铁路线，但他们不敢去攻击新成川至高原之间的、被美海军航空兵称为“死亡之谷”的横向铁路线，因为志愿军的地面炮火加强了对这条铁路线的保护。

为了改善公路运输状况，反“绞杀战”斗争期间，志愿军抽调了几乎入朝的所有工兵团及在后方休整的各步兵军等部队，全面加宽加固了公路，新修公路数百公里，在公路沿线修筑了大量汽车掩蔽部；以一个步兵师、一个公安师及志愿军后勤各分部的警卫团等部队，在公路沿线设置防空哨，为行驶的车辆防空报警和指挥交通；汽车司机在遇敌机轰炸扫射而不及隐蔽时，一般立即停车，并点燃早已准备好的擦车布或废油桶，假示汽车被击中，迷惑敌机，保护车辆。

采取这些措施后，汽车损失大大减少，损失率由入朝初期的近50%，降至1951年第二季度的22%、第三季度的5.5%、第四季度的4.6%，到1952年第一季度则降到2.2%。与此同时，运输能力大为提高，据志愿军后勤第1分部统计，1951年9~12月比4~8月提高95.6%，1952年1~4月又比1951年9~12月提高19.8%。

东京美远东军司令部，李奇微不断收到来自远东空军的消息：

——志愿军空军严重地阻碍着“联合国军”的空中封锁铁路线的活动。战斗轰炸机除了扔掉炸弹四处逃命之外，别无其他办法。

——由于志愿军空军的打击，美空军第5航空队只好决定“他的战斗轰炸机以后不在米格走廊内进行封锁交通线的活动，只能对清川江与平壤之间地区的铁路交通线实施攻击”。远东空军司令威兰决定，全部取消B-29飞机在昼间的大规模轰炸活动。

——第5航空队的情报部门报告：“共军抢修部队填补弹坑的速度可以和……F-80飞行员轰炸的速度匹敌。共军从‘绞杀战’一开始就能迅速地修复炸断的铁路。”“共军的修路人员和修桥人员，已经粉碎了我们对平壤铁路的封锁……并赢得了使用所有铁路主要干线的权力。”

看来朝鲜半岛已不可能成为当年的亚平宁半岛，空军实施的“绞杀战”，未能达到预期目标。李奇微感到有点骑虎难下，于是，他给美国参谋长联席会议写了一份报告：

> “空中封锁交通线战役”没有能够阻止住敌人运输其进行阵地防御所需的补给品，也没有能够阻止住将部队运入北朝鲜。如果中止空中封锁交通线的活动，或者缩小这种活动的规模，那么敌人在一段比较短的时间内就能够积聚起足够的补给品，从而有能力发动一次持续的、大规模的攻势。

李奇微仍然希望看到“奇迹”发生，但“绞杀战”的效果越来越不理想，远东空军的军官们也就越来越忌讳“绞杀战”这个字眼了。后来美国空军战史称，“到了1952年春，远东空军的军官们认为，如果早将‘绞杀战’这个不太妙的代号从文件中删掉就好了。”

1952年4月12日，当第5航空队司令埃佛勒斯特将军向新闻记者做解释时，他就尽力避免使用“绞杀战”这个名词。他说：“‘绞杀战’这个名字是为了过去为期很短的空中封锁公路计划而起的，对北朝鲜铁路进行空中封锁战役的正当的名称应该是‘空中封锁铁路计划’。”

4月以后，“联合国军”空军一方面已很难在铁路线上找到志愿军对空作战火力的空白区。另一方面其飞机损失日益严重，因此，继续进行他们所说的“空中封锁铁路计划”已感到力不从心。

这一点，美国空军战史也毫不避讳：“到了4月底，共军几乎在他们全部的铁路沿线配置了高射炮，简直找不到没有高射炮保卫的目标……第5航空队战斗轰炸机的实力在4月份降到了最低点，主要的原因是：在对铁路线实施空中封锁的过程中，第5航空队共损失了战斗轰炸机243架，还有290架其他的战术飞机也受到严重的损伤。然而第5航空队却只领到了131架作为对这些损失的补偿。第49和第136战斗轰炸机联队严重地缺少飞机，他们没有达到上级规定的75架编制飞机，其中第49联队只有41架飞机，第136联队只有39架。”

在这种情况下，到6月，美国远东空军不得不停止了“绞杀战”，并承认“绞杀战”没有达到目标。美国空军战史写道：

> 事实很明显，对铁路线进行的历时10个月的空中封锁，并没有将共军挫伤到足以迫使其接受联合国军方面的停战条件的地步。

第8集团军司令官范佛里特1952年5月31日在汉城记者招待会上说："虽然联军的空军和海军尽了一切力量企图阻断共产党的供应，然而共产党仍然以难以置信的顽强毅力，把物资送到前线，创造了惊人的奇迹。"

美国海军战史称："从朝鲜的整个空中阻击战来看，只有部分是成功的。即海空军的协同破坏活动并没有阻止敌人的供应物资运往前线，或达到'战场阻击'的目的……在整个阻击战期间，敌人似乎只要愿意，就有充分力量随时发动攻势。"

志愿军经过反"绞杀战"斗争，建成了由防空、抢修、抢运相结合，铁路运输和公路运输相结合，从后方物资基地到第一线各军的前后贯通、纵横交错的交通运输网，即"打不烂、炸不断的钢铁运输线"。从而解决了运输一直困难这一战略上的重大问题。

4 坑道之战

能不能守的问题解决了，"办法是钻洞子。我们挖两层工事，敌人攻上来，我们就进地道。"

在志愿军空军、铁道、工程、运输等部队反"绞杀战"的同时，朝中两国军民彻底粉碎了美军进行的细菌战。这时志愿军前线部队在三八线附近与敌展开了激烈的战斗。

在1951年夏季防御作战时期，志愿军士兵群众创造性地构筑了防炮洞（俗称"猫耳洞"），并将相邻的防炮洞挖通发展成马蹄形的小坑道，从而出现了坑道工事的雏形。这种工事的出现，能较好地保存有生力量，有助于保持防御的稳定性。

1951年9月16日，志愿军领导人指示各部队："以后我重要阵地，必须是隧道式的据点，特别是核心阵地”，工事强度要求能抵御榴弹炮的轰击。在秋季防御作战中，由于战斗频繁，作战部队不可能在全线大规模地构筑坑道工事，建立完整的防御体系。

秋季防御战后，为加强和巩固已占阵地，志愿军和人民军便立即在全线掀起了大规模构筑坑道工事的热潮。

当时正值隆冬季节，天寒地冻，土石坚硬。作业工具、器材特别是炸药不足，更缺乏技术指导和作业经验。为克服这些困难，各部队充分发动群众出主意想办法，采取了许多行之有效的措施：工具不足，自设小铁匠炉，搜集各种废弹，制造工具；炸药不足，专门成立技术小组，拆卸敌投射的未曾爆炸的炸弹、炮弹，从中取出炸药；作业技术缺乏，发动群众及时总结、交流作业经验等，保证了工事构筑的顺利进行。

据后来统计，从志愿军构筑前沿工事起至朝鲜停战为止，志愿军共挖掘大小坑道总长1250公里，挖堑壕和交通壕共长6250公里。在横贯朝鲜半岛250公里的整个防线上，形成了坚固的“地下长城”。这是中外军事史上的伟大创举。

这样，中朝军队实行坚守防御有了比较可靠的阵地依托，标志着志愿军和人民军的阵地战进入了一个新阶段。正如毛泽东主席所说的，能不能守的问题解决了，“办法是钻洞子。我们挖两层工事，敌人攻上来，我们就进地道。有时敌人占领了上面，但下面还是属于我们的。等敌人进入阵地，我们就反攻，给他极大的杀伤。我们就是用这种土办法捡洋炮。敌人对我们很没有办法。”“现在是方针明确，阵地巩固，供给有保证，每个战士都懂得要坚持到底。”

“联合国军”亦担心中朝军队再次反攻，也构筑了三道防线转入阵地防御，于是在朝鲜战场形成了两年零一个月的两军对峙的作战状态。

为贯彻积极防御的作战方针，为坚守既设战线，大量消耗敌人，志愿军有组织有计划地进行挤占敌我中间地带和攻取敌突出的连、排支撑点的作战活动。到5月，随着第一线阵地的日益巩固，这种作战活动在全线普遍展开。5月至8月，第一线各军共挤占中间地带和敌突出的连、排阵地20余处，扩展阵地面积30余平方公里，将斗争的焦点推向敌军阵地前沿。

1952年6月，“联合国军”惧怕中朝军队在朝鲜战争爆发两周年之际发动攻势作战，决计破坏志愿军可能的进攻准备，并对其4~5月挤占阵地活动进行报复和配合谈判对中朝方施加压力，遂于12日开始，以美军第45师和南朝鲜军第6师为主，前线其他各师配合，发动了名为“回击行动”的进攻。

“联合国军”的重点攻击目标，是志愿军第39军5月挤占的铁原西190.8高地和第12军5月挤占的金城南官垈里西山。这两个阵地均由一个连防守。

12日晨，敌军在大量飞机、坦克和炮兵的支援下，以营、团规模的兵力发动进攻。

在190.8高地，十多架敌机向阵地俯冲、投弹、扫射。顿时，阵地上烟火四起。

接着，一群群的敌军步兵，在8辆坦克的配合下，从四面八方向阵地涌了上来。一场激战开始了。

志愿军守卫该阵地的第3连，在炮火的配合下，用猛烈的火力打退了敌军好几次冲锋。敌人的尸体越堆越多，敌军的后续部队也越来越密。

守在山顶上的第5班的坑道口，被敌机炸塌了，他们失去了工事的依托，多数同志牺牲了，剩下的少数人开始向守在山腰的第6班转移。敌军炮火猛烈轰击，把战壕都轰成了斜坡。

残酷的战斗持续进行，时间已经中午12点了。

突然，有人喊了一声：“山顶上有敌人！”原来，自5班大部分同志牺牲之后，敌军就攻占了山顶，而且投入的兵力由一个营增加到了两个营，从四面八方向6班的阵地逼近。

班长高云和在外边担任掩护，由副班长芮朝寿指挥大家进入坑道。就在他们刚进入坑道的同时，敌人已经窜到坑道口。只听坑道口重重地震动了一下，敌人把右边的坑道口炸塌了半边。

外面的敌人嗷嗷乱叫，不断往坑道里面开枪、扔手榴弹，战士们也从里面向敌人射击。

战斗持续着，晚上10点钟左右，第3连连长李汉友带着一个班和一部步话机，突破了敌人的严密封锁，反击上来，和6班会师了。

天亮后，高云和与芮朝寿各带一个小组，分两路摸到附近敌人正在睡觉的交通沟跟前，用手榴弹炸死了好些敌人。敌人万万没有想到，在这种情况下，志愿军居然大胆而主动地打击他们。

中午时分，坑道口忽然响起了两次不大的爆炸声，两道黄烟跟着涌进坑道，呛得大家直咳嗽，闭着眼睛还流眼泪。敌人正在施放毒气弹，战士们急忙戴上防毒面具，并且使劲地往外扇风，黄烟慢慢地散了，敌人的毒辣手段没能奈何坑道里的战士们。

当天下午，在李连长的建议下，召开了党小组会议，并吸收青年团员和非党员战士参加，会上成立了临时党支部。党支部号召大家：克服困难，战胜敌人，坚持到最后胜利。大家都在会上发了言，表示坚守的决心，连伤员同志也都表示一定要坚持战斗，和大家一起争取最后的胜利。

这天晚上，敌人又来破坏坑道。为粉碎敌人这一阴谋，他们组织了一次出击。

他们分两组悄悄地爬了出去。高云和在右边一响枪，乘敌人正发愣的时候，芮朝寿就带着几名战士呼啦一下冲到敌人跟前，手榴弹、冲锋枪一阵猛冲猛打，打死了六七个敌人。接着，他们沿交通沟分两路向外发展，分别扔出手榴弹，把敌人炸得晕头转向，山梁上的敌人哇哇乱叫，不辨东西地朝交通沟里乱躲乱藏。他们用冲锋枪、手雷、手榴弹痛痛快快地干了一阵。之后，带着战利品返回了坑道。

这次出击缴获了两门60迫击炮和成箱的炮弹，还有许多枪支、罐头。原来敌人正在坑道口修工事，打算架炮轰击志愿军的另一个阵地。

这时，他们遇到了难以克服的困难：没有水喝了。

到14日，也就是进入坑道的第三天，缺水更严重了。每个人都光着膀子，背靠着湿润的土墙，胸前抱着几颗手榴弹，有的人渴得受不住，吃起牙膏来了，有的人已经偷偷在喝尿，可是还是渴！渴！渴！

高云和把水桶翻倒，将桶底那些湿泥用小碗盛着，很久很久才沉淀出半碗泥水来。

连长让伤员喝，可是伤员们不肯喝。连长下了命令，大家才一口一口分着把这碗泥水喝光了。

这天下午，敌人在坑道口架起木头点燃起来，浓烟和火苗呼呼地蹿进坑道，坑道口已被熊熊的烈火包围了，而且火势越来越猛，有些战士的眉毛和头发都烧焦了。

外面的火苗还不住地扑进来，有几个战士端起枪，要求连长准许他们冲出去和敌人拼。

“不许冲！”连长声色俱厉地喊着。这时芮朝寿从人群中挤上来，把一个手雷使劲朝火中扔去。

手雷爆炸时的气浪和飞溅起来的泥土，把火苗震灭了。

坑道口附近一连落了几发炮弹，这是上级按照他们在步话机里提出的要求，开始用炮火来保护他们的坑道口了。此后，每5分钟就有一发炮弹落在坑道口附近，敌人再也不敢大摇大摆地在坑道口附近活动了。

这天黄昏，步话机传来了师首长的声音。师首长告诉连长：师党委命令你们继续坚守坑道，等待配合主力的大反击。

打那以后，他们又打退了敌人的几次进攻。进入坑道已经4天4夜了，他们很少合上一眼，特别是这两三天来，没喝过一口水。

16日晚，主力部队反击的时刻到了，成千上万发炮弹排山倒海般地飞来，到处是震耳欲聋的轰鸣声，到处是火光闪耀，190.8高地被包围在一片浓烟烈火中。

炮火一停，漫山遍野就响起了密集的枪声，这时坑道里的每一个人都把枪握得紧紧的，枪声越来越近了，连长刚喊出：

“冲啊！……”

大家便冲向那些焦头烂额的敌人，手榴弹和冲锋枪为他们开路，踏着敌人的死尸，他们和反击部队胜利会师了。

“联合国军”在向190.8高地进攻的同时，又向志愿军第12军5月挤占的金城南宫垈里西山发起了进攻。

第1排副排长何家胜和第1班坚守着西山高地的一个小山包。这个小山包附近的地形是：前面和右侧，都是敌人盘踞着的高峰，左侧是一片宽达1000米的平坦荒野，山包的后边有一条公路，公路那边1000~2000米的地方，才是连的主阵地。根据这样的地形来看，何家胜他们简直就是在敌人的鼻尖下作战。

6月12日拂晓，南朝鲜军第6师用一个班到两个连的兵力向这个小山包发起了十多次冲锋，但都被第1班打退了。等到第7班班长李经盛带着4名战士上来增援时，何家胜已经负了两次重伤，1班长贾贵华也负伤两三处，但他们还坚持在战壕里指挥作战。阵地上号声不断，战士们精神抖擞地将手榴弹扔向敌人，用机枪猛烈地向敌人扫射着。等到上午八九点钟时，阵地前面已堆满了敌人的尸体，他们又打退了敌人的6次冲锋。但这时两个多连的敌军又从正面和侧面冲了上来，何家胜根据这种情况，机智地指挥部队进入坑道坚守。

敌军付出了500多条生命的代价，才爬上了这个小山包。但是，这并不等于他们的胜利，相反的，如今他们是坐在将要爆发的火山口上了。7班长李经盛把伤员们安置好后，就指挥所有能进行战斗的人，用麻袋在洞口筑成简单的工事，让头部负伤的杨政风守着对敌射击口，让王启培和炊事员吴振海、弹药手贾高分别看守两个洞口。

转眼间，3个敌人就从右边搜索过来，炊事员吴振海立刻用冲锋枪打了一梭子，敌人倒下去了。吴振海笑着对贾高说：

“战前学的冲锋枪，到底用上了！”

后来敌人又从左边冲过来，却不料被王启培从后面把他们打倒了。敌人又有几次想拉走死尸，结果都被打倒几个后又滚了下去。敌人碰了几次硬钉子，丢下了20多具尸体以后，才无可奈何地暂时停止了进攻。

两天过去了，他们的处境越来越困难。洞里一共15个人，何家胜等6名同志，是连爬也爬不起来的重伤员。他们中间只有4名同志未负伤，其中一个是炊事员，两个是新入伍的战士。

头顶上是敌人，洞口被侧翼敌人的轻重机枪封锁着。在一场激战之后，连部又不知道他们的情况。坑道里，除了一两小箱饼干外，再没有别的可以吃的东西了，因没有柴、没有水，十几袋大米放在那里也不能吃。困难最大的是没有水喝，重伤员们干渴得受不了，只能用舌头舔着干裂的嘴唇，或吮吸着潮湿的石头，尽力地挤点唾沫涎水咽下去。

尽管环境如此恶劣，但有一个坚强的信念支持着大家：“坚守阵地，说什么也不能退一步！只要能坚持到底，终究是会胜利的。困难，哪有克服不了的呢？”因此，就是在最困难的时候，坑道内还保持着坚强、愉快的情绪，有时还唱唱小调。

李经盛一刻也没有休息过，他不是帮着擦枪，就是帮着查哨，夜晚就伏在洞口，静听敌人的动静，研究敌人的情况。他同样的渴，但他从来没有说过，他同样的饿，他却很少吃，省下东西给大家吃。他时常还安慰大家说：“咱们部队一定会来反击的，上级和同志们一定在挂念着咱们，只要咱们能坚持下去，胜利终归是咱们的！”

他的这些话不断地增强着同志们克服困难、争取胜利的信心。

第4天，李经盛、何家胜和张长明在一块开党小组会，大家统一认识：共产党员应该是越艰苦越坚定，团结大家坚持胜利。会后又召集大家开会，号召全体同志要战胜困难，等到部队反击时，协助部队突破前沿，从后面截击敌人。并宣布，谁夺来山头敌人的那挺重机枪，就给谁立功！会上，炊事员吴振海和贾高提出了他们要到伙房取水救急的计划，起初领导不同意，因为敌人封锁太紧，再说能够战胜敌人的人员太少了，恐怕遭到意外的损失。但是，没有水确实也不行，这样重的任务还是要有人去完成。

第六天夜里，经过领导的同意，大家执行第一次取水的计划。贾高用尽一切力气，几个箭步跑到洞外的伙房里。在敌人几个炸弹爆炸之后，他从存水的汽油桶里取回了第一桶水。大家高兴极了，先让重伤员喝水，然后，同志们再喝。第二次，吴振海又去取回了3桶水，让大家喝了个饱。

不渴了，就更觉得饿，虽然每个人都在尽量少吃，但是食物太少了，连饼干渣子都吃完了。

17日夜晚，何家胜和李经盛商量，确定了分批突围找主力联系的计划。当天夜里就由王启培和吴振海带领3名同志突围，何家胜告诉他们一路上一定要保持肃静。当同志们看见他们轻轻地爬出坑道时，心里都为他们一路上的行动担心。李经盛爬到洞口一直听到天明，除了稀疏的炮声和敌人随便放出的壮胆炮外，没有听见别的动静。他估计，他们已经顺利地通过了敌人的封锁地带。

18日早晨，王启培他们已经坐在营指挥所里了，营长以十分关切的口吻，问他们在坑道里的战斗、生活和一切详情，并称赞他们说："你们是祖国人民的好儿子，我一定要为你们请功。"

营长又急忙抓起电话通知炮兵说："31号阵地的坑道里还有我们的同志坚守，你们马上准备向31号山头上的敌人开炮！"

营长思索了一会儿，又对王启培说：“今晚你能否带一个班回去支援他们一下？这里我们就开始准备组织反攻。”

王启培兴奋地说：“行！我很想再去！”营长高兴地和他们一一握手，送他们去休息。

半夜以后，王启培领着副连长和第2班的同志们向31号阵地出发，在半路上与何家胜、李经盛以及几个突围的同志会面了。老战友们一见面，真有说不出的高兴，大家趴在地上握着手，激动得流下了眼泪。副连长看着他们刚才被敌人炸弹炸伤正在流血的脸，命令几个负重伤的同志先回后边阵地包扎休息，然后自己带领其余的人，进入坑道坚守。

21日晚7时，志愿军猛烈的炮火轰击着31号阵地的山头。继续坚守在坑道里的同志们虽然被震得摇摇晃晃，但大家乐极了，他们顽强地提起枪，拿起手榴弹，配合反击上来的部队，仅10分钟就结束了战斗，敌人丢下的尸体就有80多具。战士王斌在配合出击作战中，英勇地夺下了山头上敌人的重机枪。

至此，英雄们十天十夜顽强的坑道战结束了。

志愿军在这一阶段作战中，大量杀伤和消耗了敌人，并初步取得了依托坑道工事进行攻防战斗的重要经验。

第十章
全线出击

1 “甄别”战俘

“你们应该知道战俘的释放与遣送不是人口买卖，20世纪的今天更不是野蛮的奴隶时代！”

1951年11月20日，朝鲜中部已进入冬季，寒风飕飕，气温骤降。

在开城志愿军代表团驻地的会议室，李克农正在主持中朝代表团小型会议。面容憔悴的李克农讲一阵咳嗽一阵。入朝以来，由于夜以继日的工作，他身体一直不好，哮喘病经常发作。

李克农是5个月前到达朝鲜的。此时，他任外交部常务副部长兼军委情报部部长。停战谈判前夕，李克农与当时任外交部政策委员会副主任兼国际新闻局局长乔冠华奉命组织谈判班子奔赴朝鲜，指导朝、中方面的谈判工作。

“敌人于10月25日被迫恢复谈判以来，提出了索要开城的无理要求。我们坚决地予以驳斥，结果把它驳了回去。对无理要求要驳，但要主动促进。停战线的问题是停战的基本条件，如果这个问题达成协议，那么最主要的问题便得到了解决。”李克农咳嗽了几声，拿起杯子喝了一口茶水，接着说：

“第3项议程停战监督问题，根据美方在处理这类问题上所持的一贯主张，他可能要求无限制的监督，这是我方不能接受的。另外，中立国的提名恐怕会遇到麻烦，大家可以考虑提谁。关于战俘问题，我们主张收容多少交换多少。中央把底盘都交给我们了，时机也比较好，问题就看我们如何组织和执行了。原则要坚持，策略要灵活。……至于战场，不用我们管，彭老总早就讲过，‘打的坚决打，谈的耐心谈’，我们的任务就是谈判。”

在志愿军和人民军局部反击战和攻岛战胜利的形势下，11月27日美方同朝、中方面就军事分界线及非军事区问题（即第2项议程）达成协议。

协议中规定：以双方现有实际接触线为军事分界线，双方各自由此线后退2公里以建立停战期间的非军事地区。如军事停战协议在本协议批准后30天之后签字，则应按将来双方实际接触线的变化修正上述军事分界线与非军事区。

停战谈判第2项议程达成协议后，又开始进行第3项议程的谈判。但是，讨论第3项议程的参谋会议又在中立国的提名上僵住了。

本来双方已经商定了一个“中立国”的定义，即“其战斗部队未曾参加在朝鲜的敌对行为的国家”。可是，当中朝方面提名苏联、捷克、波兰时，对方坚持不同意苏联参加。从12月4日起，经双方代表团同意，第三项议程改由小组会的形式进行讨论，并于12月11日以另一小组平行进入第4项议程——“关于战俘的安排问题”的讨论。

美方出席的代表是海军少将利比和陆军上校希克曼，朝、中方面出席的是李相朝和柴成文。

双方出示证件之后，李相朝首先发言：“如果在停战后释放全部俘虏并允许他们返回家园，战俘问题就会很快得到解决，只要双方代表同意这一原则，其他任何问题均属细则范围，因此比较容易得到解决。”

利比并未理睬李相朝的发言，说：“我方坚决要求交换战俘名单和允许国际红十字会的代表视察双方战俘营。”

美方的真实意图是什么呢？利比在发言时说：“双方战俘应在公平与平等的基础上进行交换。这种交换，将不给任何一方不公平的军事利益。”

同一天，“联合国军”司令部发言人李维中校在东京宣布：“联合国军不打算给共军以很大的人力，不愿把战俘释放回去。”

第一天的谈判毫无结果。

第二天，中朝方面在小组委员会上正式提出了5点建议：

一、确定双方释放现在收容的全部战俘的原则。

二、商定在停战协议签字后最短可能的期间内，双方分批释放及遣送完毕其所收容的全部战俘，并确定重伤、病战俘应先在第一批内释放及遣送的原则。

三、建议双方交换战俘的地点，定在开城板门店。

四、建议在停战委员会下，双方各派同等数目人员组成遣俘委员会，遵照上述协议负责处理战俘的交接事宜。

五、上述各项一经双方同意确定后，即行交换双方现有全部战俘名单。

但是，美方仍然坚持红十字国际委员会派人到双方战俘营访问和首先交换战俘名单。

为了解除美方拖延第4项议程谈判的借口，中朝方面做出了让步。12月18日下午3时，双方交换了战俘资料。

美方提供的名单：

朝鲜人民军战俘：11.1754万人；

中国志愿军战俘：2.0720万人。

朝、中方面提供的名单：

南朝鲜军战俘：7142人；

美军战俘：3193人；

其他军队战俘：1216人；

总计：1.1551万人。

朝、中方面经过认真的核查、对证，发现对方提供的中朝方面被俘人员名册有大量漏洞：比声称的战俘总数少了1456名，比双方交红十字国际委员会转交给中朝方面的战俘名单少了44205名。

李相朝就此向对方提出了质询："你方移交我方的战俘名单列出的人数，比你方在谈判时所称战俘总数缺少1456名；你方经过红十字会转交我方的战俘名单中，有44205人未列入战俘名单。这些人到哪里去了？为什么不列入移交名单？"

能言善辩的利比变得十分窘迫，他一会儿说"红十字国际委员会交的那个材料是不及时的材料"，以后又说"这一差额是由于其中3.7万人是南朝鲜居民，已经释放了。"

利比毕竟是谈判高手，他突然反戈一击："平壤电台发言人的官方公报声称，你方俘虏我方6.5万人，为什么名单上只有1万多人？"

李相朝回答："南朝鲜军大部分战俘在接受教育以后，在前线释放了，其中有些人志愿参加了人民军；部分在送往战俘营的途中由于对方飞机或炮火轰炸而死亡，有的在转运途中逃亡，由于环境恶劣，部分美军战俘对气候和疾病的抵抗力太弱，在战俘营不幸病逝。"

利比又提出疑问："我方将你方提交的战俘名单和中朝报刊、广播公布过的对照，要求你方对1058名非朝鲜籍战俘做出交代。"

12月26日，中朝方面告诉对方：其中的726人或在由前线送往战俘营的途中由于对方飞机或炮火轰炸而死亡，或在战俘营中因疾病而死亡，或已被在战场释放，或在转运途中逃亡。中朝方面对726人每个人的具体情况都有说明。另有332人，中朝方面告诉对方正继续清查，为便利清查，希望对方提出名单的来源。

1952年1月2日，对方终于拿出了一个解决战俘问题的提案，即所谓的“六点提案”：

> 一、应该按照一对一的原则交换愿意遣返回本国的战俘，直至一方拘留的这类战俘全部交换为止。
>
> 二、此后仍扣有战俘的一方应按照一对一的原则，遣返全部愿意回本国的战俘，换回对方拘留在外籍非军事人员，或者换回停战协议签字的时候的对方控制的地区里被扣留的愿意回本籍的非军事人员及其他人员。以这种方式交换的战俘在凭誓获释以后将返归对方，其条件是：获释人员保证不再拿武器与释放他的一方作战。
>
> 三、所有不愿意被遣返的战俘，将得到赦免。其释放的条件是，本人保证不再拿起武器参加朝鲜冲突。
>
> 四、停战协定签字的时候，在双方控制区内被扣押的双方全部非军事人员，如果他们愿意，应该遣返回原籍。
>
> 五、为了保证战俘在遣返抉择上不受威胁，允许国际红十字会的代表在交换地点会见全部受遣战俘以及停战协定签字的时候在双方控制区内的对方全部受遣非军事人员。
>
> 六、为了使第二、第四和第五条兑现，双方非军事人员和其他人员应指1950年6月25日以前确实属于大韩民国或朝鲜民主主义人民共和国之居民。

在谈判会上，朝、中方面断然拒绝了这个方案。李相朝拍案而起，大声斥责道：

“你们应该知道战俘的释放与遣送不是人口买卖，20世纪的今天更不是野蛮的奴隶时代！……全世界人民将诅咒你方的这一提案，你方自己的被俘人员和他们的亲属也将诅咒你方的提案，因为你方的这一提案将阻塞释放与遣送全体战俘的可能，将阻塞迅速达成停战协定的前途。”

经过几个回合的唇枪舌剑，美方就是不肯承诺全部遣返中朝方面的被俘人员。到4月1日，美方首席参谋希克曼上校在行政会议上声称：“联合国军司令部所拘留的13万多名战俘之中，有11.6万名将会得到遣返。”

中朝方面做出让步，柴成文于第二天建议双方马上核实各自的战俘名单，并将原则方面的辩论推迟到这项工作完成之后。希克曼表示同意柴成文的建议。

但几天后，美方却又提出只能遣返7万人，并声称这是对战俘进行“甄别”的结果。

什么叫“甄别”？“甄别”就是在美军刺刀下，由美国、南朝鲜、台湾国民党特务强迫每个战俘“拒绝遣返”。强迫的手段极端残酷。特务们拿着已经写好的“拒绝遣返”的“请愿书”，强迫每个战俘按手印。谁敢不按轻则毒打一顿，然后逼迫你按手印，重则打过后拎起你的手按上手印，再重就当场打死杀一儆百。

2月18日，一支美国部队将巨济岛第62号战俘营中的5000名战俘包围起来，由美、李、蒋特务对战俘逐个进行所谓“甄别”，即强迫每个战俘“拒绝遣返”，强行在战俘身上刺反共文字。不甘忍受污辱和虐待的朝、中战俘拒绝“甄别”，美军开枪射击，并且还开来了坦克，大批手无寸铁的战俘倒在血泊中。根据红十字国际委员会事后报告，在这次“巨济岛惨案”中，战俘死伤373人。

3月13日，美军在巨济岛又枪杀朝、中方面被俘人员，造成死亡

12人，伤26人。

中国《人民日报》连续发表社论——《必须追究美国对巨济岛惨案的责任》《反对美蒋特务迫害我方被俘人员的暴行》，社论指出，不允许美国对世界人类文明的污辱与破坏。

从4月8日起，大规模的强迫“甄别”开始了。美军在巨济岛搭起一个高大的“审查室”，在审查室的出口处有两条窄窄的通道，均由台湾特务把守。一条铺满鲜花，说是到台湾的“光明之路”“自由之路”；另外一条路布满刺刀、匕首，愿意回祖国的人必须从这儿向外冲，跑慢了，不是被刺死也要被刺伤。第一个往外冲的志愿军战士石振青，就是被台湾特务用乱刀砍死的。

4月10日，美军又在巨济岛杀伤中朝战俘60余名。

惨无人道的迫害，终于激起了战俘的反抗。

5月7日，朝、中战俘扣留了美军战俘营司令弗兰克·杜德准将。

5月9日，朝、中战俘代表起草了《朝中战俘代表大会向全世界人民控诉书》，并向杜德提出4项条件：

> 一、立即停止暴行，停止侮辱、拷讯、强迫写血书的做法，停止威胁、监禁、虐杀以及毒气、细菌武器的试验。按国际法保障战俘的人权和生命。
>
> 二、立即停止对朝鲜人民军和中国人民志愿军战俘进行非法的所谓自愿遣返。
>
> 三、立即停止对数千名在武力下处于奴役地位的朝鲜人民军和中国人民志愿军战俘进行强迫性的“甄别”。
>
> 四、承认朝鲜人民军和中国人民志愿军战俘组成的战俘代表团，并予以密切协作。

新任战俘营司令科尔生准将不得不回信同意了战俘们提出的要

求。科尔生与杜德签署了一项联合声明：

> 一、关于你方信中的第一项，我承认发生过流血事件。在这些事件中，联合国军使许多战俘伤亡。我承诺今后按国际法原则给战俘以人道待遇。今后我将尽最大努力防止发生暴力事件和流血事件。今后，如果再发生类似事件，我将负全部责任。
>
> 二、关于第二项，北朝鲜人民军及中国人民志愿军自愿遣返问题正在板门店讨论，我无权左右和平谈判的决定。
>
> 三、关于第三项强迫甄别问题，只要杜德将军安全获释，就保证不再进行强迫审查。
>
> 四、关于第四项，同意根据杜德将军和我的批准组织北朝鲜人民军及中国人民志愿军战俘代表团。

可是，在杜德安全释放后，新任"联合国军"总司令马克·克拉克将杜德和科尔生免职，换上波特纳任战俘营司令。波特纳上任后，对战俘的迫害变本加厉。

5月15日、5月17日，美军在战俘营连续枪杀战俘。

5月30日，打死战俘4名、伤3名。

6月2日，打死战俘4名。

6月3日，打死战俘1名、伤5名。

朝、中战俘血染巨济岛。

其实，自诩为文明人道、处处标榜自己是尊重人权、遵守国际法的美国人，早就对朝、中战俘进行疯狂的虐待和残害。他们在巨济岛干出的人类羞于启齿的兽行，令人触目惊心。让人们把视线再次瞄向巨济岛。

三 恐怖的巨济岛

巨济岛“变成了一个恐怖之岛”，“暴乱、酷刑、暗杀在这里的俘虏日常生活中交织成一幅恐怖的图画”。

在南朝鲜釜山西南马山海面上的巨济岛，关押着朝、中方被俘人员，其中大部分被俘人员是美军在仁川登陆后，抄了朝鲜人民军的后路，大批人民军在走投无路的情况下被俘的。

美军在巨济岛建立了4块由带刺铁丝网围起来的场地。每一块场地又划分成8个临时集中营，他们称为“联队”。每个战俘营区都圈着5层铁丝网，战俘营区四角设有高高的岗楼，上面架着机枪，夜晚探照灯白光如昼。志愿军被俘人员关在72联队和86联队（后又组成70联队和71联队），其他联队关着人民军被俘人员。每个联队下设6个战俘大队。每个大队下设6个中队和36个小队。

美军宪兵司令部和李承晚军在每个战俘营内外均驻有大批部队和宪兵进行“警卫”。在战俘营里，除有美国远东军事情报局、美国远东民众心理调查局、美第8集团军情报处等单位派驻的大批人员外，还有南朝鲜当局机关派来的“教官”和由国民党特务自台湾派来的“教官”。美军的指挥与行政军官加上这些美、李、蒋特务，以及从俘虏中“挑出的”“解放了的特务”，对朝、中被俘人员进行疯狂的迫害。

战俘营里，数百顶军用帐篷一排排整齐有序地按大队、中队、小队排列着。战俘进入战俘营帐篷后，逐个登记、照相、按指纹，给每一个人发一枚记载关押战俘日期、编号的小铁牌。50人关在一个帐篷里，帐篷中央挖一条排水沟，两侧铺上席子，就是睡觉的炕。

每天早晨，大队部前都要举行升旗仪式，升的不是李承晚的太极旗，就是台湾的青天白日旗。战俘们必须向旗子鞠躬致敬，还要唱反共歌曲，然后吃饭。战俘们只能吃带壳的麦饭和一勺菜汤。按美方规定：每个战俘的口粮是“一磅”，50个人一筒罐头，但经过层层克扣，发到战俘营中就少得可怜了。开水每5天供应一次，平时连清水都喝不上，只能到水沟里舀浑水，澄清后再喝。此外，美军还经常用断水、断粮来惩罚战俘，饿得他们头昏眼花。

冬天到了，战俘们只穿着短袖“战俘服”，晚上睡觉也只有一条军毯，战俘们被冻得浑身发抖。美军仓库里存放着很多旧衣服，却不肯发放，直到大批战俘冻病，才给每人发一件夹衣，10个人发7件旧大衣。

战俘们每天要修公路、挖水沟，稍慢一点就会遭到毒打乃致杀害。然后，战俘再排成队到海边无休止地搬石头、砸石头，大的砸小、小的砸成粉末后倒入大海。一名美军中校曾坦白地说：“就是要让这些共产党累个半死，他们一闲下来，就要闹事。”

战俘们还经常遭受到惨无人道、凶恶残暴的刽子手的虐待。

朝鲜人民军大尉赵平被俘后，敌人把他按在一条很长的板凳上，又把他的双手紧紧捆住。刽子手们用长长的竹杠拷打他，打一下就问一句：“谁是指挥员？老实不老实？”

他怒视着敌人，不说一句话。敌人把绳子松开，让他翻身躺下，又重新捆起来。之后，他们又把大量的水灌进他的嘴和鼻子里，直至他全身肿胀起来。接着，敌人就用拳头捶他或用脚踢他的肚子。

在他昏迷不醒的时候，敌人把他拉到特别刑问室，把他的双手反绑在背后，用铁丝把他吊起来，双脚稍稍离开地面，在他脖子上挂上了一个盛满水的桶。他的上半身由于桶的坠力，几乎和地面平行地晃动着。电极绑在右手腕和左脚踝上。

一个美国军官推上电闸，他立刻感到一阵剧烈的痉挛，双眼好像要蹦出来似的，身子觉得热辣辣的，就像要炸开来一样难受。每当那个家伙合上电闸，他的身子就像有一个大斧头在捶打一样前后晃动。就在他认定已经死去的时候，刽子手把绳子松开，他趴在地板上，桶里的水一下子泼到他的脸和胸脯上，他又苏醒过来了。

赵平愤怒地瞪着凶恶的敌人，大声痛骂，敌人又把他的胳膊反绑起来，直到他觉得身子和胳膊脱节了为止。敌人又合上闸，他的身子比上一次更厉害地来回摇动……

志愿军某部战士朱林生被俘后，被带进审讯室，一个美军中校把他紧紧地捆在椅子的靠背上。接着，一个国民党特务在他的手指头上缠上了电线，电线和桌子上的开关接在一起。美军中校狞笑着按下开关。

顿时，他四肢抽搐。美国中校通过国民党特务的翻译向他叫喊："你是共产党员吗？你们的军队是用什么样的武器装备起来的？快说！快……否则再叫你尝尝电刑的滋味！"

朱林生坚决地回答："不知道！"敌人又按下开关，反复盘问。但他的回答始终只有这三个字，敌人对他连续进行了两个小时的电刑。

志愿军某部战士吴仲铨被俘后，敌人三天两头对他进行审问："你是共产党员骨干，你们小队里有多少干部和共产党员？"

他每次都说："没有！"国民党特务对他施行了好几次电刑。

有一次，国民党特务用绳子将他吊起来，用皮鞭和木棍在他全身抽打，打得他昏迷不醒，敌人又用冷水将他浇醒，再次逼问，但他死也不开口。

还有一次，敌人用辣椒水灌肚子，从他的肛门里打进去，肚子里打得满满的。特务们穿着皮鞋踢他的肚子、踩他的肚子，辣椒水又从肛门和嘴巴、鼻孔喷出来。折磨得他死去活来，但是他宁死不屈，始终没有向敌人低头。

朝鲜人民军军医金石维被俘时身负重伤，住进了美军的一个野战医院集中营。他和其他的负伤战俘二三十人挤在一个大房子里，两人合盖一条毯子。

美军军医对他们不是治疗，而是进行试验。他们对患有同类伤病的患者采取不同的治疗方法。有的人每天让服用8粒四环素片，而有的人则让服用25粒或48粒，同时还要喝大量的冷水。许多患者都药物中毒，病情更加严重。他们呕吐不止，并拒绝服用更多的药，但美国人强迫他们吃下去。美国人还对他们进行了其他的药物试验，许多病俘都因中毒死亡。还有的一些伤俘，被实习的美军外科医生残忍地割去了四肢……

志愿军某部战士负伤被俘后，被关在一所休养所。所谓“休养”，实际上是用他们做试验。他们被关在四周围有铁丝网的铁棚子里，铁棚子旁边有一座大楼，内有手术室，每隔一段时间就换一批实习医生，有美国人、南朝鲜人，也有日本人。他们将伤俘小伤治成大伤，小病医成大病，手上有一点伤，就要把整个胳膊锯掉，脚上有一点伤，就把一条腿锯掉。

朝鲜人民军女战士金京淑和其他人民军女战士被俘后，美国人就把她们当作动物对待。敌人以搜身为名，把她们的全身衣服剥光了。然后，强迫她们走到街上，并用刺刀戳她们的身体。美国兵和南朝鲜兵还一起来强奸女俘们，强奸之后往往用刺刀挑死。几乎没有一个女俘能逃脱得了敌人的兽行。一个以“战俘”罪名被捕的女孩子，才14岁，也遭到了敌人的奸污。

据合众社电讯透露：巨济岛“变成了一个恐怖之岛”，“暴乱、酷刑、暗杀在这里的俘虏日常生活中交织成一幅恐怖的图画”。

3 全线反击

克拉克发起“联合国军所有空军力量全力以赴的一次行动”。志愿军举行全线反击。

板门店谈判因美方顽固地坚持扣留朝、中被俘人员的无理主张而陷入僵局。5月下旬，哈里逊接替乔埃成为美方停战谈判代表团的首席代表。

这时，马克·克拉克接替李奇微出任“联合国军”总司令及美远东军总司令。克拉克与李奇微是西点军校的同期学生。但他官运亨通，当李奇微就任第82步兵师师长时，克拉克已是美军第2军军长。在攻打北非时，克拉克便官居北非军副总司令。

战后，克拉克作为驻奥地利美军占领军司令兼盟军奥地利管制委员会美方代表，代表美国国务卿马歇尔与苏联的科涅夫元帅就奥地利的中立问题，进行了长达两年之久的艰苦谈判。因此，他不仅具有较高的军事才能，又精通政治之术。

克拉克上任没几天，就命令威廉·哈里逊不打招呼就突然宣布会议中断数天。6月7日，哈里逊傲慢地告诉南日：“我们明天不来，6月11日再来。”

克拉克后来在回忆中，对自己的这一伎俩扬扬得意地自夸道：

> 这句话竟产生了出乎意料的效果。南日这个平素沉着，极其冷静的精明圆滑之徒，这次几乎失去了自制力。哈里逊向我详细报告了当时的情景。得意之情溢于言表。南日当时竟然惊愕万状。以至于恳求哈里逊再坐下来商量商量。哈里逊说，他从未见到过仅仅一句简简单单的话会使一个人有这样大的变化。他惊呆

了。很显然，南日受命把谈判不间断地进行下去。以便他每天都可以公开地向全世界新闻界进行共产党的宣传。眼下共产党正强调谈判斗争，而板门店是主要战场。现在哈里逊却使他不能忠实地执行上级指示了。哈里逊已夺走了宣传阵地，尽管这才短短三天时间。

6月21日，克拉克发表了一个措辞强硬的声明，拒不承认中国对美国实施细菌战的谴责，同时警告中国对如何处置“联合国军”被俘人员负有完全的责任。

6月23日，远东空军出动约500架飞机对位于鸭绿江边的水丰水力发电站进行了狂轰滥炸。

这时，正是美国总统竞选的关键时刻。朝鲜前途的抉择竟成了总统竞选中争论的焦点。即将下台的杜鲁门总统为了给民主党的侵朝政策壮声色，继续对朝、中方面进行威胁。美国军事当局为了适应其政治上、军事上的需要，积极策划和进行新的作战准备活动。

7月13日，美陆军参谋长柯林斯到朝鲜前线视察。

8月，克拉克、范佛里特以及李承晚等接连视察其前线防务，并在美军第7师师部召开高级军官会议。同时，中部前线敌军调动、运输频繁，并进行各种战斗演习。

克拉克认真回顾了美国关于朝鲜战争的政策，他认为：美国的政策不是寻求一次决定性的军事胜利，不得已而求其次。最好的办法是使僵持对共产党比对我们更不合算。迫使他们相信停战对他们的价值是在上涨而不会降低。

于是，克拉克向华盛顿建议：“增强李承晚的军队”，“使用蒋介石的力量”和向“中共甩原子弹”。

接着，克拉克又考虑了寻求尽速结束谈判的8项措施：

轰炸水丰发电站；

轰炸平壤；

轰炸平壤至开城的供应线；

轰炸北朝鲜所有大大小小的目标；

“释放”“反共”战俘；

中断谈判；

增强李承晚军；

施放调用蒋介石军队计划的烟幕。

为了配合停战谈判，克拉克再次下令对朝鲜北方实施大规模轰炸。

8月29日，远东空军对平壤进行了规模更大的空袭。这次行动定为“联合国军所有空军力量全力以赴的一次行动”。“联合国军”共出动1403架次飞机，重点轰炸了政府大楼、平壤电台及铁道交通部所在地。

在谈判桌上，哈里逊显得十分傲慢，有时竟然在会场上吹口哨，以示对中朝方面的蔑视。《美国新闻与世界报道》分析认为，美方现在根本无意进行谈判，该杂志的“细语栏”说，新任美方谈判代表哈里逊“奉命充任一个听取意见的职务，而不进行谈判”。

9月28日，哈里逊在谈判会上做了最后摊牌，宣布了“自愿遣返”战俘的几种选择，然后建议休会10天。

10天之后，朝、中方面首席代表对美方坚持的“自愿遣返”原则再次驳斥后，哈里逊单方面宣布无限期休会，直至中朝方面接受“联合国军”方面的建议为止。从此，停战谈判会议再次中断。

志愿军司令部作战室设在桧仓里金矿附近的一处弓形坑道里，中朝联合司令部代司令员、志愿军代司令员兼政治委员邓华和副司令员杨得志等人正在讨论战场形势。

彭德怀司令员回北京主持中央军委工作后，志愿军领导班子进行了调整。邓华任志愿军代司令员兼代政委；甘泗淇任志愿军副政治委员；杨得志接替宋时伦任志愿军副司令员；原志愿军副司令员韩先楚接任第19兵团司令员的职务。

几个月以来，战场形势仍处于相对稳定状态，战争双方的作战活动属于前沿侦察、警戒战斗和小规模的阵地攻防战斗。

此时，中国人民志愿军和朝鲜人民军经过春夏一系列巩固阵地的斗争，以坑道为骨干的防御体系已经完成，正面战线阵地更加巩固，并取得了依托坑道工事进行攻防作战的经验，东、西海岸防御阵地也得到了加强。

由于已经取得了反“绞杀战”的胜利，前线的物资供应有了很大改善。志愿军特种兵尤其是炮兵进一步得到加强。志愿军和人民军的作战条件比以前任何时候都好，在战场上的主动地位进一步增强，不仅可以顺利地进行坚守防御，并且具备了依托坚固阵地实施进攻的有利条件。

而敌军虽然还保持技术装备的优势，并且也构筑了相当坚固的支撑点式的防御阵地，但兵力不足的弱点日益突出，士兵厌战情绪不断增长。其优势的航空兵、炮兵火力，在志愿军和人民军坚固的坑道阵地面前，作用已大为降低，进攻作战屡受挫败，防御作战往往人地两失。敌人在整个战线上已处于愈来愈不利的境地。

但是，美国政府的态度越来越强硬。美国军界要员相继到朝鲜前线视察，并不惜以原子弹进行核讹诈；克拉克、范佛里特及美各军军长接连视察前线防务。

美国人下一步到底想要干什么？杨得志首先谈了他的看法：“种种迹象表明，敌人出于政治上的需要，很可能再次发动地面攻势。这样，我们既要预防他海上登陆，又要预防他正面进攻，还要准备他陆地海上双管齐下。”

“我也有这样的预感。”邓华表示赞同，说：“老美现在是骑虎难下。继续打吧，老挨打，世界人民骂他，美国人民也骂他；不打吧，这张脸没处搁。上台容易下台难呀！”

经过分析判断：敌人可能要向我正面发起局部进攻。9月10日，邓华、甘泗淇、杨得志和朝方副政委决定：为了粉碎敌人可能发起的局部进攻，并配合停战谈判，志愿军和人民军将举行全线战术反击作战，对敌班、排、连支撑点及个别营的防御阵地实施进攻。

9月中旬，中朝联合司令部指示志愿军第一线准备交防的第39、第12、第68军，每个军选择3~5个有利作战目标，对敌实施战术反击，求得歼灭敌人一部并在反复争夺中大量杀伤敌人；为配合该3个军的作战，志愿军和人民军其他各军（军团）也选择1~2个目标进行反击。

进行战术反击的时间为9月20日至10月20日之间，对每一目标反击的具体时间由各军自行确定，以准备好为原则。强调要做到攻必克，攻必歼，并力争打阵地前的歼灭战，即攻占敌阵地后，要准备抗击敌人的连续反扑，在同敌人的反复争夺中歼灭敌人；如一旦攻击受挫，则要迅速撤离不应恋战。

于是，正面战线各部队，在原防敌进攻的准备基础上，掀起了备战热潮。指战员们昼夜加强阵地建设，摸敌情，选目标，拟方案，练战法，构筑屯兵洞，很快完成了战术反击的准备工作。

9月18日，夜幕刚刚降临。突然，一阵阵隆隆的炮声惊天动地，一片片火光将黑夜烧得通红。中朝军队在180多公里的正面对敌20个目标展开了全线战术反击。

志愿军第12军第34师以第100团7个班，在火炮60余门、坦克6辆的直接支援下，向官垈里（金城东南）西侧无名高地的南朝鲜军第6师第2团约两个连的兵力进攻。伍先华带领的第3班担任主攻敌720阵地制高点——半截坑道的最艰巨的任务。

720阵地是敌人屯兵地及运动的要道，必须首先占领它，控制制高点，才能掩护爆破组彻底完成爆破任务。同时也只有攻下720高地，主攻部队才能从最前沿的坑道冲出去，穿过720号和74号两阵地之间的那段几十米的凹部，占领74号敌连部主阵地。

攻克720阵地的战斗打响后，志愿军的各种火炮向敌人猛烈的轰击，几分钟后，炮火延伸。

“冲！”随着带领突击队的第2排排长张海林的一声令下，第3班立即分成两部分：副班长苟大根和陈尚武带着炸药包，朝720制高点冲去。他们的任务是炸毁山顶上敌人的观察所，尔后用炸药包去炸掉720制高点上的那个半截坑道。班长伍先华带领其余战士，从720制高点左侧下去，直奔凹部，最后也去爆破那群火力发射点和半截坑道。

伍先华带领战士们冲到半山腰，720阵地制高点上连闪两道火光，敌人的观察所被爆破了，副班长他们就要炸那条半截坑道了。

“冲啊！消灭凹部里的敌人！”伍先华大声喊道，周绍丰紧跟班长飞跑。跑着、跑着，只听轰隆一声巨响，周绍丰被震得跳了起来。

“班长，半截坑道被炸了！”周绍丰高兴地朝着班长欢呼。

伍先华停了下来，看着前面的烟雾，突然焦急地喊道：“罗亚全，快上来！他们炸偏了，没炸准半截坑道！”

半截坑道那里隐隐地有火苗穿透烟雾，向凹部和74号阵地山腰喷射。接近坑道的路被密集的火力封锁着，其余的火力是从半截坑道附近的4个大地堡里发射出来的。

伍先华把爆破地堡的任务交给了罗亚全。罗亚全在班长自动步枪的掩护下，向地堡爬去。爬着爬着，只见迎面一群黑影爬来。

“打！”随着班长的口令，自动步枪、手榴弹一齐向敌人打去。原来，当志愿军的炮火刚刚延伸，敌人便从坑道爬了出来，向720制高点反冲击。头一股敌人被3班突然的袭击打下去以后，接着又上来第二股。

敌人的反冲击被打下去了，3班只剩下伍先华、周绍丰和罗亚全3人，3个人静静地伏在720阵地的山坎上。敌人的坑道里、地堡里又出现密集的火力。

周绍丰见班长在向下望，他明白班长在望什么：第1排排长带着3个班，是紧跟着他们向74号阵地发起冲击的；要是发展顺利，他们绕过720制高点时，突击第2班就该冲到凹部下边了。但是，现在他们已经打到凹部来了，还不见2班的动静，明摆着敌人的火力把突击队压住了。

坑道里的火力阻挡着冲击道路，右侧的那些地堡的火力封锁了接近坑道的道路。伍先华喊："罗亚全，爆破地堡；周绍丰，跟我掩护。"

罗亚全抱着炸药包朝地堡群的右侧爬去。开始，伍先华和周绍丰的自动枪弹并没有把敌人的火力压住。敌人的两道火舌伸向罗亚全。罗亚全的身子歪了一下，他趴下不动了。敌人向他射击得更加猛烈。

突然，伍先华又猛烈地向地堡群开火。敌人的两道火舌全都转了过来，地堡里的火力被吸引过来了。罗亚全又吃力地爬了起来，照直爬向地堡群，向地堡群接近。不久，地堡群里传来轰轰两声响。

再也见不到罗亚全照直朝前爬了。前面还有两个地堡向这边开火。那两个地堡紧挨着半截坑道，半截坑道里的机枪还像先前一样疯狂地喷射着火焰。就在这时候，74号阵地上传来一声巨大的轰响，显然黄家富那个爆破组已经冲上74号阵地，爆破了敌人的连指挥所——天井坑道。

正面的攻击部队该发起冲击了。但半截坑道里的重机枪，穿过凹部，射向74号阵地的山坡上，把这边主攻部队压在凹部下面，无法攻上来，又拦阻了正面攻击部队的冲击道路。

伍先华盯住半截坑道，刚解下大炸药包，机警的周绍丰便拦住他道："我去，班长！"

周绍丰解下炸药包，立即朝前爬。忽然，在他的眼前现出一线裂开的火道，不用说又是班长把敌人的火力吸引过去了。

周绍丰急忙向敌火的空隙里飞跑，跑到地堡跟前，先朝左边的那个地堡塞进去一包炸药，翻身滚到右边，照着另一个地堡红彤彤的火口，又塞进了一包炸药。他滚下山坡时，两个地堡连声爆炸。他高呼："同志们，冲啊！"

紧接着，突击部队发起了猛烈的攻击，周绍丰高兴极了。一阵刺心的疼痛，使他不得不停住脚步，抱住左胳膊。伍先华赶上来问道："负伤了？"

周绍丰看见自己手上在流血，记起了塞第二包炸药时曾觉得左臂猛一麻木。他是负伤了，班长正替他包扎。

一会儿，半截坑道里的敌人机枪又扫射起来了，整个凹部看不见突击队的人影。伍先华抱起了他那捆20公斤重的大炸药包，大声喊道：

"周绍丰，掩护，我上！"

伍先华一翻身冲向火网，冲向半截坑道。突然，伍先华被敌人的子弹击中了，一头栽倒，不动了……

一会儿，伍先华苏醒过来，在硝烟中，他拖着血染的身躯继续往前爬，尽管动作很慢、很吃力。突然，敌人的火力网断了，敌人的机枪声刚停下来，在这一瞬间，伍先华像一道闪电，飞身跃去，冲进了半截坑道……"轰"的一声，坑道随着震天动地的巨响崩塌了——一个排40多个敌人被炸死在坑道里。

伍先华用自己年轻的生命打开了冲击的道路，凹部、74号阵地的山坡上响起了一片冲杀声。第100团的攻击部队从两面打上了74号山头阵地，全歼敌军一个加强连。

1952年11月2日，中国人民志愿军领导机关给他追记特等功，追授"一级爆破英雄""模范共产党员"称号。1953年6月，朝鲜民主主义人民共和国最高人民会议常任委员会追授他"朝鲜民主主义人民共和国英雄"称号和金星奖章、一级国旗勋章。

至10月5日，中朝军队实施反击的第一阶段作战胜利结束。

巩固占领6处阵地，其余主动撤离，共歼敌8300余人，其中美军2000余人。

4 邱少云烈火中壮烈牺牲

克拉克过早地沉不住气了。邓华要让克拉克再锻炼锻炼。

中朝军队发起全线战术反击的隆隆炮声，震惊了坐镇东京的克拉克。

9月24日，克拉克飞抵前线，与范佛里特及各军军长开会研究对策，并将预备队美军第45师前调，接替南朝鲜军第8师防务，将预备队南朝鲜军第1师前调，接替美军第3师。

其实，第一阶段反击作战的规模很小，一个军仅拿出一两个团，攻击一个目标也只用几个排或几个班。只不过造的声势稍大一点。

“看来，克拉克过早地沉不住气了。我看他还是很需要锻炼锻炼。”杨得志在作战室笑着说。

“那就让克拉克再锻炼锻炼。”邓华风趣地说，“在敌人的部署还没有大的变化之前，我们按既定计划实施第二阶段反击作战。”

10月6日，志愿军第一线7个军，共组织了一个团另13个连又23个排和35个班的兵力，在760门火炮支援下，在180公里的正面上同时向“联合国军”防守的23处阵地发起攻击。

各突击部队在炮兵部队和坦克部队的配合下，迅速勇猛地突入敌军阵地，先后占领敌人阵地21处，其中除两处阵地的敌人因惧怕被歼而先逃窜外，有16处阵地的守敌全部被歼，有3处阵地的守敌大部被歼。接着，在志愿军攻占的6座重要山头阵地上展开了激烈的争夺战，其中铁原西北和金城东南地区争夺战尤为激烈。

志愿军第15军在铁原东北391高地的反击作战中，出现了一位为维护战场纪律而忍受烈火烧身的伟大战士——邱少云。

在朝鲜平康与金化之间，横贯志愿军前沿阵地有一座敌军据守的著名山峰——391高地。高地长约1000米，山势险峻，周围是一片3000米的开阔地带，使高地更显得易守难攻。它是敌人安在志愿军前沿阵地前的一个“钉子”，拔掉这个“钉子”，不仅可以改善志愿军的防御态势，而且可以对敌形成威胁。

夺取391高地最困难的一步，是如何通过这3000米的开阔地带。为缩短冲击时间，增加战斗的突然性，上级决定在发起攻击的前一天黑夜，将部队潜伏在敌人鼻子底下，尔后出其不意发起攻击，一举拿下391高地。命令下达后，邱少云所在部队接受了预潜反击任务。

预潜反击是一个大胆的决策。但困难是很大的，一方面要在3000米的路段不留痕迹地到达指定地点，而且要潜伏在敌人眼皮底下20多个小时，不能发出一点声响。万一潜伏被敌人发现，炮火一盖，部队遭受的损失是无法想象的。

潜伏以前，部队首长对战士们说：“你们这次去潜伏，要靠巧妙的伪装，要靠沉着，更重要的是遵守纪律。哪怕有人被敌人的子弹打中了，也不能暴露目标。”

战士们响亮地回答：“请首长放心，为了祖国，为了胜利，为了中朝人民，在任何情况下，也要潜伏好，完成战斗任务。”

为保证潜伏成功，邱少云随部队一次又一次地到391高地观察地形。他每次总是把潜伏路线、位置、地形看个清楚。为使潜伏万无一失，他时常利用午休时间，携带爆破筒、手榴弹，练习跳跃，琢磨隐蔽的方法。别人通过一段距离要8分钟，邱少云只用5分钟就足够了。在邱少云的带动下，部队很快做好了预潜准备工作。

10月11日晚，邱少云和他的战友们秘密地摸到了潜伏地。他们3人成1组，4个小组分散开来，潜藏在茅草中。每个人从头到脚都插上了野草，像山坡上的草一样，凉风吹过，人身上的草和地上的草一同摆动，显不出一点痕迹。他们还可以清楚地看到从地堡眼里伸出来的敌人的机枪管和从观察孔缩头缩脑向外张望的面孔，有时，敌人讲话的声音也能清楚地听到。

第二天黎明，平康以南的山岭和平原上大雾笼罩，太阳出来后，驱散朝雾，391高地露出了黑黝黝的身体，500多名全副武装的志愿军勇士潜伏在这一片茫茫草海里。邱少云潜伏在高地东麓一条杂草丛生的土坎旁边，距敌人只有60米。

太阳慢慢地升起来了。邱少云和他的战友们在这里潜伏了近10个小时。湿淋淋的草丛，秋末的寒冷，长时间的匍匐，使他全身酸痛，蚂蚁等从扎紧的裤筒钻进去，叮得人又痒又疼。他想：如果能站起来活动一下该有多好，但潜伏纪律是绝对不允许的。邱少云同战友们忍受着，坚持着，盼望太阳快快落山，等待攻击的信号。

上午10点多钟，意外的事情发生了。敌人的一个班从地堡里钻出来，朝邱少云他们潜伏的位置走来。空气骤然紧张起来，天地之间的一切好像凝固了，邱少云同战友们互相看了看，示意不能冲动，要遵守潜伏纪律。

敌人继续往下走，50米，40米，30米……越走越近了。人们屏住呼吸，握紧的拳头都出了汗。突然有两个战士被敌人发现了，敌人吓得倒退了两步，扫了一梭子子弹，扭头就往回跑。这时，391高地东侧，火力封锁了敌人逃跑的去路，敌人全部被消灭在山上。

炮火之后，敌人更显得惊慌失措，对山下这片绿海更不放心。敌人照例盲目地打着冷枪，烟幕弹、燃烧弹也由远而近地打来……

这时，一颗燃烧弹在离邱少云只有2米的地方爆炸了，并且燃着了他身上的野草。这时，他只要站起来扑打几下，或是滚到离他不远的小水沟里去，就能把火熄灭。

邱少云没有这样做。他想到500多名战友的生命，想到部队的潜伏任务，为了整体利益，高度的革命责任感，使他仍坚持在原地，一动也不动。

志愿军阵地上的指挥员看到潜伏地冒起了烟火，连忙命令炮兵向敌军射击，扰乱敌人的注意力。邱少云还是没有爬起来扑灭身上的火焰。火焰已经烧到了他的头上。

在这生死关头，邱少云紧握着压满子弹的冲锋枪，看看前面不远的敌人，很想冲上去跟敌人拼了，但他没有这样做。烈火继续燃烧着，烧烂了邱少云的皮肤。邱少云忍受着难以想象的肉体痛苦，咬着牙，把两手深深插入泥土，然后猛地抬起头，用微弱的声音向离他最近的战友李士虎说：

“胜利是我们的，但是我不能完成爆破任务了，这个任务交给你去完成吧！”说完，他又痛苦地把被烈火燃烧的身体更紧地贴在地上，一直到牺牲时，也没动一下。

烈火烧了20多分钟，直到邱少云牺牲后，烈火才熄灭了。

伟大的英雄战士——邱少云就是这样地以超人的意志，为祖国、为朝鲜人民、为整体利益、为胜利而忍受了肉体的痛苦，以至于献出自己的宝贵生命。

潜伏在这一片草地里的几十位战友，都亲眼看到了这件事情的经过。烈火烧在邱少云的身上，就像烧在他们的心上，他们被邱少云的伟大精神感动得流出了热泪。但是，他们也和邱少云一样，为了不暴露目标，也不能够去救援自己的战友。他们忍受着心灵上的痛苦，等待着战斗时刻的到来。

和邱少云相距3公尺远的李士虎脸上也被烈火烧起了血泡，只是他来时因过河把全身棉衣湿透了，身上才没有被烈火烧着。当烈火吞噬着邱少云的时候，他一直眼睁睁地看着他，急得咬破了嘴唇，几次本能地想爬起来扑灭战友身上的火，但他和邱少云一样，和潜伏在那里所有的战友们一样——想到了整体，想到整个战斗的胜利。他忍受着内心的痛苦，焦急地期待着复仇的信号。

勇士们盼望的时刻终于来到了。敌人的地堡被志愿军暴雨般的炮弹炸得粉碎。突击队的战士们从草丛里发起了攻击，李士虎飞快地跑到烈士邱少云身旁，用大衣盖住英雄的遗体，然后拿起烈士遗留下来的冲锋枪和爆破筒，高喊着：

“为邱少云烈士报仇！”他箭一般地冲过两道敌人的铁丝网，把爆破筒塞到敌人一个地堡枪眼里，在一声巨响中，敌人和他的地堡一同毁灭了。接着，满山响着“为邱少云烈士报仇”的声音，满山是爆炸敌人地堡的闪闪火光，满山是杀敌的枪声。不到15分钟，战士们占领了敌军阵地，取得了全歼南朝鲜军一个加强连的胜利。

邱少云为了战斗的整体利益，为了朝鲜人民的解放事业，为了中朝人民的伟大友谊，英勇地牺牲了。他的光辉事迹光照人间，与世长存！邱少云和他的战友们以其惊人的毅力，为我们后人树立了遵守纪律的典范。

中朝两国人民怀着崇高的敬意，在391高地石壁上铭刻一行醒目的大字：为整体胜利而自我牺牲的伟大战士邱少云永垂不朽！邱少云所在部队追认他为中国共产党党员。

为表彰他的英雄行为，中国人民志愿军领导机关为邱少云追记特等功，并授予“一级英雄”称号。朝鲜民主主义人民共和国最高人民会议常任委员会于1953年6月25日授予邱少云“朝鲜民主主义人民共和国英雄”称号，并授予金星奖章和一级国旗勋章。

10月31日，志愿军结束了第二阶段战术反击作战，共对48个目标反击58次，巩固占领11个要点，共毙伤敌1.89万余人。

第十一章

无法挽回面子的"摊牌"

1 "摊牌作战"计划

无法挽回面子的"摊牌"

在汉城市郊的一栋日本式白楼里，心情烦躁的范佛里特来回踱着步子。

自从与中共谈判以来，第8集团军在战场上连连失利。现在又在中朝军队反击作战的打击下，在战场上处于更为不利的态势。官兵们作战精神处于萎靡状态，主动权似乎已掌握在中朝军队手里。

一定要打破这种被动局面！这位渴望大踏步前进的司令官情绪激动地将拳头砸在桌面上。接着，又拿起笔，飞快地书写着：

"总司令官：

为了扭转局势，我们必须首先采取小规模的进攻行动，使敌人陷于被动的防守地位。目前我们都是为应付敌人的进攻而采取防守行动，致使我们遭到了1951年10月和11月以来所有战斗中最惨重的伤亡……”

范佛里特在信中向克拉克建议立即采纳第9军名为“摊牌作战”的计划。他认为那样将会改善金化以北的防线态势，并可扭转当前战局。

他指出，在金化城以北不到3英里的地方，第9军和敌人的军队都没有工事，双方间隔只有200码。在598高地和该高地东北面大约1英里多的地方有一条从西北伸向东南的狙击岭山脉，那里的敌人力量正好卡住了我方的咽喉，故此死伤就相应要大得多。假如把敌人驱逐出这些山头，他们将不得不后撤到1250码以外的另一个防守阵地。

东京远东军司令部，克拉克仔细地审阅了“摊牌作战”计划。他一向反对夺取高地的冒险行动，因为共军拼杀能力强，往往不惜一切代价拼命死守高地，美军必须将自己士兵的尸体堆满冲向高地的山坡上，才能占领这座高地。接下来，不是迎得胜利的祝贺，而是一片谴责的叫骂声，以往的教训使克拉克变得十分谨慎。

“摊牌作战”行动可能不会这样。它将可以非同寻常地创造一个好机会，可以不付出过大的牺牲就能拿下一些阵地。假如一切按计划行事，仅美军第7师和南朝鲜军第2师的两个营就可以圆满完成这一使命。

范佛里特估计，这一计划将行动5天，会造成200人的伤亡。由于有多达16个炮兵营的280门大炮和200多架战斗机和轰炸机的支援，估计步兵不会遇到很大的障碍。

目前停战谈判因战俘问题形成僵局，美军也很有必要在战场上做出反应，让飞机大炮发发言，给共军一点颜色看看。克拉克狠狠地定下了决心。

1952年10月8日，克拉克批准了“摊牌作战”计划，但他还是提醒范佛里特对该行动只做例行的新闻报道，同时要特别考虑夺取高地的战术意义。同一天，他命令哈里逊宣布停战谈判无限期休会。

范佛里特得到克拉克批准“摊牌作战”计划的消息后，立即将第9军军长詹金斯少将召到汉城。

“告诉你一个好消息。”范佛里特面带微笑地拍着詹金斯的肩膀说：“总司令官已经批准了我们的‘摊牌作战’计划，你可以放手让飞机大炮发言了。我们的对手是中共的另一支精锐的部队第15军，万万不可以轻敌。”

“请司令官放心，我们对这次作战已经做了充分的准备。将由第7师的第31团和南朝鲜第2师的第32团参加这次作战。”詹金斯用轻松的口气说。

范佛里特更加放心了，因为第7师是美国在远东著名的王牌师，号称“滴漏器师”，意思是指它在执行任务时历来都如同古代计时用的“滴漏器”一样准确无误。

范佛里特不会忘记第7师的光辉历史，1918年曾赴法国参加第一次世界大战，在维勒生—海厄的战斗中出尽风头。1923年回国后被解散。1940年重新组建，由师长史迪威率领在西南太平洋战区与日军作战，曾参加攻击阿留申群岛、瓜加林岛、菲律宾雷伊泰岛等的作战，打过许多漂亮仗。1945年4月参加进攻日本冲绳岛，其第31团在这次作战中获“矛头”荣誉称号。朝鲜战争爆发后，该师参加了仁川登陆，曾给北朝鲜军队造成了巨大的损失。

598高地是第7师进攻的目标，它位于一个V字形山脉地段的最南端。由于598高地地带很像一个三角形，所以美国人称它为“三角山”。

在美军第7师司令部，师长韦思·C. 史密斯少将正在召集各团团长开会。史密斯手执指挥棒指着悬挂于墙上的一张大幅朝鲜军用地图，详细地介绍了“摊牌作战”计划。最后，史密斯威严的目光落到了一位佩戴上校军衔的军官身上。

“摩西团长，占领‘三角山’的任务就交给第31团了。”

摩西立即站起来，大声说：“师长，五天之内，第31团必能拿下

‘三角山’。”

摩西回到团部后，立即向所属下达了部署命令。他估计敌人的反击一定会比预计的要强烈，只用一个营的兵力去对抗敌人是不现实的。于是，他把占领“三角山”右翼的任务交给了麦克卢尔中校指挥的第1营；把占领左翼的任务交给了纽博尼指挥的第3营。

范佛里特“摊牌作战”的进攻目标就是上甘岭地区。上甘岭是志愿军中部战线战略要点五圣山的前沿阵地。五圣山位于金城、金化、平康这一三角地区（敌人称之为“铁三角”）的中央，地势险峻，海拔1061.7米，是中部战线的最高峰。

上甘岭位于五圣山主峰东南约4公里处。其左右前后各有一座小山岭，恰似一个马鞍，两端高，中间低，南北两端相距仅100多米。南端537.7高地，被南朝鲜军控制，北端为志愿军控制的537.7高地北山。因志愿军曾以冷枪冷炮大量杀伤敌人，敌人又称537.7高地北山为“狙击兵岭”。右前方是597.9高地（即美国人所称的598高地），由于它形似一个大三角锥，敌人称之为“三角山”，与敌占之金化东北2公里处的鸡雄山相距不过400米。

597.9高地和537.7高地北山是五圣山主阵地前的两个连的支撑点，分处上甘岭两侧，互为掎角，总面积3.7平方公里，正面宽2.5公里。这两个高地阵地突出，直接威胁着敌之金化防御。

担任五圣山这一战略要地防御的是志愿军秦基伟指挥的第15军。当时，第15军第44、第29师各一个团刚刚结束全线战术反击。秦基伟决定让第45师遂行反击注字洞南山的任务，反击的时间定在10月18日。

三 金化攻势

范佛里特宣布：金化攻势开始了！这是一年来联军向中国军队主要防线所发动的一次最猛烈的进攻。

“第8集团军司令官范佛里特于10月14日在汉城宣布：金化攻势开始了！这是一年来联军向中国军队主要防线所发动的一次最猛烈的进攻。……”美联社记者于当天向全世界发布了这条消息。

对这次作战充满信心的范佛里特已经忘记了克拉克的训令，对该行动只做例行的新闻报道。而且，范佛里特还将这次行动冠以“最猛烈的进攻”，而不是他向克拉克汇报时所说的一次小规模的行动。

范佛里特的“牌”于这天凌晨3时30分摊开。随着詹金斯少将的一声令下，“联合国军”的280门大炮和40多架战斗机和轰炸机将成吨的炸药倾泻在597.9高地和537.7高地北山。顷刻间，上甘岭方圆几公里内淹没在一片火海之中。

5时30分，美军第7师第31团和南朝鲜军第2师第32团及第17团一个营共7个营的兵力，在30余辆坦克的引导下，分六路向597.9高地和537.7高地北山两阵地发起进攻。

道德洞志愿军第15军指挥所，墙上悬挂着大幅地图《平、金、淮地区第15军防御部署及敌军态势图》。军长秦基伟、副军长周发田和参谋长张蕴钰都将眼睛紧紧盯着地图，电话铃声响个不停，不时地传来志司、兵团和各师的消息。道德洞是个小村庄，位于上甘岭北边20来公里的一道山梁的中部。

第15军已做好了对注字洞南山的作战部署，没想到敌人会在上甘岭方向发起攻击。秦基伟后来回忆说：“敌人用这么多兵力攻击上甘岭，在事前没有估计到。我们准备应付敌人3~4个师的进攻，是在西方山方向。”

敌军以一个排至一个营的兵力采取多路多拨的方式进行了连续不断的冲击，发射炮弹30余万发，投掷炸弹500余枚，战斗异常激烈。

坚守597.9和537.7高地北山的第45师第135团第9连和第1连在缺乏炮兵支援的情况下，依托以坑道为骨干的阵地工事，使用步枪、机枪和手榴弹等武器顽强抗击。

“敌人进攻的企图是：攻占上甘岭，进而拿下五圣山，解除我对敌金化防御的威胁，改变金化防御态势，并配合停战谈判。”秦基伟分析说。

经过短暂的讨论，第15军果断地决定：

一、即报兵团、志司批准，调整第45师部署，停止对注字洞南山的反击，集中兵力、火力于五圣山前沿—上甘岭方向；

二、各级指挥所前移：第45师指挥所由真莱洞移至德山岘，第133团指挥所由德山岘移上所里北山……

三、由135团团长张信元负责指挥597.9高地战斗；由133团团长孙家贵负责指挥537.7高地北山战斗；134团团长刘占华在师指挥所待命，随时准备投入战斗；师炮兵群由第45师副师长唐万成及军炮兵室副主任靳钟统一指挥。

敌军的炮火太猛，惊心动魄的轰响声中，前沿两高地坑道里的步话机员大声呼叫着营指挥所，电话线经常一断就是好些节。刚接好这头，一排炮弹下来，那边又断了几节。

电话班副班长牛宝才和步话机员们冒着敌人的炮火，穿梭巡回在阵地之间的山梁上，一次又一次架设起电话线。幸好牛宝才储备了大量的电话线，在来不及接头的情况下，他就用拉新线的办法，保障线路畅通。

副团长王凤书带着新的作战部署来到第1营指挥所，准备下达一道新的命令，刚说了几句话，电话没声了。

王凤书把紧握的电话机“当啷”放到弹箱做的桌子上时，焦急的汗水，从宽阔的额角滚下来。

这时，牛宝才刚查线回来，浑身是尘土和汗水。他闻声走过来，伸手摇了几下，机柄轻轻的——电话线又断了。

“十分钟保证接通线路！”牛宝才说完便冲出坑道口。

这时候，在那条铺着电话线的山梁上，已成了火山烟海。一会儿这喷出一团火球；一会儿那“轰隆”一阵巨响，喷泉似的土柱，铺天盖地地压下来。岩石粉碎了，山头低了，烟火更大了。

在烟火缝里，牛宝才一手抓住线拐子，另一只手背在身后拉着电话线，拐弯抹角地冲上去。他在飞跑中，又折回了好几次，因为刚接好的线头又断了，不得不回头重接。他就像一只轻捷的燕子出没在滚滚的烟火之中。

就在这个时候，牛宝才的左大腿负了重伤，他在艰难地爬行着。他瞪着溜圆的眼睛，紧咬着牙，浑身血淋淋的，连眉梢上也沾着污土。但他没因此而停止不前，仍在继续前进。

“副班长，我背你下去！”赶往前沿去的担架队员赵海生气喘吁吁地跑过来说。

“你别管我，赶快朝前边去！”

“同志，你负伤了。”

“你别误事了！你知道我的任务多急呀！”说话间，他将担架队员推了一把，右手捞到一个断线头塞在嘴里，然后支撑起沉重的身体，另一只手拖住失去作用的左腿，一步一步艰难地向前移动着。鲜血顺着腿直往下流，在他挣扎着前进的路上留下了殷红的血迹。

赵海生被感动得留下了热泪，奋不顾身地冲向了烟火弥漫的前沿阵地。

就在赵海生到达前沿的前几分钟，营指挥所的电话铃响了。副团长抢过拿在电话员手中的话筒，询问战况，又指示步兵怎样举行阵前反击，炮兵怎样配合的作战命令。

没过多久，电话线再次断了。王副团长命令，在10分钟内重新架起一条新线。

在牛宝才走过的路上，刚18岁的电话员王光兴背着线拐子在奔跑。他一面跑，一面注意看着，看看能不能在路上发现副班长。他跑过一个小山头，突然发现在一个弹坑累累的地方，副班长那被硝烟熏黑的军服，被炮弹的气浪掀动着。他顾不得多想，几个箭步冲上去，握住了副班长那血肉模糊的手。

副班长被子弹打穿了的右手，攥着一条剥去胶皮的线头；左手把另一个线头捺在嘴里，牙齿紧紧咬着它。他那沾满灰土的眼睛坚定地瞪着前方。

王光兴明白了：副班长在生命的最后一息，已经没有气力连接线头了。他用自己的身体接通最后一个断线头，让电流通过身躯，保证了指挥联络畅通！

“接通电线，为副班长报仇！报仇！”王光兴狠狠心，松开副班长那冰冷的血手，扭头冲进硝烟中。在他身后拖出一条引向前方的电线。恰恰9分钟，王副团长的声音又传到了前方。

战后，牛宝才被追记特等功，并被追授“二级英雄”称号。

真莱洞第45师指挥所设在一个坚固的大坑道里，当师长崔建功得知两个高地表面阵地丢失的消息后，立即拿起电话对张信元说：

“张团长，我很清楚你们的处境，你们在没有炮兵支援下坚守防御是非常困难的。但你要沉住气，认真进行计划，乘敌人立足未稳，马上组织反击部队，连夜把阵地夺回来。”

597.9高地有大小14个山头，为便于指挥，指挥员分别将它们编成14个阵地：沿两条山脊，形成一个前三角形，编为8个阵地，即西北方向山脊从后到前分别编为6、5、4、0号阵地，东北方向山脊从后到前分别编为2、8、1、3号阵地，3号阵地是前三角的顶点，是主峰。在3号阵地西南是10号阵地，在3号阵地正面是9号阵地，再往东南是离敌最近的7号阵地。山脚东南是11号阵地，其西南是14号阵地，东西是15号阵地。由于2号阵地位于两个高地的接合部，位置极其重要，张信元将反击2号阵地的任务交给了第7连。

2号、7号和11号表面阵地是在当天下午，坚守部队因伤亡过大，主动转入坑道作战而失守的。当战士们转入坑道后，一个营的敌人才爬上阵地前沿排的野战工事，并用铁板、木材和麻袋垒成了一连串露天的火力地堡。敌人的轻重机枪、火焰喷射器、60炮以及无后坐力炮疯狂地从这些地堡里打出来，严密地封锁住志愿军的反击道路。

孙占元被指定为第7连的突击排长，易才学是突击班的第一名爆破手。出击的一切工作都做好了，突击排的战士们目不转睛地监视着敌人。

天渐渐黑下来的时候，反击开始了。孙占元带着战士们猛不可挡地一直冲向敌人。当他们接近敌人地堡仅100米时，残存的4个地堡里的十多挺机枪发射出密集的火力，使突击排的冲锋受到挫折。这时，孙占元一面派人和坑道里的反击部队联络，一面命令易才学向敌人的第一个火力点前进。

易才学冒着敌人的火力跳过一个个的弹坑和交通沟，敏捷地摸到敌人第一个火力点跟前，顺利地把它炸毁了。但他也暴露在敌人面前，第二个火力点里敌人向他猛射起来。

易才学几次想站起来向前冲击，但密集的机枪子弹使他几次都未能抬起头来。这时，他忽然听到左边传来排长的声音："从右边上，我掩护你！"

接着，孙占元的机枪就猛烈射击起来，敌人第二个火力点里的火力立刻被吸引到左边去了。

易才学站起来急忙从右边向上跑，可是敌人又打起了照明弹，阵地上顿时像白昼一样，易才学的行动被敌人发觉了。

第三个地堡里的机枪也突然扫射起来，易才学立即伏在地面上，尽量压低自己的身体向前爬行，以避开敌人打来的子弹。

子弹一排接一排地从他的头上飞过来，易才学不停地向上爬着。当他接近了敌人第二个地堡，正想用手雷爆破它时，他看清在这个地堡右前方6米的地方，就是敌人的第三个地堡。他决心乘机同时爆破这两个地堡。

易才学紧抱着手雷和爆破筒继续敏捷地向上爬去，到了这两个地堡之间就停下来细细观察。他看见第二个地堡是用钢板垒成的露天工事，里面有5个敌人抱着机枪扫射；另外两个敌人手里握着两具火焰喷射器，在寻找喷射目标。在敌人用麻袋垒成的第三个工事里，除一挺重机枪和两挺轻机枪正在射击外，还有两个炮手守在一门60迫旁，一门无后坐力炮的炮口正对准我军战士们的反击道路。

时间非常紧迫，如果再不马上炸毁这两个火力点，便会给反击部队带来很大的损失。在这紧要关头，易才学把两根爆破筒紧紧地捆在一起，把腰里的手雷和手榴弹也取下来放在身边。他滚向第二个地堡，双手把两根爆破筒掷进地堡里，又迅速转过身来，把1颗手雷和3颗手榴弹投进第三个地堡里。

一阵震天的巨响，两个地堡和机枪都飞起来了，敌人被炸断的四肢也飞到工事的外面。易才学则被震昏过去了。

这时，隐蔽在弹坑里以猛烈的机枪火力掩护易才学的孙占元，看到敌人的两个地堡被同时爆破了，就立刻提起机枪向上跑。

但是，这时敌人的最后一个火力点——第四个地堡又向他开火了，而且机枪愈打愈猛，他的双腿被打断了。孙占元忍受着痛苦，从血泊里挣扎着爬向易才学躺着的地方。

这时，易才学刚刚苏醒过来，他一下子摸到了孙占元身旁。孙占元见他十分疲劳，不愿再把爆破第四个火力点的任务交给他。但是，孙占元断腿爬行，坚持指挥的行动使易才学激动得流出了热泪。他对排长说：“排长，请你放心，我会像你一样，只要我人在，就一定能够完成任务。”说着，他掏出急救包要把孙占元的腿包扎起来，但孙占元拒绝了。

敌人的机枪打得很凶，在这里是不能多停留的；而且，更需要在最短的时间内把敌人最后的火力点爆破，使反击部队能够尽快地歼灭敌人，便坚决命令易才学：“先不要管我，为了整个胜利，你马上去爆破敌人的地堡，我来掩护你 。”

于是易才学拿起爆破筒，怀着一定要为排长报仇，一定要完成任务的决心向前爬行。

易才学迅速地向前爬着，他的后面响起了孙占元的机枪声。孙占元和敌人猛烈地对射，吸引着敌人的火力。机警的易才学就用敌人的尸体掩护，迅速爬到一块岩石下。

敌人第四个机枪工事正设在这块岩石的顶上，离地面有十多公尺高。易才学用手紧抓着突出的石块，向上爬去。

这时，敌人从2号阵地侧后反扑过来，企图切断志愿军后路，一举围歼突击部队。就在这紧要关头，孙占元拖着断腿，用两挺机枪交替着猛烈射击，山坡上的敌军倒下了一片。孙占元打退敌人两次冲锋，毙伤敌80余人。

孙占元愈打愈猛，很快子弹打光了。敌人缩着身子慢慢向他移动着步子，孙占元怒视着敌人。当敌人围上并离他很近的时候，他突然拉响了最后一颗手榴弹，与身旁的7个敌人同归于尽。

这时，易才学已经失去了机枪的掩护。敌人的机枪慌乱地向工事外面扫射着，易才学利用敌机枪射击的间隙，爬进敌人工事前的交通沟，举起双手，将一根爆破筒从顶上扔进工事里，接着一翻身便从陡岩上滚了下去，敌人的第四个火力点就这样被炸毁了。

正在这时，2号阵地坑道内的第9连冲出坑道，与第7连配合，一举夺下了2号阵地。战后，孙占元被追记特等功。1953年4月8日追授他“一级英雄”称号，朝鲜民主主义人民共和国最高人民会议常任委员会追授他“朝鲜民主主义人民共和国英雄”称号和金星奖章、一级国旗勋章。易才学也被评为特等功，获得了“二级英雄”的称号。

当夜22时，志愿军全部收复了被敌军占领的阵地。

3 黄继光舍身炸碉堡

黄继光站了起来，伸开臂膀，用自己的胸膛挡住了正在喷着火舌的机枪口。

敌人不甘心第一天进攻受挫，为达到预期目标，继续增加兵力攻击上甘岭地区的两个山头。

为了守住阵地，粉碎敌军的进攻，14日晚，秦基伟下令向上甘岭地区的两个阵地增加3个营的防御兵力，并将准备进行反击注字洞南山的两个炮兵营调至上甘岭地区支援作战。

15日起连续3天，敌军又以两个团又4个营的兵力，在猛烈的炮火支援下，对上甘岭的两个阵地轮番进攻。战至10月18日，“联合国军”仅占去志愿军两个山头的表面阵地，志愿军转入坑道继续坚守。

19日，崔建功命令以3个连的兵力，在100余门火炮的支援下，对占领上甘岭两个山头表面阵地的敌人实施反击。在反击597.9高地敌人的战斗中，第45师第135团第2营通信员黄继光用热血之躯铸造了顶天立地的丰碑。

这天晚上，营参谋长带着参谋、步话机员和黄继光，伏在离前沿很近的地方指挥战斗，担任反击任务的第6连已经向敌人发起攻击，步话机员每5分钟与6连联系一次。10分钟后，6连突进到0号阵地的半山腰了，战斗进展十分顺利。

突然，步话机员报告：山顶上发现敌人一个火力点，里面有3挺重机枪和4挺轻机枪疯狂地扫射着，6连前进受阻。

参谋长听到这个消息后，脸色马上严肃起来，他立即向6连下达命令：组织爆破，一定要炸掉敌火力点！

第6连立即组织人员爆破敌火力点，但由于敌火力太猛烈，几次爆破都失败了。上级要求6连在天亮前攻下0号阵地，现在只剩下40分钟了。情况十分紧急，可是谁能完成这个爆破任务呢？参谋长在焦急地思考着。

“一定要打掉敌人的疯狂气焰！”站在参谋长身边的黄继光这样想着。他掏出了自己在战斗前写的决心书和妈妈的来信，决心书上是这样写的：“坚决完成上级交给的一切任务，争取立功当英雄，争取早日加入中国共产党。”妈妈在来信中问他：“立了多大功，杀了多少敌人？”

黄继光把决心书和信一块递给营参谋长说：“让我去吧！首长。”参谋长望望他，点了点头，随即组织了两个爆破组，一个爆破组暂编为第6连第6班，任命黄继光为班长。

黄继光兴奋地对战友们说：“让祖国人民听我们的胜利消息吧！”说完，他拿起手雷，就和参谋长另外派去的两名战士吴三羊、萧登良一起向前冲去。

随着照明弹一明一暗的间隙，他们巧妙地前进着。正前面，敌人火力点正喷射着火焰。当他们冲到离敌火力点只有30多米的时候，敌人发现了他们。无数照明弹升向天空，敌火力点的机枪向他们疯狂地扫射着，吴三羊不幸牺牲，萧登良身负重伤。

黄继光也受了伤，他的左臂被打穿了两个洞。同来的两位战友一死一伤，已经无法完成任务了，爆破的任务就落到了他的身上。此时，离上级规定的时间越来越近了。黄继光咬紧牙关，忍着伤痛，艰难地向前爬行。

“看，小黄在爬！”参谋长喊了一声，人们看到山坡上一个小黑影在移动着。

敌人的机枪向这个黑影扫射，可就是捉不住这个黑影。黄继光仍然继续爬着。

照明弹在天空一闪一闪地亮着，参谋长看见黄继光离敌火力点不到10米了。战友们都瞪大眼睛盯着黄继光，等他炸掉火力点，马上冲上阵地消灭敌人。

黄继光突然一下子站了起来，右手高高举起手雷，这在这一瞬间，敌人的一梭子子弹射进了他的胸膛。他又倒下了。

参谋长十分焦急。他看看表，离天亮只有20分钟了，部队还在山坡上被敌人的火力阻拦着，敌人的机枪还在发疯；吴三羊、萧登良、黄继光都一个一个地倒下去了。

这时，黄继光苏醒过来，他吃力地把手雷向敌火力点扔去。

"轰"的一声，手雷在离敌火力点不远的地方爆炸了，敌人的机枪哑巴了。可是黄继光也无力地倒下了。

参谋长高声下达命令："快！迅速前进！"

一声令下，反击部队箭一般地发起了冲锋。可是，冲锋刚一开始，敌人的机枪又吼叫起来，部队又被压在山坡上。

阵地上的战士纷纷请战，请求炸掉敌火力点。照明弹将阵地照得像白昼一般。人们看到黄继光艰难地抬起头来，黄继光似乎看了一下敌火力点里正在发射的机枪。他的身上一件武器都没有了，但仍艰难地向前移动着身子。

突然，黄继光站了起来，伸开臂膀，向敌人火力点猛扑上去，用自己的胸膛挡住了正在喷着火舌的机枪口……

就在这一刹那，担任攻击任务的同志们的心都猛烈地跳动起来，随着一声"冲啊"的命令，战士们踏着黄继光爬行的道路，满怀仇恨的怒火向敌人冲去，一场激战之后，守敌1200多人全部被歼。

为了表彰黄继光的伟大精神和不朽功勋，中国人民志愿军领导机关，为黄继光追记特等功，并授予“特级英雄”称号。黄继光所在部队在追赠他“模范团员”的荣誉称号的同时，根据他的遗志，追认他为中国共产党党员。1953年6月25日，朝鲜民主主义人民共和国最高人民会议常任委员会颁发政令，追赠黄继光为“朝鲜民主主义人民共和国英雄”称号，并授予金星奖章和一级国旗勋章。

在朝鲜的五圣山，屹立着一块青灰色的石壁。石壁上是中国人民志愿军的官兵们镌刻下自己战友的英雄名字。第一行是：“中国人民志愿军特级英雄黄继光同志以身殉国永垂不朽！”在沈阳市北陵烈士陵园里，安葬着祖国和人民光荣的儿子——黄继光。

4 坑道战阶段

占领表面阵地的美国兵，脚踩的是一座随时可能爆发的火山。

道德洞指挥所，秦基伟的双眼充满了血丝，7天来他几乎没有合过眼，前方的激战牵动着他的心。秦基伟在日记中对几天来的战斗做了如下描述：

> 守卫在这个阵地上的英雄们，是我45师135团9连、1连。参加这个战斗的有135团、134团、133团全部。在几天苦战中，我们45师发扬了高度的艰苦顽强和英勇牺牲的战斗精神，完全依照我在全师所号召的一人舍命、十人难挡的顽强性，许多的连队打光了，有的连队只剩几个人至十余人，他们仍坚持战斗，有的连队战斗员全部伤亡，干部不下阵地，重伤不叫苦，舍身炸地堡，舍身堵敌人机枪眼，掩护部队冲锋，夺取阵地，自动反击，前仆后继，他们可歌可泣的英勇事迹是说不完，写不尽的……

七天七夜的鏖战，双方在这两块面积仅3.7平方公里的小小山头上，共投入了上万的兵力。敌人有时一天竟发射30万发炮弹，飞机投弹500余枚，阵地表面工事几乎全被摧毁。志愿军依托坚固的坑道工事，坚决与敌人反复争夺，杀伤敌7000余人。志愿军亦有3200人的伤亡。

经过反复思考，秦基伟决定调整部署，暂停反击。于是，他接通了与志愿军司令部的电话。

“这种拉锯式的反复争夺，已进行7昼夜了，表面阵地失而复得，多次易手，战斗规模还将进一步扩大。我的意见是：暂停反击，前沿部队转入坑道，以小分队活动和敌人周旋，把敌人抓住，牵住他的牛鼻子。同时争取时间，调整部署，补充人员和弹药、器材，投入新的部队，为进行最后粉碎敌人进攻、恢复全部阵地的决定性反击做准备，创造条件。”秦基伟请示邓华说。

“你们的意见是正确的。”邓华表示赞同，并进一步指示说：“目前敌人成营成团地向我阵地冲击，这是敌人用兵上的错误，是我歼灭敌人的良好机会。我们应该抓住这一时机，大量消灭敌人，继续坚持斗争下去，可置敌于死地。”

秦基伟放下电话，立即下令部队转入坑道作战。从10月21日开始，上甘岭战役进入第二阶段——坑道战阶段。

在597.9高地和537.7高地北山，志愿军共筑有连坑道2条，排坑道3条，班坑道19条。21日后，志愿军进入坑道的有数百人之多。

志愿军转入坑道后，敌军为了巩固已占表面阵地并进一步向纵深发展，采用了一切可能的毒辣手段，对志愿军坚守坑道的部队进行围攻。他们用炮火封锁和摧毁坑道口、用石头、麻袋或铁丝网阻塞坑道口，用炸药连续爆破坑道，向坑道内投掷汽油弹、硫黄弹，以及使用火焰喷射器等等。

志愿军坚守坑道部队，由于有的坑道被炸塌，有的坑道口被堵塞，再加上坑道缺粮、缺弹、缺水，空气污浊，氧气不足，处境极端困难。最困难的时候，每人每天只能吃到半个馒头，而且特别是缺水。在这种难以想象的艰难困苦的情况下，坚守部队始终顽强不屈，亲密团结，自觉地忍受一切艰苦，以大无畏的英雄气概抗击凶恶的敌人。

离597.9高地主峰不远的1号坑道，全长70米，是高地最大的坑道。该坑道有来自16个单位的100多人，第134团第2营教导员李安德将他们组织起来，编成134团第8连。

22日清晨，1号坑道口外就响起美国兵皮靴的咯吱声。

他们抵近洞口用炸药包炸，炸得坑道口浓烟滚滚。8连立即用步话机请求炮火支援。

少顷，一阵阵急促的炮火呼啸而至，炸得敌军人仰马翻。

炮火刚停，敌人又向坑道投毒气弹。顿时，一串串黄色的烟雾扑进坑道，呛人的气味令人窒息。

“赶快用毛巾，捂住鼻子！”卫生员小李一见是毒气弹，急忙大声喊道。

为了堵住洞口，李安德带领战士们在洞口里边修了一道胸墙，胸墙外再挖一道沟。这样既能拦住敌人投掷来的东西，又可作为机枪射击的平台。

24日白天，敌人轮番围攻坑道。8连凭借洞口工事进行还击，歼敌120余名。次日，敌人又用火炮将洞口炸塌，战士们冒着敌炮火，又将洞口挖开。

入夜，坑道里的战士们三五人一群，两三人一伙一拨一拨地摸出洞口，炸地堡、端哨所，神出鬼没，打得敌人胆战心惊。

从此，坚守坑道的部队夜夜有行动。天一黑敌人就神经紧张，害怕与志愿军打夜战。第8连在14个昼夜里，出击25次，歼敌1600余名，获“钢铁八连”称号；坚守597.9高地2号坑道的第134团第4连在十多天的坑道战斗中，出击32次，歼敌70余人；坚守2号至8号阵地之间小坑道的134团4连，在与上级失去联系的情况下，开展打“活靶”活动，在11昼夜里歼敌220人。

占领表面阵地的美国兵，脚踩的是一座随时可能爆发的火山。每当夜幕降临，他们就心惊肉跳。有一天，一个美军下士找了一个偏僻之处拉大便，刚刚蹲下身，就被一双坚强有力的手拉进了坑道。此后，美军必须三人结队解大便，其中两人端着枪为解便者站岗。

秦基伟无时无刻不在关注着坚守坑道部队的艰苦卓绝的斗争。他在日记中记下了当时的心情：

> 战斗越往后推，驻守坑道的指战员就越加艰苦，他们的处境是坐在房子里的人想象不到的，除了敌人包围中不能自由活动之外，更严重的是吃不饱，喝不到水，无休息的位置，甚至连坐的位置都没有。坑道内有受伤的同志和牺牲的烈士们的血，战友们的大便、小便。这种生活不要说已经几天，就是一个钟头也都是很难受的。勇士们在坑道中会批评、埋怨他们的指挥员：你们为什么不关心守在坑道的战友呢？为什么还不反击，将敌人歼灭来解放我们呢？这些批评和怀疑我完全接受，因我完全懂得勇士们的心情，他们在坑道中一天的时间比我们坐房子里的人要长百倍。我没有忘掉他们，我完全相信他们是能忍受艰难的……

为此，他向第45师下达命令：“不惜一切代价，把物资送进坑道。”

其实，从坑道战一开始，师长崔建功就想尽一切办法解决坑道的后勤补给。由于从师后勤和团后勤到前沿坑道的道路上要跨过敌人飞机、大炮构成的十多道封锁，运输极为困难。一个运输排30多人，但最后能到达坑道的只有两三人。

有一次，一个战士摸进了1号坑道，送来食品，连长问他：“你们来了几个人？”战士回答道：“出发时20多人，都在路上牺牲了。”连长含着热泪接过了用鲜血换来的食品，半天说不出一句话来。

战士们最需要的是水。但送水是非常困难的，往往在送水的路上，水桶或水壶就被敌人的子弹击穿。只好改送些苹果，但大堆的苹果送不上去，每次送上去的只有几个苹果。坑道里，出现了8人合吃一个苹果的感人故事。

一天，第134团第7连运输员刘明生进了坑道，熟练地卸下背着的弹药箱，摸出了一个苹果递给连长：

“连长，给，苹果。”

刘明生那黄泥色的破棉袄已被雪花打湿了。由于在焦土和满地弹片的路上爬行后，单裤被撕了几个口子，脚脖子上划了几道血迹，满身泥泞。连长奇怪地问：

“哪里来的苹果呀？”

“我在半路捡的。连长，你的嗓子哑了，吃了润润喉咙吧！”的确，几天来，他们没喝过一口水。运输员不也是一样过着这种艰苦的生活吗？

“你们运输辛苦，你就吃了它吧。”

“不，我在路上可以喝凉水。”小刘天真地微笑着，固执地说。

谁都知道，在这三里路内是找不到一滴水的。

“给谁吃呢？”连长拿着苹果颠来颠去地想。步话机员李新民正在他的身旁，向上级报告战斗情况。他沙哑的声音，使连长突然注意到：这些天来，小李一直就没好好地休息过，他的嗓子已经全哑了，嘴唇干得裂开了好几道血口子，满脸的灰尘，两只眼睛布满了血丝。

“李新民，你们几个分着吃了这个苹果，湿润喉咙，好继续工作。”连长把苹果给了李新民。

李新民看着连长。他知道，连长说了话，就得照办。李新民回头看着其他三个步话机员，又看着睡在里面的伤员蓝发宝，把苹果从连长手里接了过去，转手给了蓝发宝。

通信员蓝发宝在一次执行任务中被炮弹打断了右腿，现在睡在那里。他的脸黑黄黑黄的，嘴唇干得发紫。他拿起苹果正准备吃，突然向周围望了望，又闭上了嘴，把苹果放下了，原来他才发现一共只有一个苹果。

“连长，你几天没喝水了，你吃吧，吃了好指挥咱们打仗。”不管别人怎么劝说，蓝发宝说什么也不干，硬是把苹果递给了连长。

于是，连长把苹果递给了司号员。司号员立刻又递给了旁边的卫生员，卫生员又把它交给伤员——蓝发宝。最后，一个完整的苹果又落到连长的手中。再传下去是没有用的。最艰苦的时候，更能体现出战士的互相关心和体贴。最后，连长决定由洞内8个同志分吃这个来之不易的苹果。

“同志们，”连长发出沙哑的声音说，“这些天，我们消灭了那么多的敌人，难道我们就不能吃掉这个苹果？”

其实在这个时候，谁都能吃下它十几个。

“来，一人分吃一口，谁不吃就是对胜利不关心，对巩固阵地、消灭敌人信心不大。”

说着，连长先咬了一小口，就给了李新民；李新民吃罢就给旁边的小胡（步话机员）……他们放到嘴边轻轻地咬一小口，然后一个接一个地传下去。结果，转了一圈还剩下半个。

“是谁没有吃？”连长问。

没有人吭声。

连长有点不满意了，刚想说几句责备的话，命令大家认真地把苹果分吃了，可是，忽然坑道里一片宁静，一向乐观的李新民，面颊上闪动着晶莹的泪珠，其他同志都在用手擦着眼睛。

连长不觉一阵心酸，热泪盈眶。有这样的英雄战士，再大的困难也能克服，再凶恶的敌人也能战胜。

就这样，坚守坑道的志愿军部队以顽强的毅力忍受了缺水、缺氧等巨大困难，团结战斗，坚守坑道十余天，大量杀伤和疲惫敌人，使敌人对坑道无可奈何，始终不能巩固地占领597.9高地和537.7高地北山表面阵地，更不能向志愿军防御纵深发展。

5 上甘岭战役结束

“即使用原子弹也不能把狙击岭和爸爸山上的共军部队全部消灭。”

上甘岭，当时成了令人瞩目的焦点。

志愿军司令部依据战场态势，宏观运筹，决定将原定于10月22日结束的秋季战术反击，延长到10月底；命令在第一线的第38、第39、第40、第65、第68军，在朝鲜中部180多公里宽的防御正面上发起猛烈攻击，进行战役配合，以策应上甘岭作战。

第3兵团决定：将刚从金城前线撤下来，正在陆续开往谷山休整途中的第12军，作为上甘岭战役预备队，先调该军第31师，继调该军第34师第100、第106团和第35师第103团，共6个主力团，陆续开进上甘岭地区，准备参加决定性反击作战。还决定：第15军第29师接替第45师除597.9高地和537.7高地北山以外的全部防务，以便第45师集中力量用于上甘岭两高地的争夺战。另外，从兵团纵深防御部队机动出67门大口径火炮，增援上甘岭。

10月25日，秦基伟在道德洞主持召开作战会议，参加者有军的首长和各师师长、政委。会议拟定了实施决定性反击的作战部署：首先集中力量反击占领597.9高地之敌，尔后再集中力量反击占领537.7高地北山之敌；以第29师的一个营又5个连的兵力投入反击597.9高地作战，以第12军第31师之第91团为预备队；以第29师的另5个连的兵力投入反击537.7高地北山之敌的作战。

在举行反击的头天夜晚，突击部队悄悄进入坑道，摩拳擦掌，焦急地等待着反击的命令。

10月30日晚，德山岘指挥所，崔建功不时地看着手表。当时针指向9点整时，他大声喊道：

“开炮！”

话音还未落下，100余门火炮像火山爆发一般向597.9高地喷吐着一条条巨大的火焰。顿时，地在颤抖，山在摇晃……

强大的炮火将敌军的工事地堡掀上半空。这时，坚守坑道内的3个连和坑道外的7个连里应外合，对敌实施两面夹击。经5个小时激战，全歼守敌4个连，并打退敌一个营兵力的多次反扑。至31日夜，除一个班阵地外，597.9高地阵地全部恢复。

11月1日，敌军集中数十架飞机、70余辆坦克和大量火炮向597.9高地猛烈轰击，共发射炮弹12万余发，先后投入6个营的兵力，向高地冲击14次。坚守高地的部队在纵深炮兵支援下，击退了敌人一次又一次的反攻，歼敌1500余人。

当晚，秦基伟下令：“命令31师91团投入战斗！”并增调9个炮连参战。

汉城，美军第8集团军司令部，范佛里特愤怒的目光紧紧地盯着朝鲜军用地图上的金化以北地区。

自发动“金化攻势”以来，范佛里特的脸一直阴沉沉的。没想到两座小小的高地竟付出了如此高的代价。费了九牛二虎之力才拿下的两座高地竟然在我军几个小时的反击下丢失了一座，另一座也很难保住。

“不要低估中国人，他们是危险的敌人。”李奇微在离开朝鲜前告诫他的一句话又在他的脑海里突然闪过。到现在范佛里特才体会到这句话的真正含义，而当初他怎么也不会把这句话放在心里。

“叮！……”一阵急促的电话铃声打断了范佛里特的思绪，他急忙抓起电话。

“将军！你的这场小小规模的作战已经发展成一场残忍的挽救面子的恶性赌博，赌博还要不要继续下去？我们已经处于被动局面。美国兵在战场上挨打，我们却受到国内的咒骂。”电话里传来了克拉克烦躁的声音。

“司令官，我们不得不继续赌博下去。”范佛里特沉着脸答道：“你放心，我会将丢失的阵地重新夺回来！”

范佛里特放下电话，立即向詹金斯下达命令：“令南朝鲜第9师投入战斗！令第7师重返金化前线参加战斗！”

11月2日清晨，敌军向597.9高地发射炮弹15万余发，并出动飞机100余架次，投掷炸弹100余枚。4个多小时的狂轰滥炸使高地淹没在一片火海之中。

从12时开始，美军第7师、空降兵第187团各一个营、南朝鲜军第9师两个营和哥伦比亚营共5个营的兵力，多梯次地向597.9高地攻击40余次，曾一度突入志愿军阵地。志愿军坚守部队在炮火的支援下，奋力还击，终将敌人击退，毙伤敌1500余人。

敌人像赌输了的赌徒，疯狂地增加着赌注，摆出一副不捞回赌本誓不罢休的架势。秦基伟于4日果断下令：“为了把美7师彻底打垮，令31师93团迅速进入待机位置，随时准备战斗。”

11月5日，敌军又气势汹汹地向597.9高地进攻。志愿军第12军第91团第5连新战士胡修道所在的班被分配防守高地的前沿。

这里有3个阵地：前面是9号阵地，右边是10号阵地，左边是3号阵地，相隔都不远。班长李峰带着胡修道和另一名战士滕士生，负责坚守3号阵地。此次是胡修道第一次参加战斗。阵地上的工事早已被敌军的炸弹和炮弹摧毁，他们隐蔽在一块被敌人打掉半截的大青石后面，整理好武器，准备迎击敌人。

这天拂晓，敌军以8个连的兵力，在飞机、大炮的掩护下开始向597.9高地猛烈地冲击。这时，胡修道手里紧紧握着爆破筒，专等打敌人的冲锋部队。滕士生专供弹药，班长李峰在3号阵地和10号阵地之间组织指挥。三个人各按自己的战斗岗位，准备和敌人展开一场血战。

天刚放亮，黑压压的敌军正往上爬，胡修道立即向班长报告。班长却不慌不忙地说："要沉住气，听我叫打才打。"

当敌军冲到离阵地只有30米的时候，班长狠狠地喊了一声："打！"胡修道便挥开双手，接连扔出了两根爆破筒、两个手雷和20多个手榴弹。"轰隆隆"的巨响，炸得敌人血肉横飞。

敌军的第二次反扑又开始了,100多个敌人分成三路爬了上来。胡修道有了第一次战斗的经验，沉着地等待敌人逼近阵地快到20米时，才猛然开火。

顿时，爆破筒、手雷、手榴弹在敌群里开了花，阵地前又增加了几十具敌人的尸体。这时，敌军的反扑仍然猛烈地继续着，敌指挥官企图用连续不断的攻击，疲劳志愿军的战斗力，趁机攻占阵地。但是，在胡修道和他的战友面前，敌人的企图破灭了，敌军连续7次反扑都被打退了。

这时班长接到连部命令，另有任务。班长临走时嘱咐胡修道："这里的任务交给你了。要沉着、机智，一定要守住阵地！"

胡修道坚决地回答："班长请放心，有我在保证阵地在。"

班长走后，胡修道感到肩上的担子加重了，班长在时，班长叫怎么打，就怎么打。而现在，一切要靠两个新战士独立作战。于是，他大胆地跑到班长的指挥位置，叫滕士生迅速做好战斗准备。

猛烈的炮火不断地轰击着阵地，两个多连的敌兵往上涌。这次反扑很快被打退了。敌人又纠集300多人冲了上来，胡修道和滕士生将手雷、手榴弹猛向敌群中扔去，再次把敌人打得狼狈溃逃。

战斗越来越激烈，发了疯的敌人从四面八方往山上冲。这时，10号阵地上只有一个战士正在勇猛地打击涌上来的敌人。可是敌人还在往上冲，胡修道一看情况紧急，立刻飞奔过去协助打退了敌人的攻击。

胡修道刚跑回3号阵地，观察员又喊了起来："敌人快冲到10号阵地了！"胡修道又飞快地跑了过去，和那名战士一起终于击溃敌人。

这时，3号阵地情况紧急，当胡修道抱着手榴弹跑回来时，只见滕士生与逼近阵地只有十几米远的敌人战斗着。他狠狠地从侧翼连扔两个手雷和十多个手榴弹，才把敌人打下去。

中午12点钟左右，战斗进入最激烈阶段。山下，敌军的汽车、坦克不断地增调兵力。200多门火炮一齐向阵地发射，一群敌机发疯似地向阵地俯冲扫射，并扔下了大量的汽油弹、燃烧弹。敌人将所有的毁灭性武器都用上了，阵地成了一片火海。草木被烧得精光，连巨大的石块也被炸得粉碎。烟火笼罩着整个山头。

这时候，3号阵地的滕士生负了伤，只有胡修道一人坚守着，在敌军严密的炮火中，他迅速地把弹药收拾在一起，等待敌人上来送死。接着，敌军拼凑了两个多营的兵力，又开始了疯狂的进攻。

敌军从四面向597.9高地爬行着，有200多个敌人向10号阵地逼近，但坚守在10号阵地的战士因被烟火笼罩，并没有发觉敌人。胡修道看见了，他放开嗓子大声地对10号阵地喊道："敌人接近了，赶快打啊！"

可是，炮弹爆炸的巨响吞没了他的声音，对方一点也没听见。情况十分紧急，胡修道迅速对10号阵地扔出手榴弹，又用曳光弹向敌人扫去，使坚守阵地的同志马上明白了情况，一阵急雨般的手榴弹把快要冲上来的敌人压了下去。

战斗激烈地持续着，敌人的反扑此起彼伏。有3个连的敌人采取多梯队形向3号阵地涌上来。这时，连里增派了两名战士来支援3号阵地。敌人黑压压的已经离阵地不远了。

胡修道带领两名战士使劲地将爆破筒、手雷、手榴弹投向敌群。顿时，敌人倒下了一大片。有的吓得不顾死活地滚下山去，可还有一些仍往上爬。又是一顿打击，敌人终于退下去了。

就在这次战斗中，两名战士光荣地牺牲了。胡修道也负了伤，衣襟上满是鲜血。他简单地将自己包扎了一下，收拾弹药，准备为战友们报仇。

这时，天已接近黄昏了。连里又调来了3个战士增援3号阵地。敌人不甘心失败，又做最后的挣扎，连续四次冲锋，但在英雄们顽强的抗击下，终于遭到了彻底的惨败，在阵地前留下了成堆的尸体。

胡修道第一次参加战斗，就和战友们打退了敌人41次冲锋，消灭敌人280多名。

1953年1月15日，中国人民志愿军领导机关决定为他记特等功，同时授予“一级英雄”称号。同年6月25日，朝鲜民主主义人民共和国最高人民会议常任委员会授予他“朝鲜民主主义人民共和国英雄”称号，同时授予金星奖章和一级国旗勋章。

“联合国军”先后投入了17个营的兵力连续反扑数日，不仅没有夺回阵地，反而付出伤亡6000余人的代价。至11月15日，詹金斯不顾范佛里特的命令，停止了对597.9高地的进攻。

11月5日，志愿军副司令员杨得志、代理参谋长张文舟、副参谋长王正柱、政治部副主任杜平和联司朴一禹副政治委员联名特致电上甘岭地区参战部队，祝贺收复597.9高地作战胜利。

同日，志愿军调整部署，决定以第12军第31师接替第15军上甘岭地区部队，进行两个高地的争夺，并增调6个榴弹炮连支援该两地作战。为便于指挥作战，由第12军副军长李德生负责，组成五圣山战斗指挥所，该指挥所归第15军军长秦基伟直接指挥，并由炮兵第7师师长颜伏组成炮兵指挥所。

11月11日，第12军第31师以两个连的兵力在114门各种火炮的支援下，对537.7高地北山表面阵地之敌实施决定性反击，夺回了表面阵地，全歼守敌。

12日，敌以一个团的兵力向537.7高地北山反扑，经激烈战斗，敌人占去两个山脚的4个阵地。此后，敌我双方即在这两个山脚阵地上展开了激烈的争夺战。13日，第31师以一个连另一个排的兵力，在52门榴弹炮的支援下举行反击，激战20分钟，歼敌300余人，全部恢复阵地。18日，第34师第106团投入战斗。激战至25日，志愿军终于打退了敌军的猖狂反扑，巩固了537.7高地北山阵地。

此时，敌军由于伤亡惨重，被迫将南朝鲜军第2师、美军第7师撤下整补，该两师防务分由南朝鲜军第9师、美军第25师接替。敌军被迫停止进攻，整个“摊牌作战”彻底失败。

在上甘岭战役中，志愿军得到了朝鲜人民的大力支援。特别是临近五圣山一带的朝鲜人民迅速动员了8000多人的支前队伍，他们组成了很多运输队、担架队、茶水站、苹果站和鼓动站。

在支前工作中出现了很多感人事迹。在担架队里有舍身救护伤员的支前国际主义战士朴在根。在野战医院里有多次为伤员输血的朴丙玉。

在战斗的40多天里，一位被敌人炮火打断了腿的年轻姑娘——石吉荣，一直坚持在公路上设立茶水站慰问志愿军，一天内有上千人喝到她烧的开水。

在上甘岭附近的一个小山村里，有一位叫咸在福的大娘，对保卫自己的祖国满怀信心，对志愿军的热爱就像对待自己亲生儿女一样，战斗中不管炮火打得多么激烈，她总是热心地为志愿军洗衣，烧水，照顾伤员，总共为志愿军洗衣1300多件。志愿军战士深受感动，亲切地称她为“志愿军妈妈”。朝鲜人民的这种支援，给了志愿军指战员很大的鼓舞。

在上甘岭地区不到4平方公里的两个高地上，“联合国军”进攻40余天，先后投入两个多师共6万余人的兵力，动用火炮300余门，坦克170余辆，出动飞机3000余架次。共发射炮弹190余万发，投掷炸弹5000余枚，最多时一昼夜发射炮弹30余万发，投掷炸弹500余枚。两阵地上的石土被炸松1~2米，变成一片焦土。志愿军先后参战的有第15军第45师、第29师，第12军第31师及第34师的一个团，使用各种火炮285门。

志愿军防守部队依托以坑道为骨干的坚固阵地，共打退敌军营以上兵力的进攻25次，营以下兵力的进攻650余次，并进行数十次反击，最终守住了阵地，打得敌人惨败收兵。此役，志愿军共毙伤俘敌2.5万余人，击落击伤敌机270余架，击毁击伤敌坦克14辆、大炮60余门。

西方新闻媒介连篇累牍地评论这场战役，称：“这次战役实际上变成了朝鲜战争中的‘凡尔登’”，“即使用原子弹也不能把狙击岭（指537.7高地北山）和爸爸山（指五圣山）上的共军部队全部消灭”。

克拉克没有想到：“最初只是一个有限目标的攻击，后来竟成为联军一个最猛烈的战争—— 一个冷酷的、保存面子的狠命攻击。”他哀叹道：“在铁三角的猛烈战争，又使韩战在竞选总统高潮时，变成了头条新闻。事实上，它已变成了美国历史上最不得民心的战争，而使共和党候选人艾森豪威尔对大众允诺，假使他当选总统，他将莅临南朝鲜来想法结束它。”

《韩国战争史》亦承认："当面之敌中共第15军防御意志坚定，因而，'三角'高地战斗始终没有进展，反而足以使敌人为打成漂亮仗而自豪。"

上甘岭战役结束不久，向上甘岭"摊牌"遭到失败的美军第8集团军司令官范佛里特退休，灰溜溜地回到美国。这位"西点"培养出来的老将军，在上甘岭一仗中栽了跟头。

第十二章
最后一击

1 艾森豪威尔汉城视察

艾森豪威尔许下诺言：“将亲自去朝鲜，并结束朝鲜战争。”

1952年12月2日，一架银灰色的飞机飞行在波涛汹涌的太平洋上空。机舱内，美国新任总统艾森豪威尔正端坐在一张宽大舒适的坐椅上。他此行的目的地是朝鲜，这也是他兑现诺言的一次旅行。

几个月前，在美国第34届总统大选时，他作为共和党候选人公开答应他的选民们：“新政府的首要任务是尽快地和体面地停止朝鲜战争……为达此目的，我将亲自去朝鲜，并结束朝鲜战争。”

当时，美国在侵朝战争中，已损失兵员31万多人，直接用于战争的军费开支达150亿美元，间接用于战争的费用达800亿美元。战争仍处于对峙状态，停战谈判也因美方的破坏而长期中断，陷于僵局。沉重的军费负担和巨大的伤亡，使美国人民的厌战情绪高涨，要求尽快结束朝鲜战争的呼声日益强烈。特别是美国的陆军主力部队长期陷于朝鲜战场，破坏了美国全球战略的格局，更使当局忧心忡忡。英、法等国从各自的利益出发，也急于早日结束这场战争。

战争停下来还是继续扩大，正处于转折关头。如何解决朝鲜问题，是这次美国大选活动中的突出内容。

这位曾在第二次世界大战中出任西欧盟军总司令、指挥过诺曼底登陆战役的共和党候选人，正是利用了美国人民要求早日结束朝鲜战争的迫切愿望。

艾森豪威尔的竞选诺言使听众们欣喜若狂。这句话成了这次竞选中有口皆碑广为流传的佳话。艾森豪威尔借此击败了民主党候选人史蒂文森，当选为美国第34届总统。

飞机徐徐降落在汉城郊外机场时，黑夜刚刚降下帷幕。克拉克和范佛里特早已迎候在刺骨的寒风里。

艾森豪威尔首先走出机舱，紧跟其后的是将在新内阁担任国防部长的查尔斯·威尔逊和布莱德雷、太平洋舰队司令阿瑟·布雷福等。

第二天，艾森豪威尔一行在克拉克、范佛里特和李承晚的陪同下视察“联合国军”空军和地面部队。

在第8集团军司令部会议厅举行的军事会议上，战地指挥官们表示，如果在一定的时间内谈判还不成功，我们唯一的办法最后只能是不顾一切危险，全力发动一场进攻。

李承晚更是竭力主张全力以赴发动一场全面进攻，把战争扩大到鸭绿江以北，攻击中国境内的供应基地，把中国志愿军和朝鲜人民军驱逐出朝鲜半岛。艾森豪威尔对此没有表态。

据布莱德雷战后在他的回忆录中透露，当时“联合国军”总司令克拉克曾组成专门小组，制订实施了——“8-52作战计划”。

这个计划的要点是，通过陆、海、空三军大规模的全面攻势，推进至元山—平壤一线。其中包括地面部队合围性攻击，大规模两栖登陆和空中、海上对中国境内的目标实施袭击。这一计划呈美国参谋长联席会议审议。

结束旅行前，艾森豪威尔在记者招待会上说："我认为，不去冒扩大战争这一严重的风险，要想以积极而确定无疑的胜利来结束战斗是很困难的。然而，美国将把此事办好。"

艾森豪威尔回到美国后，对记者说："对我们所面对的一个敌人，我们不能期望用言语打动它，无论言语是怎样娓娓动听；而只有行动——在我们自己选择的情况下实行的行动。"

此后，"联合国军"便进行了一系列的实际准备，如频繁进行登陆作战和空降作战演习，派遣大批特务潜入志愿军和人民军后方刺探东、西海岸情报等。同时，还新组建了南朝鲜军第12、第15步兵师，6个独立团，28个炮兵营，并将新建的两个师于1952年底投入第一线作战。

2 美国的"核王牌"

美军冒险登陆的企图成为泡影后，又亮起了"核王牌"。

对美军可能进行登陆冒险，毛泽东和彭德怀早有警觉。朝鲜是个狭长的半岛，中朝军队已在正面修筑了以坑道为骨干的纵深防御体系，美军突破难以奏效，唯一可能采取的手段就是在朝鲜东、西海岸实施侧后登陆和使用原子弹。

彭德怀于1952年11月23日电告志愿军各军，立即着手进行反登陆的准备工作，以预防来春敌人从侧翼登陆，配合正面进攻。

在中南海，毛泽东接见了刚刚回国的邓华，说："……肯定敌人登陆，肯定要在西海岸登陆，肯定敌人在清川江至汉江间登陆，你们要根据这个判断来确定志愿军的行动方针。敌人登陆的时间可能在春季，也可能更早些。还是那句老话：与其晚一些准备不如早一些准备！”

12月20日，中共中央给志愿军下达了关于准备一切必要条件，坚决粉碎敌人冒险登陆，争取战争更大胜利的指示。要求志愿军“尽一切可能的力量去极大地增强海岸及其纵深的坚固防御工事；同时增强三八线正面的纵深防御工事以为配合”，“在对我侧后威胁最大的海岸线及其纵深部署充分的兵力和火力，保证粉碎敌人从海上的进攻及其大量空降部队的进攻”。命令以志愿军代理司令员和代政治委员邓华兼任西海岸指挥部司令员和政治委员，以梁兴初为副司令员，西海岸指挥部的其他干部也应予以加强。

12月23日，志愿军领导人下达了“粉碎敌登陆进攻部署”的命令，对部队防务调整和工事构筑等任务做了明确规定。从此，志愿军和人民军的反登陆作战准备工作全面展开。

朝鲜党和政府也对进行新的战争准备做了部署。1952年12月24日，金日成首相主持召开中央政治局会议。邓华到会向朝鲜同志介绍了中共中央、毛泽东主席对战局的分析和今后作战的指示，以及中共志愿军党委执行中央指示的具体措施。朝鲜劳动党中央和金日成首相对此表示同意，并决定派金雄、方虎山分任东、西海岸指挥部副司令员，以便协同中朝部队反登陆作战。同时对人民军的部署也做了相应的安排。还决定，在全国动员大批工人参加构筑海岸工事，尽力满足反登陆作战准备的土木材料需要。

1953年1月20日，艾森豪威尔正式就任第34届美国总统。2月2日，他发表了第一个国情咨文，宣布撤销台湾海峡“中立化”，放蒋出笼。同日，参谋长联席会议发布命令：“现行紧急指令中关于保证台湾和澎湖列岛不被用作中国国民党向中国大陆作战的基地的那部分现予以撤销。”

第二天，艾森豪威尔又同参加“联合国军”的其他15国代表协商对中国实行封锁问题，但多数国家认为对中国封锁“将有种种困难”。

消息传到英国，英国首相丘吉尔立即表示：英国决不同意使用蒋介石的武装力量进而导致朝鲜战争的扩大。英国外交大臣也于2月5日在下院发表演说时表示，封锁中国“是一种错误”。于是，艾森豪威尔不得不和丘吉尔以及国内两党头面人物举行会议，磋商结束朝鲜战争的途径。

在中南海，毛泽东密切注视着美国新任总统艾森豪威尔的一举一动。在2月7日中国人民政治协商会议第一届全国委员会第4次会议上，毛泽东向全世界宣布：

> 我们是要和平的，但是，只要美帝国主义一天不放弃它那种蛮横无理的要求和扩大侵略的阴谋，中国人民的决心就是只有同朝鲜人民一起，一直战斗下去。这不是因为我们好战，我们愿意立即停战，剩下的问题待将来去解决。但美帝国主义不愿意这样做，那么好吧，就打下去，美帝国主义愿意打多少年，我们也就准备跟他打多少年，一直打到美帝国主义愿意罢手的时候为止，一直打到中朝人民完全胜利的时候为止。

在朝鲜战场，志愿军指战员圆满地完成了筑城任务。在东、西海岸设置了纵深达10公里的两道防御地带，动用人工6000多万个，挖掘坑道8090条，总长720余公里，相当于朝鲜永兴到釜山凿了一条石质隧道；挖堑壕、交通壕3100余公里；构筑了605个永备工事及大量的火器掩体。这样，在东、西海岸和正面1130公里的弧形防线上，形成了以坑道和钢筋水泥工事为骨干的支撑点式的防御体系。

此时，志愿军地面作战部队已达20个军又两个师，还调整了部署，加强了东、西海岸特别是重点加强了西海岸的兵力。在进行工事构筑的间隙，担任海岸防御的各军，都根据预定的作战方案进行了紧张的战备训练和实兵演习，对排以上干部进行了反登陆（打敌舰、岛屿要塞守备、海岸防御）、反空降、打坦克的战地轮训，在战术上为反登陆作战打下了基础。

敌人对志愿军在东、西海岸大规模的筑城、全线兵力部署的调整、新生力量和大批作战物资源源运入朝鲜战场等活动，一直在密切注视，已察觉志愿军在进行反登陆作战的准备。

美国中央情报局提出的情报预测估计："目前在北朝鲜的部队，大约有19个中国军和5个北朝鲜军团。其中大约有30万人被部署在可能发生登陆作战的海岸地区，可立即投入海岸地区的作战……一旦联合国军按计划在朝鲜发动进攻，中国军队将展开最大限度的地面防御来抗拒联合国军的进攻并实施坚决的反击。"

克拉克认为："志愿军沿海滩的防御体系和前线的防御体系一样，纵深的距离甚长，并且它的效力大部分依靠地下设施。但是，除开地下工事外，还有一道道的明壕从滩头向后分布，因此，任何从海上攻击的部队，一旦他们在岸上获得立足点，即被迫去攻击一道又一道的战壕。雷区到处都是。大部分稻田地区被水淹没，使它们变成战车的大陷阱，使他们的装备在泥淖中进退两难。"

美国决策当局已经清楚地看到，中朝军队进行了充分的准备，美国以大规模军事冒险结束朝鲜战争的企图已成泡影。美军在正面攻不动、朝鲜两翼海岸森严壁垒的情况下，又被迫设法恢复停战谈判。

2月22日，克拉克以"联合国军"总司令的名义致函朝鲜人民军最高司令官金日成和中国人民志愿军司令员彭德怀，建议在停战前先行交换伤病战俘。很明显，这是美方发来的恢复谈判的试探信号。

3月28日，金日成、彭德怀发出了致克拉克的复信，同意交换病伤战俘；并认为战争期间交换病伤战俘问题的合理解决，应当使之引导全部战俘问题的顺利解决，使朝鲜停战得以早日实现。因此建议立即恢复在板门店的谈判。

两天后，周恩来总理发表声明，提出了解决战俘问题的新方案："谈判双方应保证在停战后立即遣返其收容的一切坚持遣返的战俘，而将其余的战俘转交中立国"，"并经过有关方面的解释"，"以保证对他们的遣返问题的公正解决"。

这一方案得到了世界人民的支持和英、法等国的赞同。美国政府在这种情况下，不得不同意以中方建议为基础恢复战俘问题的谈判。4月20日，双方开始交换伤病战俘。4月26日，中断6个月之久的停战谈判重新恢复。

4月26日，上百名各国记者云集板门店，这给半年来一直冷冷清清的板门店增添了几分生机。

上午11时，双方代表重新走进绿色帐篷。在这次会议上，中朝方面提出了解决战俘问题的6点方案，主张将坚持遣返的战俘在停战以后两个月内全部遣返完毕，然后在一个月内将其余的战俘从原拘留方军事控制下释放出来，送交中立国加以教育看管，并由战俘所属国家派人向战俘进行6个月的解释；在解释以后，要求遣返的一切战俘应即予遣返；如在6个月后尚有在中立国看管下的战俘，其处理办法应交停战协定规定的政治会议协商解决。

但是，美方代表断然拒绝了这一方案，坚持战俘应留在朝鲜，反对以亚洲国家作为中立国。

5月7日，中朝方面对6点方案做了修正，主张由波兰、捷克斯洛伐克、瑞士、瑞典及印度组成中立国遣返委员会看管不直接遣返的战俘，并由战俘所属国家向战俘进行4个月的解释，以保证他们的遣返问题的公正解决。

世界公正舆论称这一方案为"在实现朝鲜停战方面具有决定性的重要意义的方案"。但美方对这一方案仍然不表示同意，在一些假设的琐碎细节上纠缠不休，并于5月13日提出了将一切不直接遣返的朝鲜籍的战俘“就地释放”的反建议，企图强行扣留朝鲜人民军被俘人员。

美方这一无理主张，遭到了世界公正舆论，包括美国人民在内的强烈谴责，英国、加拿大、澳大利亚等国对美国也表示不满。

在此期间，美国当局正在酝酿扩大朝鲜战争的计划。5月19日，参谋长联席会议提议：“直接向中国和东北地区采取空军和海军行动，包括使用原子弹武器。”参谋长联席会议认为：所有必要的行动，都必须实施得能产生包括最大限度的突然性和最大限度的冲击性。国家安全委员会于第二天批准了这项建议。

正在中东和亚洲之行的美国国务卿杜勒斯通过印度警告中国：如果不能达成停战协议，美国就要轰炸鸭绿江以北的东北地区庇护所。杜勒斯还提醒中国，美国已经成功地试验了核炮弹，在必要的时候，将会在朝鲜使用这种武器。

桧仓志愿军司令部作战室，邓华、杨得志、解方、李志民（志愿军政治部主任）等正在召开作战会议。

“毛泽东主席根据敌我双方情况，为志愿军的行动确定了明确的指导方针，即‘争取停，准备拖。而军队方面则应做拖的打算，只管打，不管谈，不要松劲，一切按计划进行’。为了紧密配合谈判斗争，我们将计划打一场类似1952年秋季那样的战役性反击作战。”邓华首先发言。

“目前敌军总兵力已达120万人，地面部队有24个师。其中，南朝鲜军在美国人的帮助下大量增加，已达16个步兵师，正在扩建一个师，连同其海、空军共64万余人，装备、火力已接近美军水平。敌军阵地工事较1952年秋季普遍增加，其基本阵地构筑有坑道或坑道式掩蔽部。我特别提醒大家注意，敌人已经有了丰富的挨打的经验教训。”杨得志话语虽认真，但不乏几分幽默，引起大家发出一阵爽朗的笑声。

“敌人是不见棺材不落泪。我们的仗打得越好，我方在谈判桌上的话就越有力量。”解方深有体会地说。

会议研究制定了战役指导方针和部署。5月11日，志愿军代司令员邓华决定，凡对敌连以下目标已完成进攻准备的，即提前开始作战；对其他攻歼目标仍按原计划于5月30日以前完成进攻准备，6月1日开始发起进攻。

根据上述指示，东线第20兵团第67、第60军，于5月13日晚，分别对南朝鲜科湖里（金城东南）南山、直木洞（金城西南）东南棱线、883.7高地（杨口北）西北无名高地等守敌发起攻击。

科湖里南山由南朝鲜军第8师一个连另一个排防守，有坑道4条，长150米，有明暗地堡和火力点，并以交通沟相连接，工事较为坚固。为攻克这一坚固阵地，志愿军第67军第201师攻击部队在战斗前选择了与攻击目标相似的地形，结合作战方案，对接敌运动、战斗队形、攻击爆破、打敌坑道、打敌反扑等各种作战方法，进行了15天的反复演练。

5月13日晚9时30分，志愿军127门火炮同时怒吼起来，成吨的炮弹，呼啸着撕开了黑沉沉的夜幕，疾风暴雨般地倾泻在敌军阵地上，火光映红了半边天空。顷刻间，科湖里南山的敌前沿阵地全部淹没在火海里。

负责攻打500高地的第1排在排长石运金的带领下，从冲击出发地向敌阵地发起了猛烈进攻。突然，迎面碰上一个暗火力点，一挺刚从炮火威慑中复活的机枪疯狂地叫了起来，把1排压在山坡上不能前进。

“贾先登，炸掉敌机枪！”排长大喊一声。

战士们趴在弹坑里，所有的冲锋枪一齐向敌人暗堡射击，到底把那挺气势汹汹的机枪压下去了。贾先登抱起炸药包，一闪身冲了上去。照明弹正亮在头上，只见一个黑影在前面忽隐忽现，一纵身就跳上了地堡顶。排长赶紧命令停止射击，以免打伤自己人，哪知敌人的机枪又趁机吼叫起来。贾先登已拉掉导火索，就在这一刹那，冷不防被敌人打中了。排长一怔，刚想起身去抢救，轰隆一声，眼前腾起一股浓烈的烟柱，地堡四分五裂了。

同志们喊叫着冲进烟雾里。贾先登已经躺在血泊之中，他的双腿被打断了。排长抚摸着他血水浸湿的双腿，说：“爆破得好，完成了任务！快下去吧！”他却倔强地说：“不要紧，我爬也要爬到山顶上！”排长不容他多说，便严肃地命令一个战士把他背下去。

越接近山顶，敌人越是拼命地顽抗。排长石运金负伤了，他右边两个战士也倒了下去。这时，通信员曹传增腿上负伤了，站都站不住，他看到排长的伤很重，坚决要排长下去，要替排长指挥。

排长说：“咱俩谁也别下去，一齐冲到山顶上！”小曹把卡宾枪往肩上一背，高兴地说：“好！我就当你的‘拐棍’。”排长一手扶着小曹，一手提着冲锋枪，向烟火弥漫、枪声激烈的山顶冲去。

第1班已接近敌人坑道，这是敌人最后一个巢穴了。垂死挣扎的敌人，妄想凭借坑道顽抗，手榴弹一个跟一个地扔出来，同时还发出了求救的信号。不迅速解决坑道里的敌人，对战斗十分不利。

排长石运金观察了一下地形，立即命令第3班班长带一个组，火速从左侧交通沟绕过去，支援1班；命令第2班用全部火器封锁住坑道口，掩护3班长他们前进。

三个班像是撒开的一张渔网，渐渐地在坑道前面拉紧了网口，接着，打进了坑道，把敌人全部消灭，占领500高地。其他两个排也很快占领科湖里南山的其他高地。这样，志愿军第201师迅速地占领了科湖里南山。

占领科湖里南山以后，与它相邻的十字架山便暴露在志愿军面前。从5月14日至17日，南朝鲜军第8师以4个连的兵力，在20余架次飞机和大量炮兵的支援下，猛烈反扑31次。志愿军第201师以伤亡157

人的代价，歼敌1200余人，巩固了科湖里南山这一要点。

第一阶段反击作战，经过14天的激烈战斗，志愿军先后对“联合国军”20个目标（其中连的5个，排的12个，班的3个）攻击29次。除攻击一个排的阵地未成功外，其余均按预定作战计划攻克了敌军阵地，歼灭了防守之敌。计全部歼灭敌人3个连22个排3个班，大部歼灭2个连1个排2个班，并先后击退2个班至2个营的反扑113次，共毙伤俘敌4100余人。

3 志愿军的突袭

一个要“签字”，另一个叫嚣“打”，那就让叫嚣“打”的尝尝“打”的滋味。

第一阶段反击作战结束之后，东线志愿军第20兵团第60、第67军发扬积极主动作战的精神，迅即于5月27日开始第二步反击作战，并将攻击规模扩大到夺取南朝鲜军营的阵地，随后又在金城以东北汉江两侧连续夺取南朝鲜军团的阵地。志愿军第一线其他各军和朝鲜人民军第一线各军团也按预定计划积极向当面之敌进行反击。

5月27日，第67军攻占了栗洞南山及相毗邻的690.1高地东北、西北两山腿，歼敌一个连另6个排，并击退敌一个排至5个连的反扑41次，共毙伤俘敌1750余人。第60军攻占了949.2高地北无名高地（方形山）及949.2高地西北、883.7高地西北两山腿，歼敌一个连、9个排、4个班，另一个观察所和一个排大部，并击退敌一个排至两个营的反扑38次，共毙伤俘敌1640余人。

5月28日，西线第19兵团亦开始反击作战。第46军攻歼了马踏里西山—梅岘里东南山土耳其旅一个连另两个排，击退敌反扑23次；另攻歼坪村南山英军一个连大部。两次战斗共毙伤俘敌1320余名。

志愿军反击作战的接连胜利，震动了美国当局。5月25日，美方基本上同意了中朝方5月7日提出的“将不直接遣返的其余战俘继续留在原拘留地交由中立国来进行遣返的安排”的方案，谈判不日将达成协议。

当克拉克将美方的意图通告李承晚时，李承晚勃然大怒说：“你们可以撤走所有的联合国部队，撤走所有经济援助。我们将决定我们自己的命运。我们不要求任何人为我们打仗。我们可能一开始就犯了错误，依赖外交来援助我们。很抱歉，在目前这种情况下，我不能向艾森豪威尔总统保证我的合作。”

李承晚警告克拉克说，一个不规定朝鲜统一的停战“是我的政府所不能接受的”。他要求向鸭绿江进行一场全面的军事进攻。

李承晚还在记者招待会上说：“我们要继续下去，如果必要的话，我们单独打下去。”

汉城的各大报纸都登载了措辞激烈的社论，反对在朝鲜达成军事停战。在汉城、釜山等地还举行了反对停战的所谓“群众示威”。

一个要“签字”，另一个叫嚣“打”，那就让叫嚣“打”的尝尝“打”的滋味。

邓华、杨得志等决定，将原定的以打击美军及其他侵略军为重点的计划改为以打击伪军为主，对英军及其他国家的军队暂不攻击，对美军也不做大的攻击（只打一个连以下的目标）。

邓华对杨得志说：“要告诉部队，不要觉得打李承晚没有什么‘油水’可捞。我们这叫杀鸡给猴看，谁不老实就打谁，就惩罚谁！”

志愿军各兵团、各军根据志愿军领导人的指示，对作战计划做了适当调整，决定继续扩大作战规模，以第60、第67军两个军互相配合，集中力量打击金城以东北汉江两侧的南朝鲜军第8、第5师两个师，分别攻击敌人各一个团的阵地并准备扩大作战规模。志愿军司令部还先后抽调近3个炮兵团供其使用。该两军经过紧张的战斗准备，即开始执行进一步扩大作战规模的计划。

第60军准备以3个团的兵力，向北汉江东侧883.7高地、973高地、902.8高地等南朝鲜军第5师第27团阵地发起进攻。这一地区的南朝鲜军阵地高于志愿军阵地，可以居高临下，实施严密的炮火封锁。

志愿军若以通常手段接近敌人，必然拖长接敌时间，增大部队伤亡，难以保持突击力量，也容易失掉战机。为了缩短攻击距离，减少伤亡，保持发起进攻的突然性，第60军在战斗发起前一天晚上，将进攻部队13个步兵连、4个营部、一个团指挥所共3000余人，秘密进入距敌前沿较近的有利地形和森林内隐蔽潜伏。

6月9日夜，第60军攻击部队先潜小组穿过了三道敌军封锁线，到达了敌人的山脚下。按上级指示，这个小组，要在这里监视敌人，为部队潜伏做好准备工作。

一个小时后，潜伏部队来到这里。不知哪个战士没有走稳，踏掉了一块松石，顺着山坡哗哗乱滚。响声惊动了敌人，探照灯唰地照过来，机枪也打了过来，炮弹在身旁轰轰地爆炸。

突然一发炮弹在战士罗继华身旁爆炸，一块弹片钻进了他的大腿，伤口十分疼痛，但在敌人密集的火力下，他无法坐起来包扎，以致流出来的鲜血，淌湿了一条裤腿。接着，一块弹片又打穿了他的水壶，并且一直嵌进他臀部的肉里，他咬着牙把它拔出来。

敌军射击了一个小时，大概没听到什么动静便停止了。照明弹熄灭之后，山坡上恢复了一片黑暗。部队又开始活动起来，还没到潜伏位置的继续前进，已经找到位置的抢修掩体，进行伪装。罗继华慢慢坐起来，在挂包里掏出急救包，包扎好伤口。

朝鲜的天气，夜间和白天温差很大，白天穿件单衣很合适，夜间却冻得浑身发抖。战士们的衣服都打湿了，更觉得浑身发冷。他们伏在草地上，嗓子多痒也不能咳嗽，好咳嗽的同志常常憋得满脸通红。

太阳出来了，天气渐渐温暖了，湿透了的衣服也渐渐晒干了。突然，敌人又发射了几发冷炮，一发炮弹落到战士苟子清身边，炮弹皮击中了他的腹部，肠子滑出腹外，他把肠子塞了回去，用毛巾堵住伤口，一声不发地坚持着，一直到光荣牺牲。

战士们自觉遵守铁的纪律，顾全大局，忍受着剧烈的疼痛。就这样，3000余人的庞大队伍，在敌人的眼皮底下潜伏了19个小时而未被敌人发觉，创造了战争史上的奇迹。

6月10日晚，第60军集中259门火炮向敌阵地实施了20分钟的火力集袭，敌军的工事有70%被炮火摧毁。接着，在敌阵地前的潜伏部队如离弦之箭，从北、东两个方向，多路、多梯队迅速向敌进行突击，很快突破了敌人的前沿阵地。

潜伏部队向敌纵深发展时，遇到了敌纵深内的炮火拦阻以及步兵的顽强抵抗。第181师第543团第7连，遭敌炮火压制，连长、排长全部伤亡。卫生员主动代理连长重新组织部队，继续冲击，最后全连仅剩7人，终于在友邻部队的配合下占领了883.7高地。

担任主攻973高地的第181师第542团第8连，因突破口正面崖高坡陡，几次攀登都未上去，指挥突击的营长负伤，连长牺牲，教导员带领连队从右侧迂回才得以突破。

当进到离主峰100米时，被铁丝网拦住去路，两个爆破手去爆破，中途负伤倒下，连队被敌炮火压在铁丝网附近不能前进。

在这关键时刻，火箭筒班班长李云峰，毅然伏在铁丝网上，让战友们踏身而过。这样连过两道铁丝网，李云峰的衣服全被撕破，上身被铁刺刺了许多伤痕，不断流血，全身颤抖。

他咬紧牙关，用尽所有力量从铁丝网上爬起来，踉跄地向前追赶部队，摔倒了爬起来再走，走不动就爬行。但没爬多远，面前又一道铁丝网拦住去路。从另一个突破口插上来的一支冲击部队又被拦在铁丝这边。瘫倒在地的李云峰鼓足力量，一翻身又扑在铁丝网上，以嘶哑的声音喊道："快到主峰了，为了胜利，从我身上过吧！"

部队过完之后，李云峰又被炮弹炸伤6处，昏过去了，当他被战友们救醒时，部队已冲上主峰。李云峰荣立了一等功。

经过50分钟战斗，全歼883.7高地、973高地、902.8高地一带守敌，首创进行阵地战以来一次进攻战斗歼敌一个团的范例。

继第60军之后，第67军于6月12日以3个团的兵力，在火炮308门、坦克8辆支援下，向南朝鲜军第8师第21团据守的金城以东北汉江西侧座首洞南山（十字架山）发起进攻。

座首洞南山工事坚固，每个支撑点都有坑道2~3条，地面有2~3道环形堑壕和与坑道相连接的发射点、掩蔽部、地堡等，在山腰、山顶之间构成3~4层明暗火力点，形成环形防御。南朝鲜军称之为"模范阵地""京畿堡垒"，不断组织军官到此参观。

为保证战斗发起的突然性，第67军参战各团，在敌前沿构筑了秘密屯兵洞700余个，炮兵和坦克发射阵地100余个。在进攻开始前一天夜间，第599团第1营与第600团第2、第3营秘密开进潜伏区和屯兵洞内。

6月12日晚9点，志愿军强大的炮兵开始对座首洞南山的敌支撑点实施急袭，同时对敌纵深主要支撑点、团指挥所、炮兵阵地分别进行压制、破坏射击。9点5分，在炮火延伸的同时，志愿军各营向敌阵地发起猛烈的进攻。

第600团第3营机枪连担任掩护步兵分队冲击。部队刚发起冲击，机枪连的重机枪架就被敌炮炸坏了。

机枪连的重机枪一停火，敌人的机枪子弹又稠密地拦住了3营的冲击道路。带领冲击部队的营参谋长急火火地喊着："机枪怎么搞的？快，快把敌人火力压下去！"

排长姜怀先心急如焚。怎么办呢？提调别的机枪吗？时间来不及了；将机枪放在壕沟或棱坎上射击吗？那样虽能打响，却无法机动地瞄准敌人。这困难要马上解决，时间来不及了。在这紧急时刻，拖延一分钟，就会增加部队伤亡，影响整个战斗的胜利。

就在这时候，战士任西和冲上前，把滚热的枪身抄起来，放在自己的右肩上。但听他急促地喊道："打呀！"

战士贾来福不忍开枪，他诚挚地劝告任西和："你受不了！"

任西和急了，说话的声音也变了："咱俩不都是共产党员吗，不都是为了胜利吗，哪还管受得了受不了！你尽管打吧！"他始终没有放松滚热的枪身，两眼狠狠地盯着敌人机枪喷吐的火焰。

排长望了望被敌人封锁着的冲击道路，愤怒地喊了一声："打！"子弹如暴雨般地喷射出去了。

在射击中，贾来福恳求地对任西和说："好同志，你往前靠靠，前面稍微好一点。"

"没关系，你就放心打吧！你看，我是个活枪架！"果然，他的肩膀左右转动，哪儿有火力点，他就让枪口对准哪儿。贾来福的枪法也真准，不大会儿，就把两个火力点的机枪封锁住了。

"打得好！这是哪挺机枪？一定给他请功！"营参谋长兴奋地喊着。部队冲上去了。

排长估计这挺机枪足足打出去2000多发子弹了。他走到任西和跟前，摸了摸他的双手和双肩，双手烫焦了，双肩隆起了许多紫黑的血泡，那从机枪下边排出来的弹壳，把他的脊背砸烂了。

排长一声不响地把任西和的机枪夺过来，然后像任西和那样架在自己的肩上。命令贾来福："打！"

机枪又开始吼叫起来了。但刚刚打出去几十发子弹，任西和又把机枪夺过去，固执地向排长恳求着："排长，你的任务是指挥全排，还是让我来吧！"他迅猛地扛起枪身，坚定地说："打呀！我们就要胜利啦！"

46号阵地占领了，全排在第二道铁丝网附近待命。大家挖着掩体，战士阎天保从破铁丝网上拆了一大捆铁丝，精心地把坏了的机枪架缠好，然后满意地对任西和说："这回该你休息一下了！"

不久，全排奉命掩护向45号阵地发起冲击的部队。在这个阵地上，连接坑道的暗火力点非常多，志愿军炮火也很难摧毁它。重机枪刚打了一会儿，就引起敌人的注意，子弹骤雨般飞了过来。贾来福牺牲了。这时，任西和就趴在旁边，他马上补上了贾来福的位置。他一边打一边喊：

"为贾来福报仇！"

一颗子弹打中了左臂，他毫不在意地转向排长说："排长，你给我包扎一下！"

排长姜怀先上前一看，伤很重，骨头已被打断了，身子一动，左臂就晃荡一下。姜怀先马上给他包扎，并喊阎天保上来。

阎天保上来的时候，任西和正用单臂打机枪。

阎天保说："你的胳膊都这样了，快给我吧！"

"等一等！"任西和仍然用一只手握着枪，咬着牙向敌人射击着。

敌人又集中一切火力想消灭这挺顽强的机枪，任西和的双腿又负伤四处。阎天保再也憋不住了，一把夺过任西和的机枪，就向敌人火力点扫射。卫生员张凤祥跑过来，赶紧给任西和包扎伤口。突然，一颗炮弹在空中爆炸了，他一下子伏在任西和身上，想用自己的身体护住任西和，但是，任西和仍然增添了好几处伤口。最后任西和因伤势过重，光荣牺牲了。任西和被追记一等功、追授"二级战斗英雄"称号。

担任突击任务的第600团第2营第5连向敌主峰进攻。到达冲击位置，恰好冲锋时间也到了。炮兵火力已经集中轰击突破口，但连指挥所还没有发出冲锋信号。怎么回事？难道那里发生了意外情况？眼看炮火已经由突破口向纵深延伸，而敌人的炮弹也由近而远地一步步从背后迫近了，再不发起冲锋，就要失去战机，就要使部队增加无谓的伤亡。

突击排排长任志明断定，一定是连指挥员遭受了意外伤亡，否则是不会发生这样的事故的。在这种情况下，他当机立断，代替连指挥员负责全连的指挥。于是，他命令通信员谭昌模火速发出冲击信号。

随着冲击信号，全连战士紧跟突击排之后，一片杀声冲向主峰。

在主峰上，战士们冲向一个火力点或坑道口，就先投进去两颗手榴弹，尔后再用冲锋枪向里猛扫。敌人除了连续不断地打出几个照明弹之外，简直失去了还击的力量。有一个坑道口里的重机枪刚向他们开火，他们的火箭筒马上还给它两发炮弹，就把这挺重机枪摧毁了。志愿军炮兵那准确而猛烈的炮火把敌人炸得晕头转向，加上战士们的勇敢迅速，敌军阵地上好多重机枪都架得好好的，机枪子弹也装得满满的，但当战士们冲到机枪跟前时，敌人还躲在地堡的防炮洞里，没来得及进入射击位置，就被战士们的手榴弹送上了西天。

战斗进展得很快，5分钟就全部占领了主峰表面阵地。英勇的战士们和敌人展开了激烈的坑道战。排长任志明站在一条被炮火快打平的交通沟里指挥战斗，好多战士接连不断地向排长报告歼敌数字，战士龚友家在报告战况时，还将他捉到的5个俘虏带到排长跟前。

在激烈地进行坑道战的时候，担任红旗手的战士陈仁华，一手扛红旗，一手用炸药炸毁拦住去路的敌人地堡，排除了前进障碍，迅速把红旗插上主峰。随后，他又用反坦克手雷和手榴弹打退敌人的反扑，使红旗牢牢地在主峰上飘扬，迎来了后续部队。南朝鲜军曾拼命地吹嘘“十字架山”是攻不破的“京畿堡垒”，现在已经踏在志愿军战士们的脚底下了。

板门店谈判终于在1953年6月8日达成并签订了《中立国遣返委员会的职权范围》的文件。根据这一协议，一切不直接遣返的战俘应于停战协议生效后60天内从拘留一方的军事控制下释放出来，在朝鲜境内交给由波兰、捷克斯洛伐克、瑞士、瑞典、印度5国代表组成的中立国遣返委员会看管；战俘所属国家应有自由与权利自中立国遣返委员会接管战俘之后起派遣代表向一切依附于该国之战俘进行90天的解释，90天之后如尚有未行使遣返权利的战俘，其处理问题交政治会议在30天之内解决；在此之后若仍有未行使遣返权利的战俘，而政治会议又未为他们宣布解除处理办法，则应由中立国遣返委员会在30天之内宣布解除其战俘身份，使之成为平民，并协助他们前往他们申请去的地方。

至此，一年多来唯一阻碍不直接遣返的战俘遣返问题已获解决。朝鲜停战谈判的各项议程也随之全部达成协议。

为促进停战，邓华、杨得志等于15日发布命令："从6月16日起，各部队一律停止主动攻击，但对敌人向我发动的任何进攻，则应坚决地给予打击。"

4 停战前夕

李承晚抱怨美国说："中共攻势之所以获得胜利，是由于第8集团军采取守势太久，以致让共产党建立了他们的实力。"

正当停战谈判全部达成协议准备签字之际，6月18日，"联合国军"司令部发表了一则短短的新闻公告：

关押在朝鲜釜山、马山、论山和尚武台等地的联合国军战俘营中大约2.5万名反共产党的北朝鲜战俘于昨日午夜至今日拂晓越狱。

这是李承晚集团公然破坏停战协议的行径，他还继续狂妄地叫嚣要“单独干”和“北进”，企图破坏停战的实现。

李承晚集团的这一恶劣行径，立即引起了全世界爱好和平人民的愤慨，遭到了国际舆论的谴责。各国舆论指出，李承晚集团扣留战俘是“背信弃义的行动”，“危害了全世界不耐烦地期待着的和平”，谴责李承晚集团是“出卖和平的叛徒”。英国、加拿大、澳大利亚等国政府也都谴责李承晚集团，并抗议他“破坏联合国军司令部权限”。

李承晚集团的这一恶劣行径也迅速传到中国，毛泽东闻讯十分愤怒，当即在给谈判代表团的一份电报中指出：“鉴于这种形势，我们必须在行动上有重大表示，方能配合形势，给敌方以充分压力，使类似事件不敢再度发生，并便于我方掌握主动。”

6月20日，彭德怀与金日成在平壤会面。彭德怀认为，根据目前情况，停战签字须推迟至月底似较有利。为了加深敌人内部矛盾，给敌以更大压力，彭德怀建议发起一次攻势，再给李伪军以沉重打击，消灭伪军1.5万人。金日成同意彭德怀的建议。彭德怀于当日晚致电毛泽东。

毛泽东当即复电：“停战签字必须推迟，推迟至何时为适宜，要看情况方能做决定。再歼灭伪军万余人，极为必要。”

于是，彭德怀即前往桧仓，与邓华、杨得志等研究决定，立即组织夏季反击战役的第三次进攻，以第20兵团指挥5个军组成西集团、中集团和东集团，从3个方向，在金城以南牙沈里到北汉江间22公里地段上实施进攻，并以拉直金城以南战线，狠狠打击南朝鲜军。

7月13日夜，天空浓云密布，大雨欲来。志愿军出其不意，突然发起进攻。1000余门火炮一齐向南朝鲜军阵地进行猛烈袭击，在20分钟内发射炮弹1900余吨。猛烈的炮火，摧毁了敌军的大部分工事。志愿军各突击部队乘势发起攻击，1小时内即全部突破敌前沿阵地。

合众社记者报道了这一作战场面：“蜿蜒的战线上炮声不绝，响了整整一个晚上，南朝鲜军队坚守住了一部分战场，而在其他地方，南朝鲜军队或屈降，或受围困。”

由第68军第203、第204师和第54军第130师组成的西集团，在突破敌前沿后，其右翼第203师迅速歼灭了522.1高地敌一个营。接着，师主力向芳通里方向发展进攻。该师渗透迂回支队沿522.1高地以东公路急速向敌纵深插进，其先头侦察班12人，由副排长杨育才带领，直奔二青洞南朝鲜军首都师第1团（南朝鲜称为“白虎团”）团部。

杨育才和侦察班的战士们化装成南朝鲜军，沿着事先计划好的穿插路线奔去。侦察员们踏进敌人的第一道防线——380高地。阵地上的铁丝网被志愿军炮火炸得像乱麻一样翻卷着，战士们有的被铁丝网撕破了衣服、扎伤了腿脚，但还是排除障碍，接连跳过了几道铁丝网。

突然，在前面开路的赵顺合急促地喊道：“副排长，我踏着地雷啦！”

凭着经验，杨育才对赵顺合说：“把脚踩住，不要松开！”他跑过去，小心地将赵顺合脚旁的泥土扒开，地雷露了出来，是一颗反坦克地雷。杨育才命令大家都趴下来，然后对赵顺合说：“把身子卧倒，再迅速抽出那只脚。绝不能大意！”赵顺合迅速抽出脚，安全地离开了反坦克地雷。

侦察员们踏上了公路，迈着急速的步子，顺着公路朝前跑去。他们已经深入敌军的腹地，敌人戒备森严，公路的不远处就有敌军的岗哨。

如果逮住个“舌头”问出口令，就能顺利插到敌团部。杨育才边跑边想，又看了看侦察兵们，小伙子们尽管被汗水和雨水浸透了衣服，但个个精神抖擞。他将12名侦察员看了一遍，发现队伍里多了一个人。这个人跟在队伍后面，跑得也不慢。

他悄悄地告诉联络员韩淡年，韩淡年立即放慢了步子和那个人并排跑着，原来是南朝鲜军的一个士兵。乘敌人不注意，韩淡年猛地抓住他的自动步枪往怀里一拉。

“你抢我的枪干什么？”南朝鲜兵急得叫起来。

“谁叫你往后跑的？”韩淡年用朝鲜话回答他。

“你们能往后跑，就不叫我往后跑？”

韩淡年扭着他的胳膊将他带到副排长身边。在意想不到的情况下抓住一个“舌头”，杨育才高兴极了。他对韩淡年说：“问他口令！”那家伙一听是中国话，顿时就吓得说不出话来了。原来，这个胆小鬼，为了躲避志愿军的炮火，藏在草丛里；当侦察员们在公路上跑过时，他以为是自己的队伍撤退，就跟了上来。直到现在，他才明白过来，他紧跟的是一支志愿军队伍。

韩淡年用朝鲜话说道：“快说！你们今晚的口令是什么？”

“口令是……古鲁木欧巴……”那家伙浑身颤抖起来，结结巴巴地说。

杨育才又从南朝鲜兵那里了解到一些敌团部的情况，然后吩咐两名侦察员将他送到后面的穿插部队。命令全班无论遇到什么情况都不准停止前进，要迅速插到敌人团部。到了“勇进桥”，桥头上的哨兵正在游动。机警的联络员金大柱赶紧上前几步，冲着敌人哨兵大声问道：

“干什么的？口令！”

“古鲁木欧巴！”两个哨兵愣了一下子，便端着枪走过来。

这时，韩淡年从队伍中闪出来，大摇大摆地走到哨兵面前，厉声喝骂：

“干什么？还不赶快到前面去警戒，没见我们有紧急任务吗？瞎眼的东西！”两个哨兵听到他这一骂，慌忙闪在一旁，杨育才就势一挥手，队伍从公路当中走了过去。

顺着大路，很快就到了敌团部的沟口。杨育才看了看地图，高兴地对大家说：

“同志们！离团部顶多还有二三里路啦！”

忽然，随着一阵马达声闪出一串汽车灯光，一辆辆满载敌军的大卡车直冲这边开过来。杨育才发出命令，侦察员们立刻在公路上消失，从路旁的草丛中观察公路上行驶的汽车。

汽车一辆一辆地向北驶去。当他们放过30多辆汽车之后，突然，从北面传来了一阵猛烈的爆炸声，一定是穿插部队与敌人接火了。敌人的汽车都停了下来，敌人准备下车步行去增援。

杨育才想，不能让敌人去增援，这样会给穿插部队带来严重损失。他立即向侦察员布置：“两人打一辆汽车，乘敌混乱冲过公路，到公路那边的白杨树下集合。”

侦察员们立刻散开，一阵自动步枪和手榴弹的爆炸声，淹没了汽车轰隆隆的马达声。

车上的敌人被突然的打击揍懵了，乱作一团，有的还嚷叫着：“不要误会呀！是自己人。”趁着敌人混乱，侦察员冲过公路，直向敌团部冲去。

白虎团团部是山沟里的两排整齐而讲究的木板房，周围用铁丝网围起来。在狭窄的山沟里，停放着30多辆小吉普车和大卡车；三五成群的敌人，正从团部往车上搬运东西。

杨育才根据敌情判断，敌人企图逃跑。他把侦察员分成3个小组，任务分别是冲向敌作战室、电台和警卫排。先是李培禄带的那个小组与敌警卫排接火了。紧接着杨育才带着的小组扑向作战室。借着灯光，看见敌人正忙作一团，杨育才一挥手，喊了声打，自动步枪和手榴弹向作战室的门和窗口打去。

敌人惊慌失措，哇哇乱叫。有两个敌人从窗口往外跳，被包月禄一梭子子弹扫倒，跌落在窗外。李志坚紧跟着堵住门口，手榴弹、自动步枪又是一顿猛打，里面很快就沉寂下来。他们俩从窗口和门同时闯进去，几个敌人横乱地躺在地上。

这时，包月禄从墙上取下了白虎团的“虎头团旗”，说：“这是一个证据。”杨育才仔细地看了一眼：旗子是用杏黄缎子做面，黑缎子镶边，旗子中间，绣着一只凶恶的虎头，上面还写着“伏胜”两字。杨育才冷笑说：“‘白虎团’就这样‘伏胜’了。”

黎明前，奇袭“白虎团”的战斗结束了。共毙伤俘敌230人，击毙敌机甲团团长、美榴弹炮营营长。缴获吉普车27辆、卡车11辆，火箭炮一门，各种枪支15支，电台5部。那面“白虎团”的旗子，至今还存放在中国革命军事博物馆里。

中国人民志愿军领导机关给杨育才记特等功，授予“一级战斗英雄”称号。朝鲜民主主义人民共和国最高人民会议常任委员会授予他“朝鲜民主主义人民共和国英雄”称号，同时授予金星奖章和一级国旗勋章。侦察班也荣立集体特等功。

第203师渗透迂回支队跟随侦察班前进，途中歼灭向北增援之敌一个连大部，全歼敌机甲团第2营汽车队，紧接着又捣毁了敌多管火箭炮阵地，击毁搭载步兵北援的两辆坦克，围歼了支援南朝鲜军首都师作战的美军第555榴炮营，于14日占领梨实洞、北亭岭以北诸高地。该支队在3小时半的时间内，穿插前进9公里，进行大小战斗11次，打乱了南朝鲜军首都师第1团的防御体系，对西集团进攻作战的胜利起了重要作用。

西集团主力部队在向纵深进攻中，采取两个师并肩攻击，在4公里正面上，分成13路多箭头穿插前进，使敌防不胜防，进展迅速。第203师主力首先歼灭第一线主阵地522.1高地之一个营，尔后充分利用渗透迂回支队的作战成果，迅速向敌纵深攻击前进。

第204师歼灭500高地之敌后，进抵敌第一线主阵地522.8高地，遂集中3个营兵力从三面向一个营守敌猛攻，战斗十分激烈。第610团第8连一个排仅13人，以单兵爆破方法，连续打掉敌十余个火力点，夺取3个山头，歼敌125人。第611团第5连第1排排长率领13人，以分段爆炸、逐段歼敌的战术，摧毁敌掩盖堑壕300米，炸毁地堡27个，歼敌68人。第204师占领552.8高地表面阵地后，残敌转入坑道内顽抗。该师以一部兵力肃清残敌，主力继续向南挺进，攻占月峰山。该师的穿插分队直插下榛岘。

拂晓前，穿插分队在排长的带领下，冒着倾盆大雨，沿着公路猛追。一路上，他们看到敌人狼狈地溃逃，丢下了不少汽车和大炮，扔下了装满子弹的枪支和冒着热气的饭锅；汽车碾过尸体，坦克又撞翻了汽车……

侦察员们顺着月峰山西边的公路追下去。天亮后赶到下榛岘附近的三岔路口，沿着公路又继续追了一公里。

突然，发现前面的草丛一阵阵晃动，侦察员们隐蔽起来，悄悄地走上前去仔细一看，原来是三个南朝鲜兵：一个大胖子，穿着一件满是泥土的衬衣，挺着大肚子，焦虑不安地东张西望；另一个是细高个子，站在胖子旁边，四处张望；离他们不远还有一个好像是卫兵模样的家伙。在他们前边是一条小河，河水向北流去。

看情况这几个敌人好像要过河，但又不知道怎么过去，正在想办法。排长悄悄地对大家说："那个胖子可能是当官的，不许打死，要活捉他。"接着，排长命令副排长姚玉珍和卢生福各带一个组，从两侧逼近敌人。自己用机枪掩护他们。

卢生福带着一个组悄悄地绕到敌人后面，大声喊道："不许动！"三个家伙一听，拔腿就跑。排长端起机枪朝天放了一梭子子弹，胖子和细高个子吓得连忙趴在地上，那个卫兵跳到河里想逃命。姚玉珍和李从继端起冲锋枪对着河中的敌人开了枪，子弹打得水花四处飞溅，水中冒出一团红圈，那家伙再也没有探上头来。

这时，卢生福已经冲到胖子和细高个前面，细高个连忙跪在地上交了枪，胖子趴在旁边，双手举得高高的，脑袋直往泥里钻。卢生福抓住他的脖领，把他拉了出来。

排长用生硬的朝鲜话给他讲了讲宽待俘虏的政策，胖子苦笑了一下，然后忙从口袋里掏出钢笔和手表递给排长，乞求排长放过他。排长严肃地表示拒绝，并又给他解释了半天宽大政策，最后拍了他两下肩膀，胖子才算放下了心。

胖子点点头，随后又用手拍拍肚子“怕必！怕必！”地乱叫，伸出两个手指表示两天没吃饭了。侦察员们给了他一盒饼干，这家伙一面吃，一面伸出大拇指说：“志愿军顶好！”

第二天，押送胖子到师部去的李从继回来，一进门他就喊道：“你们知道那个胖子是什么官？”

“是个什么官呀？”大家围着他问道。

“猜猜看吧！看谁能猜对！”

“快告诉大家吧！”

他高兴得憋不住劲了，说：“是南朝鲜首都师的副师长，现在敌人广播电台正喊他失踪了呢！哪知咱们已经将他保管起来了！”

“这家伙叫什么名字？”

“叫林益淳。”

“他被送到师部怎么样啦？”有人还嫌知道得不够多。

“别提啦！一到指挥所，就咧着大嘴鼻涕眼泪地哭起来，好像三岁的小孩找不到娘似的。”

“他哭什么？”

“他说他想老婆和孩子，越说越哭得厉害了。”

大家一听，又想起昨天他被俘的那个狼狈样，止不住又哈哈大笑起来了。

至14日下午，西集团全部占领芳通里、间榛岘、豆栗洞以北地区南朝鲜军首都师主要防御阵地，给首都师以歼灭性的打击。“联合国军”为了阻止志愿军西集团扩张战果，纠集首都师残部、美军第3师一部向西集团猛烈反扑。西集团顽强坚守将敌击退，守住了阵地。

由第67军和第54军第135师、第68军第202师（欠一个团）组成的中集团突破后，左翼第67军第199师和配属该师之第201师一个团，进攻轿岩山及其以南地区。轿岩山由西、中、东三个毗连的山峰组成，山势陡峻，路窄难行，易守难攻，海拔700余米，瞰制金城川以北、北汉江以西的大片地方。如果轿岩山失守，金城川以北阵地即全部动摇。因此，南朝鲜军对轿岩山防御十分重视，以两个团防守，构筑了大量的坚固工事，并加强火力配系，夜以继日地以炮火封锁前沿缓冲地区。这些都给进攻部队造成了困难。

第199师两个团开始发起攻击时，进展缓慢，遭到较大伤亡。但突击队员不怕牺牲，前仆后继，奋力攻击。第596团第1连红旗手乔继丑高举红旗带着突击队向轿岩山中峰发起猛烈的攻击。

突然，一个大碉堡拦住了他们的去路，密集的子弹向他们扫来。战士张富荣向排长请求去炸掉敌碉堡，排长答应了他的要求。

机枪手田明仁猛烈地向敌碉堡扫射，把敌人的火力吸引到了他的身边。张富荣乘这个机会，迅猛地向敌碉堡方向爬去，只用一包炸药，就把这个碉堡炸塌了。张富荣头部负伤。

乔继丑举着红旗向中峰跃进，密集的子弹从中峰上扫射下来，他中弹牺牲了，红旗也倒下了。

张富荣抢先跑到乔继丑身边，从烈士手中拿起红旗，转过身勇敢地向中峰山顶猛冲，后边紧紧跟着战友们。

漆黑的夜，轿岩山上到处充满了喊杀声。敌人的炮弹和子弹四处乱打，突击队员们冒着大雨，踏着泥泞的山路，向山顶冲去，身边不时地响起炮弹的爆炸声和子弹的嗖嗖声。突然，排长中弹倒下了。张富荣跑过去扶起排长，排长已经牺牲了。

张富荣轻轻地放下排长，把眼泪擦掉，大声地喊道：

“为排长报仇！把红旗插到敌人的山顶！”

刚冲出去不远，迎面又出现了两个碉堡，碉堡里机枪交叉火力严密封锁了前进的道路。张富荣立即将红旗放在田明仁的跟前，由田明仁掩护他去炸毁这两个碉堡。

张富荣首先向左侧的碉堡爬去，当他接近碉堡时，田明仁突然把火力转向碉堡的右侧。就在这一瞬间，张富荣一个箭步冲上去，把炸药、手榴弹塞进碉堡的射口，顺势滚到一个弹坑里。只听轰隆一声巨响，碉堡的上方升起了一股浓烟。

右边的碉堡仍在不停地射击着，张富荣又是在田明仁的机枪掩护下，将碉堡炸毁了。

张富荣重新举起红旗，用力地挥舞了一阵，带领着战士们跨过敌人的外围铁丝网，踏着满是弹坑的泥土，直冲中峰的山顶。

敌人恐慌起来了，用所有的轻重机枪、火炮、火箭筒一齐向他们打来，山顶左侧的一个地堡，更是拼命地阻拦着他们的前进。张富荣身上仅剩下4颗手榴弹，他将这4颗手榴弹绑在一起，再次在田明仁的机枪掩护下，将敌人的最后一座地堡炸毁了。张富荣飞快地越过残破的地堡和塌陷的盖沟，把红旗插上了轿岩山中峰的山顶。与此同时，轿岩山东峰也被志愿军占领。

战役结束后，张富荣荣立一等功，获“二级战斗英雄”称号。

第596团攻占中、东峰后，199师以二梯队一个团另一个营投入战斗，打退敌3次反扑，尾追向商山里逃跑之敌。进攻轿岩山主峰（西峰）的一个团，遭敌顽强抗击，伤亡较大，该师以二梯队两个营投入战斗，协同攻击主峰部队再次发起猛烈攻击。

从南山脚上出击的某团第1连向山上冲去。

部队进展相当快，当进至主峰约200米时，高地上敌人的机枪响了。子弹从山上扫射下来，战士们被压在土棱坎下，前进受阻。战士王五保冲上去，刚炸掉最近的一个小地堡就牺牲了。山包中央有一个很大的地堡，火力很猛，部队不能前进。上去爆破的战士巩得秀负了重伤。

战士李家发看在眼里，急在心里。他向排长请求：“排长，我去炸掉它！”

排长答应了他的要求，并命令机枪掩护。李家发在机枪的掩护下，带着绑上炸药的手榴弹，冲了上去。他利用地形，巧妙地避开敌人的火力，向地堡迂回接近。突然，一颗子弹打中了他的左腿。他卧倒在地，感到一阵钻心的疼痛，但他强忍着疼痛，拖着受伤的左腿向近处的小地堡接近。

一颗炮弹在李家发的附近爆炸，他的右腿也负伤了。李家发拖着两条负伤的腿，顽强地向地堡靠近。他的身后，是一条长长的血迹。接近了地堡，他挺起身子，使劲举起一颗绑着炸药的手榴弹，投进了地堡，敌人的小地堡随着“轰”的一声响，被炸毁了。

正中的那个大地堡一直喷着火舌，阻拦部队的前进。

李家发拖着受伤的身体，向大地堡挪动。当靠近地堡时，猛地挺起身子，将手中绑着炸药的手榴弹扔向大地堡的射孔，“轰”的一声，大地堡的机枪不响了。

“冲啊！”战士们从地上一跃而起，向前猛冲。

突然，大地堡里一挺重机枪复活了，又喷着火舌向冲击部队疯狂扫射，部队又被压住不能向前。

李家发的手榴弹已经用完了，他回过头来看看，战士们一次又一次地冲锋，但都被大地堡里的机枪火力拦住了。

李家发向同志们大声喊道：“为了胜利，同志们，冲啊！”话音未落，李家发已经扑向地堡的射击口上，用胸膛死死地抵住了敌人的枪口，拦住了敌人疯狂射出来的子弹。

战士们悲愤地高呼：“为李家发报仇！”喊声响彻整个山峰，他们一鼓作气冲上了主峰，把红旗插上了峰顶。

朝鲜人民不会忘记，祖国人民不会忘记，这位“黄继光式”的钢铁战士。中国人民志愿军领导机关特给李家发追记特等功，授予“一级英雄”称号。朝鲜民主主义人民共和国最高人民会议常任委员会授予他“朝鲜民主主义人民共和国英雄”称号，同时授予金星奖章和一级国旗勋章。

在志愿军的猛烈攻击下，南朝鲜军仓皇撤退。美联社记者发自朝鲜的电讯，报道了南朝鲜军狼狈溃退时的情景说：南朝鲜军在撤退时没有来得及炸毁横贯金城川的桥梁，他们一直退到金城以南很远的地方才敢停下来。“韩军撤退时经过36小时。有的坐着卡车和吉普车，有的攀在坦克上，有的骑在大炮的炮身上。但是还有成千的人用那穿着帆布胶底鞋而且起了水泡的一双脚向南步行。这些人一瘸一瘸地向前走，到了精疲力竭的时候就在路旁的泥泞地里倒头就睡，顾不得倾盆大雨了。”

战至7月16日，志愿军全部达成了进攻的作战任务。

志愿军发起金城战役，加深了“联合国军”的内部矛盾。李承晚抱怨美国说：“中共攻势之所以获得胜利，是由于第8集团军采取守势太久，以致让共产党建立了他们的实力。”

第十三章

为和平而来，又为和平而去

1 朝鲜停战

克拉克感到一种失望的痛苦，因为他成了美国历史上签订没有胜利的停战条约的第一位美国陆军司令官。

就在李承晚释放战俘的当天，艾森豪威尔给李承晚发出一份急电：

> 我怀着沉重的心情得知，你已下令释放被联合国军司令部拘押在你管辖下的集中营的北朝鲜战俘……
>
> 你目前的命令和根据这个命令所采取的行动明显地违反了这一保证，并且给联合国军司令部造成困境。这种局面如果继续下去，只会牺牲联合国精锐部队用鲜血和勇敢为朝鲜赢得的一切。
>
> 要是你坚持目前的行动方针，就无法使联合国军司令部继续同你一致行动，除非你准备毫不含糊地接受联合国军司令部的指

挥，处理并结束目前的敌对行动，否则就将另行安排。因此，联合国军总司令现已授权将根据你的决定而相应采取必要的步骤。

作为你个人的朋友，我希望你会找到一个立即纠正这一局面的方案……因为我感到不得不对我国人民和我国的盟国恪守信用。

1953年6月25日，美国助理国务卿沃尔特·罗伯逊以艾森豪威尔总统特使的身份飞越太平洋，奔赴南朝鲜。

罗伯逊是一位风度优雅且通情达理的政治家。他的使命是说服李承晚执行停战协议。如果李承晚准备在停战问题上坚持毫不妥协，“联合国军”将离开朝鲜。“联合国军”已经充分准备好同共产党单独达成一项协议而不要南朝鲜参与，以撤走所有“联合国部队”，并进一步解决战俘交换问题。

在李承晚的私人官邸，李承晚满腹牢骚，滔滔不绝地倾诉着对美国人的不满之情。罗伯逊非常有耐心地倾听着，不做出任何回答。他后来对另一位外交官说：“我只是坚持在那里，让李承晚倾诉个够。”

发完一通牢骚后，李承晚向罗伯逊提出了四个条件：一、其余的反共的朝鲜战俘应迁移至非军事区，并转交给中立国委员会；二、为政治会议规定90天的时间限制；三、美国给南朝鲜以经济援助并帮助它建立起20个师的军队；四、美国应“保证”一项双边防务条约。

6月27日，艾森豪威尔在致李承晚的一份私人电报中答应说，不愿遣返的朝鲜战俘将被转移至非军事区，美国不能够单方面为政治会议规定一个时间限制，但是如果在90天之中一事无成的话，美国将会“考虑”退出的问题，美国将给予李承晚所要求的经济援助和军事援助。美国将愿意谈判一项双边防务条约。

李承晚接到电报后，微笑着对罗伯逊说：“总统满足了我的所有要求。”

这天晚上，罗伯逊和克拉克来到李承晚官邸共进晚餐。这时，李承晚又改变了主意，他对两位美国客人说：“20个师对南朝鲜军队是不够的，我希望有一支能同北朝鲜实力相当的军队。如果政治会议在90天中不能在统一朝鲜问题上取得成功，美国就应当同南朝鲜一起恢复军事行动。南朝鲜人只有在以胜利解决战争为目标的情况下留在联合国军统辖之下。”

晚餐之后，垂头丧气的克拉克和罗伯逊给华盛顿发了一封电报，抱怨说：“李承晚显然是要拖延谈判。共产党和联合国就停战取得一致意见已经20天了。在这段时间内，联合国军已遭到大约1.7万人的战争伤亡，其中3333人被打死，这些都是因为李承晚不肯妥协而造成的。现在我们想同共产党就剩下的几个细节问题恢复谈判，而不去管李承晚怎么想。”

6月29日，克拉克致函朝鲜人民军最高司令官金日成和中国人民志愿军司令员彭德怀，承认李承晚“释放”战俘“是一个严重的事件”，并保证说：“‘联合国军’与利害相关的各国政府将尽一切努力以取得大韩民国政府的合作，遇有必要之处，‘联合国军’将尽其所能建立军事上的防御措施，以保证停战条款将被遵守。”

与此同时，罗伯逊仍继续做李承晚的工作。罗伯逊相信，李承晚是一个失去理性、缺乏逻辑思维的狂热分子，他完全有可能诱使我们摊牌。但是，他并没有丧失说服李承晚的信心。

7月9日，李承晚终于屈服了。他以书面形式告知罗伯逊：“虽然我不能签订停战协定，但是我们不会阻挠它，只要根据该协定采取的措施和行动不损害我们民族的生存。我将尽力在通过政治途径和平实现我们民族统一中全心全意地予以合作。”

针对李承晚集团一再破坏停战的行为，为了实现确实有效的停战，保障远东和世界和平，朝、中方面代表在停战谈判双方代表团会谈时，就遵守停战的有关问题，向美方代表提出了一系列义正词严的质问。

代表团大会于7月10日复会。美方首席代表威廉·哈利逊此时知道肩负的重任。他一改过去那种满不在乎的傲慢态度，认真地听取朝、中方面的质问，谨慎地把要回答的措辞一个字一个字地写在纸条上，交给其他代表传阅同意后再照本宣读。这样的会议开了6次才告结束，其主要质问和回答是：

朝、中方面问：朝鲜停战究竟包括不包括南朝鲜政府及其军队在内？

哈利逊回答：我再次向你们保证，我们已从大韩民国政府获得必要的保证，即它将不以任何方式阻挠停战协定草案条款的实施。

朝、中方面问：南朝鲜军是否将在停战协定签字12小时内完全停火？并将在协定生效72小时内全线自军事分界线后撤2公里以成立非军事区，以实现在朝鲜真正的停战。

哈利逊回答：大韩民国将停火并后撤。

朝、中方面问："联合国军"方面如何保证南朝鲜军队能遵守停战协定各有关条款？

哈利逊回答：一旦停战协定的条款受到一方或另一方的破坏……如果任何一方的安全因另一方不遵守停战的规定而受到威胁，则受害一方有正当和充分的理由可以取消停战协定的条款，并采取在该情况下为其所认为必要的军事行动。大韩民国进行任何破坏停战的侵略行为时，联合国军将不予以支持。

朝、中方面问：如果南朝鲜军在停战后破坏协定、采取侵略行动，而朝、中方面采取必要行动抵抗侵略、保障停战时，"联合国军"将持何种态度？

哈利逊回答："联合国军"将继续遵守停战协定并承认朝、中方面有权采取必要行动抵抗侵略，保障停战。

朝、中方面问：是不是说，在这种情况下，“联合国军”仍保持停战状态？

哈利逊回答：是的，“联合国军”仍保持停战状态。

朝、中方面问：如果南朝鲜军在停战后采取进攻行动，“联合国军”是否不再支援南朝鲜，包括武器装备、物资供应在内。

哈利逊回答：我方保证如果南朝鲜破坏停战，采取进攻行动时将不再给予武器装备、物资供应的支援。

朝、中方面问：你方是否保证按照停战协定前往南朝鲜地区工作的中立国人员和朝、中方面人员的安全和工作上的便利？

哈利逊回答：任何按照停战协定被准许进入大韩民国的人员将受到保护，并给予他们工作上的便利。

朝、中方面问：你方是否准备保证对其余的朝、中方面被俘人员不再采取强迫扣留行动？

哈利逊回答：剩下的战俘在被送交中立国遣返委员会之前将不被释放，拒绝被直接遣返的剩余的你方被俘人员将被按照中立国遣返委员会职权范围送交给中立国遣返委员会。

7月19日，朝、中方面首席代表南日将对方首席代表哈利逊对实施停战问题所做的保证公诸于世。

鉴于美国方面对于朝鲜停战协定的实施做出了完全的保证，朝中方面随即决定签字。7月24日谈判双方最后校正了军事分界线。由于志愿军和人民军在一个多月中，又向前推进了192.6平方公里，较之1951年11月27日第一次协定的军事分界线共推进了332.6平方公里。

7月25日，为庆祝停火协议的签署而特意修建的大楼已经竣工。当克拉克得知中朝方面为庆祝和平，在大楼的入口处画了两幅巨大的蓝白色相间的和平鸽（这是临摹毕加索的油画而成的）油画时，立即打电话给哈利逊说，除非两幅油画被撤掉，否则，“联合国军”不会在庆祝会上露面，因为和平鸽是国际主义的政治宣传。结果，和平鸽被涂掉了。

7月26日下午4时，双方联络官会议同意公布停战协定签字的日期与签字的方式。朝鲜停战协定将于7月27日上午10时在板门店签字。

停战谈判即将签字的消息传开，人心大振，举世欢呼。

7月27日拂晓，板门店下起了一场大雨，破晓时分雨停下来了。雨过天晴，被雨水洗刷一新的板门店充满生机。上午9时，专程前来采访的世界各地的200多位记者抵达板门店。

10时整，签字大厅里一片寂静，朝、中首席代表南日大将和“联合国军”代表团首席代表哈利逊中将从大厅南门进入大厅，分别在会议桌前就座。两位首席代表分别在停战协定上正式签字。尔后，把签字文本分别送朝鲜人民军最高司令官金日成、中国人民志愿军司令员彭德怀和“联合国军”总司令克拉克签署。

克拉克签字后哀叹道：“我获得了一项不值得羡慕的荣誉，那就是我成了历史上签订没有胜利的停战条约的第一位美国陆军司令官。我感到一种失望的痛苦。”

在停战协定签字的当天，金日成和彭德怀立即命令朝鲜人民军和中国人民志愿军全体人员，“应遵守停战协定，自1953年7月27日22时，即停战协定生效后的12小时起，全线完全停火；在1953年7月27日22时起的72小时内，即停战协定生效后的72小时内，全线一律自双方已经公布的军事分界线后撤2公里，并一律不得再进入非军事区一步”；“应保持高度戒备，坚守阵地，防止来自对方的任何侵袭和破坏行动”；“凡为执行停战协定而进入我军控制地区的军事停战委员会及其联合国观察小组所属人员、中立国委员会及其所属人员以及联合国红十字会小组所属人员”，“应对之表示欢迎，负责保护其安全，并在其工作上予以积极协助”。

美军第8集团军司令泰勒也于7月27日发布停火令，命令所属部队“不再开枪”，“除非得到停战委员会的许可，否则任何情况下都不得进入非军事区”。

7月27日22时，这是一个具有重大历史意义的时刻。

在停火时限到达前一刻钟，双方阵地上对空射击的枪声、炮声此起彼伏，照明弹照得阵地如同白昼一般。在阵地上、坑道里的志愿军官兵们兴奋地等待着这一时刻的到来。

当手表上的时针指向22点时，顷刻间，万籁俱寂，弥漫在天空中的硝烟与火药味慢慢地消失在夏夜的凉风中。志愿军和朝鲜人民军官兵立刻高兴地跳了起来，大声欢呼：“我们胜利了，和平到来了，和平万岁……”

于是，从这一时刻起，在朝鲜的一切战斗行动完全停止。全世界人民渴望已久的朝鲜停战终于实现了。中国人民志愿军所进行的抗美援朝战争，至此也就胜利地结束了。

连日来，朝鲜半岛沉浸在庆祝胜利的喜悦之中。北朝鲜各地的人们穿着节日的盛装，四处奔走相告。在通往城镇的路上挤满了兴高采烈的游行队伍。人们敲锣打鼓，一边欢跳，一边高喊着。7月28日，平壤市各界人士数万人隆重举行庆祝朝鲜停战实现大会。会场上彩旗飞舞，歌声震天。朝鲜民主主义人民共和国首相金日成出席大会并讲话，他号召全朝鲜人民为了达到祖国和平统一，在“一切为了加强民主基地，恢复和发展战后人民经济”的口号下继续努力。

但是，在南朝鲜却没有举行任何庆祝活动，美联社记者从釜山报道：停战消息在这个临时首都受到出人意料的冷遇。“这里人们既没有感到欢欣鼓舞，也没有高呼反对停战的口号。当南朝鲜议会议长曹奉岩被要求发表个人看法时，他感到非常恼怒。”

美国国内对朝鲜实现停战也反应冷淡，合众社国际社从华盛顿报道说：“这个国家很平静地接受了这个消息，没有公众集会，没有狂喜，街道上没有出现任何庆祝活动。”

伟大的抗美援朝战争，从1950年10月25日中国人民志愿军投入交战起，至1953年7月27日停战止，经历了两年零九个月。中国人民志愿军和朝鲜人民军团结一致，浴血奋战，取得了辉煌的战绩，把以美国为首的“联合国军”，从鸭绿江边一直打退到三八线附近地区，从而彻底地粉碎了美国侵略者妄图占领全朝鲜并进一步侵略扩张的战略计划，有效地保卫了朝鲜民主主义人民共和国，保障了中华人民共和国的安全，为世界人民反对帝国主义、维护世界和平的崇高事业做出了贡献。朝鲜人民军和中国人民志愿军在战争中，共歼灭“联合国军”和南朝鲜军109万余人，其中美军39.7万余人。据战后美军资料透露，仅美军在战争中即消耗各种作战物资7300余万吨，开支战费830亿美元，仅次于它在第二次世界大战中的消耗。

1953年7月31日，朝鲜最高人民会议常任委员会在平壤隆重举行授勋典礼，将朝鲜最高荣誉——“朝鲜民主主义人民共和国英雄”称号和一级国旗勋章、金星奖章授予中国人民志愿军司令员彭德怀，以表彰他率领和指挥中国人民志愿军，为协助朝鲜人民抗击美国侵略所做出的杰出贡献。朝鲜最高人民会议常任委员会并先后将“朝鲜民主主义人民共和国英雄”称号及一级国旗勋章、金星奖章授予志愿军战斗英雄杨根思、黄继光、孙占元、杨连第、邱少云、伍先华、许家朋、胡修道、杨春增、杨育才、李家发，将勋章和奖章授予志愿军其他领导人和23万余名英雄、模范及有功人员。

2 中朝人民结深厚情谊

“这是朝鲜的土，是你们洒下自己的鲜血保卫的我们祖国的土。”

中国人民志愿军高举国际主义和爱国主义旗帜，紧紧依靠中朝两国人民，以无比的勇敢精神和智慧，同朝鲜人民军一道，同以美国为首的“联合国军”进行了一场异常艰巨复杂的战争。停战协定签字后，又和朝鲜人民一起维护停战协定的实施，同时积极帮助朝鲜人民重建家园。

朝鲜停战后，朝中两国政府和军队为维护停战协定，争取朝鲜问题的和平解决，进一步缓和远东的紧张局势，中国人民志愿军在1954年9月到1955年10月的一年多时间内，先后分3批主动从朝鲜撤出19个师的部队。这一行动，受到朝、中人民的一致拥护和国际舆论的普遍赞赏。此后朝中两国政府和军队，又多次发表从朝鲜撤出一切军队的声明，但均未得到“联合国军”的呼应。

1957年11月2日至20日，毛泽东主席率领代表团访问莫斯科期间，与同时访问苏联的金日成首相当面商定中国人民志愿军于1958年撤出朝鲜。

1958年2月14日，中国政府代表团应邀访问朝鲜。

这天，平壤天气晴朗，阳光灿烂，全城到处飘扬着中朝两国国旗，悬挂着巨幅欢迎标语。

下午1时，中国政府代表团乘坐的银灰色飞机在平壤机场缓缓着陆。当代表团团长、国务院总理周恩来和代表团成员走下舷梯，迎候在机场的群众立即挥舞起花束和彩绸，热烈欢呼。朝鲜党政领导人金日成、崔庸健等一齐走向前来迎接。

金日成首相和周恩来总理紧紧握住双手，相互热情问候。

接着，活泼可爱的朝鲜少年儿童们敬献了鲜花。乐队高奏中朝两国国歌。然后，周恩来在金日成的陪同下检阅了三军仪仗队，又与前来迎接的朝鲜党、政、军领导人、外国驻朝使节和中国人民志愿军的高级将领一一见面。

在机场上，金日成、周恩来发表了热情的讲话。

2月15日，中朝双方举行正式会谈，就中国人民志愿军撤出朝鲜问题达成完全一致的意见。

2月19日，双方发表了《中华人民共和国政府和朝鲜民主主义共和国政府联合声明》，向全世界庄严宣告：中国人民志愿军在1958年底以前分批全部撤出朝鲜，朝鲜政府对于这一决定表示同意，并且愿意对中国人民志愿军的全部撤出朝鲜给予协助。

2月20日，中国人民志愿军总部发表声明。声明说："中国人民志愿军全体官兵完全赞同我国政府的建议，决定于1958年底以前分批全部撤出朝鲜。"声明"要求美国和参加'联合国军'的其他各国，同样采取措施，毫不拖延地把自己的军队全部撤出南朝鲜，以利于朝鲜问题的和平解决和远东紧张局势的和缓"。

志愿军率先全部撤出朝鲜的决定，获得了中朝两国人民的热烈拥护，受到了国际舆论的欢迎和高度评价。美国在侵朝战争中的主要盟国的舆论，也承认中国人民志愿军决定从朝鲜撤出的主动措施，对缓和远东局势的积极意义。美国公正舆论认为，中国采取的行动是"大胆地掌握了主动"。但美国政府仍旧拒绝撤走其侵朝军队，受到了全世界爱好和平的国家和人民的谴责，处于十分被动的地位。

中国人民志愿军从1950年10月开赴朝鲜战场，至1958年10月撤离朝鲜的8年间，同英雄的朝鲜人民和朝鲜人民军，结成了伟大的战斗友谊。

志愿军不但以鲜血和生命援助朝鲜人民的反侵略斗争，而且一贯尊重朝鲜劳动党、朝鲜人民，尊重朝鲜民族的风俗习惯，不拿朝鲜人民的一针一线，爱护朝鲜的一山一水一草一木，把朝鲜人民的事看作自己的事一样。

志愿军在行军路上注意不踏毁庄稼。在达到宿营地借住民房时，帮助房东打柴、担水、割草、喂牛、推磨、起粪、打扫院子。在与朝鲜人民接触中，注意和气待人，敬老爱幼，尊重妇女。志愿军还尽力给予朝鲜人民各种帮助，即使在战时，也利用战斗空隙帮助朝鲜人民进行春种秋收、修渠治水等生产劳动。

志愿军还开展节约救灾活动，志愿军的医务人员经常为驻地朝鲜居民免费治疗各种疾病，还派出医疗队送医送药上门。有许多战士为从敌人炮火下，或敌机轰炸中，或从自然灾害里抢救朝鲜人民的生命财产而献出了自己的生命。

朝鲜劳动党、朝鲜民主主义人民共和国政府以及广大的朝鲜人民，一直无微不至地关怀中国人民志愿军。8年中，金日成首相和党政其他领导人亲自到志愿军驻地或工地看望和勉励志愿军指战员，还经常派出最好的艺术团体和功勋演员为志愿军演出。逢年过节，大规模组织慰问代表团，带上大批礼物和慰问信对志愿军进行节日祝贺。代表团慰问的次数达3980次，人数8.8975万之多，洋溢着深情厚谊的慰问信33.4591万封，各种各样的慰问品115.3721万件，赠送锦旗4390面，他们经常把最新鲜的水果和蔬菜、猪肉、大米、鲜鱼送给志愿军。

在战争中，朝鲜国土虽然遭到美国侵略军的严重破坏，朝鲜人民虽然面临着极大的困难，但是，朝鲜人民却忍受了一切战争的灾难，以高度自我牺牲精神全力支持志愿军。在志愿军粮食供应不上的时候，宁愿自己忍饥受饿，也要把粮食送到志愿军手里。在千里冰封的寒天，宁愿自己受冻，也要把房子和暖炕让给志愿军住。为了支援志愿军作战，冒着敌机轰炸，不分昼夜地修桥铺路，保证运输畅通。在战争中为志愿军运送伤员和物资，出担架和战勤的人数就有30万人次以上。

朝鲜停战后，朝鲜人民在医治战争创伤，进行经济恢复的过程中，像对待自己的兄弟一样，无微不至地关怀和支援志愿军。在建造营房以前，志愿军部队大都住着朝鲜人民的房子，许许多多的朝鲜母亲对待志愿军战士就像对待自己的儿女一样。清晨，战士们外出训练或参加劳动时，她们就早早地把战士们的水壶灌满；晚上，战士们回来的时候，她们又争相替战士们缝补衣服，烤干鞋袜；深夜，战士们睡熟后，她们又悄悄地走进战士的房子里，看看被子盖好了没有，摸摸炕是否凉了。

朝鲜政府和人民，对长眠在朝鲜国土上的中国人民志愿军烈士的墓地——烈士陵园，尤其关怀备至。从白发苍苍的老人到系红领巾的小学生，他们把爱护中国人民志愿军的烈士陵园当作自己的一项崇高的国际主义使命。他们春天栽鲜花，逢年过节，进行悼念。

1958年2月20日，中国人民志愿军全部撤出朝鲜的决定宣布以后，志愿军和朝鲜军民之间结成的战斗友谊更达到了新的高潮。

为了欢送志愿军，朝鲜民主主义人民共和国政府做出了专门决定：

发动全民签名并以全民的名义写信赞扬、感谢志愿军和中国人民；

制作10万枚中朝友谊纪念章赠送给志愿军、纪念志愿军；

志愿军参加的修堤筑坝和盖的学校，朝鲜各地人民以最好的名字来命名；

于1958年10月10日以前在平壤市建成“中国人民志愿军友谊塔”；

将中国人民志愿军赴朝参战8周年的1958年10月定为朝中友好月；

举行盛大活动欢送志愿军回国……

从2月下旬开始，朝鲜人民给志愿军官兵送来了数十万件纪念品和送别信。

平唐郡妇女张淑二为感谢志愿军战士从洪水中救出了她的儿子，送来了她的两束青丝。

曾因美军轰炸身负重伤而被志愿军士兵抢救出来的孤儿边贞周，送来了用蓝布包的一捧土。她感激地流着泪说：“这是朝鲜的土，是你们洒下自己的鲜血保卫的我们祖国的土。”

朝鲜人民给志愿军和中国人民致感谢信的全民性签名活动开展了历时4个月。近700万朝鲜人民在感谢信上面签了名，第一个签名的是金日成。

同样，志愿军官兵也展开了依依不舍的告别活动。“多出一把汗、多留一份友谊”“军队撤出，友谊长存”，这是全体志愿军指战员的共同心愿。他们不分白天黑夜、不顾风吹雨打，协助朝鲜人民进行各种生产劳动。战士们说：“我们是代表中国人民来帮助朝鲜人民劳动的，今后难得再有这样的机会了。”

志愿军分3批陆续撤离朝鲜，每一批志愿军撤走时，当地群众都依依不舍地挥泪送别。

1958年10月25日，是中国人民志愿军抗美援朝8周年的日子，也是志愿军部队最后一批撤出朝鲜的日子。

当天上午，当杨勇司令员和王平政委率领志愿军官兵即将登上最后一列火车离开平壤的时候，整个平壤沸腾起来了。从金日成广场到平壤车站2公里长的大街上，30万群众手持鲜花和彩带夹道欢送。

车站上，金日成首相紧紧拥抱着杨勇司令员，说：“你们为和平而来，现在又为和平而去。请向志愿军全体同志和中国人民转达我们的感谢!”

“一定转达！再见了，首相同志！”

“再见了，司令员同志！再见了，志愿军全体同志！”

在雄壮的《中国人民志愿军战歌》的乐曲中，列车徐徐开动了。志愿军官兵们从车窗里探出身来，再一次同欢送的人们握手告别。

3 志愿军凯旋回国

毛泽东见到杨勇和王平，第一句话就亲切地问："都回来了吗？"

祖国人民日夜盼望着英雄儿女凯旋。

从1958年3月开始，中国人民抗美援朝总会主席郭沫若在北京主持召开了各民主党派、各人民团体联席会议，决定组织中国人民欢迎志愿军归国代表团，专程前往中朝边境城市安东欢迎。

在鸭绿江桥头，耸立起高大的凯旋门。从鸭绿江北岸到安东火车站，到处张灯结彩，悬挂着巨幅的欢迎标语。

3月16日，中国人民志愿军首批归国部队的先头部队到达。

7月11日，第二批归国部队的先头部队到达。

每一次，都掀起了欢迎亲人、军民同庆的热潮，持续数月，经久不息。直到第三批的最后一列军车驶进国门，欢迎浪潮推向了最高潮。……

10月26日12时10分，志愿军总部官兵乘坐的军列，也是撤出朝鲜的最后一列车回到了安东。

顿时，锣鼓声、鞭炮声响彻云霄。欢迎的人群，高举花束，摇动彩旗，欢呼跳跃起来。

列车刚刚停下来，杨勇司令员和王平政委走下车厢，同中国人民欢迎志愿军归国代表团团长廖承志等热烈握手，亲切拥抱。当晚，中国人民欢迎志愿军归国代表团举行盛大宴会，庆祝抗美援朝的伟大胜利和志愿军的胜利归来。

第三批归国部队同前两次一样，在回到安东后立即转赴各地，以杨勇、王平组成中国人民志愿军代表团于10月27日乘专列前往北京，向中共中央、全国人大，国务院和全国政协汇报。这个150人的代表团中，有身经百战的高级指挥员，有战功卓著的战斗英雄，有各项工作中贡献突出的模范。随同前往的还有一个200多人的志愿军文工团，也准备向首都人民汇报演出。

10月28日，首都北京沉浸在欢乐的节日气氛中。从北京车站到志愿军代表团的住所北京饭店，沿街挂满了彩旗、彩带和横幅标语。在前门箭楼，一个个巨大的红色标语牌上，写着醒目的金色大字："欢迎中国人民志愿军代表团"。在北京饭店，两幅巨大标语从楼顶直贯楼下，上面写着："向英雄的中国人民志愿军致敬！""伟大的抗美援朝运动万岁！"由首都著名画家创作的两幅巨大的油画竖立在北京饭店大门两旁，生动描绘了中朝两国人民用鲜血凝成的友谊万古长青和祖国人民热烈欢迎胜利归来的志愿军英雄……

下午3时，专列徐徐驶进北京站，军乐队奏起了充满激情的《中国人民志愿军战歌》，前来欢迎的有周恩来、彭真、陈毅、郭沫若、李济深、程潜、张治中等，他们和各界群众一起，随着乐曲高唱这支英雄的战歌，热烈欢迎英雄们的归来。

周恩来紧紧握着杨勇和王平的手，激动地说："我代表党中央和毛主席，代表政府和全国人民，最热烈地欢迎你们——胜利归来的英雄们！"

几百名少年儿童向志愿军代表奉献了鲜花。接着，代表团乘坐汽车驶向北京饭店。在街道两旁，彩旗如林，彩花飞舞，鞭炮声此起彼伏。20多万群众欢呼雀跃，夹道欢迎，歌声和口号声响彻云霄。

当天下午，首都各界群众1万多人在北京体育馆举行盛大集会，热烈欢迎中国人民志愿军胜利归来。中共中央和国务院领导人周恩来、朱德、陈云、彭真、陈毅、郭沫若等出席了欢迎大会。

彭真在大会上讲话，他说："中国人民志愿军是我们祖国的荣誉。你们体现了中国人民无比英勇的大无畏精神，体现了中国人民高度的爱国主义和国际主义。没有中国人民志愿军在抗美援朝战线上的胜利，我们伟大祖国的安全就不会得到像今天这样的保障，我们的一切建设工作也不会像今天这样的顺利。同志们，今天祖国的一切，是同你们在朝鲜战场上的斗争分不开的。”

彭真和郭沫若代表全国人民向中国人民志愿军献旗。巨幅锦旗上写道：“你们打败了敌人，帮助了朋友，保卫了祖国，拯救了和平。你们的勋名万古存！”

10月29日，毛泽东、朱德、周恩来和中央其他领导人在中南海怀仁堂亲切接见了志愿军代表团。毛泽东见到杨勇和王平，第一句话就亲切地问：“都回来了吗？”

“是的，我们全部回到了祖国的怀抱！”

毛泽东高兴地握着他们的手，说：“热烈欢迎你们。”

10月30日下午，全国人民代表大会常务委员会和中国人民政治协商会议全国委员会，在中南海怀仁堂举行扩大的联席会议，听取中国人民志愿军司令员杨勇做《中国人民志愿军8年来抗美援朝工作报告》。

杨勇在报告中汇报了中国人民志愿军8年来抗美援朝的经过，阐述了抗美援朝战争取得胜利的伟大意义，歌颂了中朝两国人民用鲜血结成的深厚友谊，叙述了志愿军指战员可歌可泣的英雄事迹。他说：“8年来，志愿军的广大官兵，为祖国、为人民、为中朝友谊，为远东和世界和平，尽到了他们应尽的义务。为此而献出了自己生命的烈士们和他们的英雄事迹将永垂史册！”“抗美援朝斗争的伟大胜利，是党和毛主席英明领导的结果，是祖国人民全力支援的结果。”“志愿军的全体同志、都牢牢记住：光荣属于党和毛主席，光荣属于祖国人民。”

全场响起一阵阵暴风雨般的掌声，向“最可爱的人”表示由衷的敬意。

会议一致通过了《关于中国人民志愿军8年来抗美援朝工作报告的决议》，决议指出："中国人民志愿军在抗美援朝、保家卫国和拯救和平的崇高事业中所建立的丰功伟绩，将永远与日月同辉。中国人民志愿军不愧为伟大中国人民的优秀儿女，在抗美援朝战斗中贡献出宝贵生命的烈士们，永垂不朽！"